AF383533

DÉFENSE

DE

# L'ORDRE SOCIAL

CONTRE LES PRINCIPES

DE LA

RÉVOLUTION FRANÇOISE.

Par M. l'Abbé DU VOISIN, Docteur de Sorbonne,
& Vic. Gén. de Laon.

Truths would you teack, or save a sinkind land?
All fear, none aid you, and few understand.
POPE, *Essai on man.* Book 2.

NOUVELLE ÉDITION

LEIPSICK.

1801.

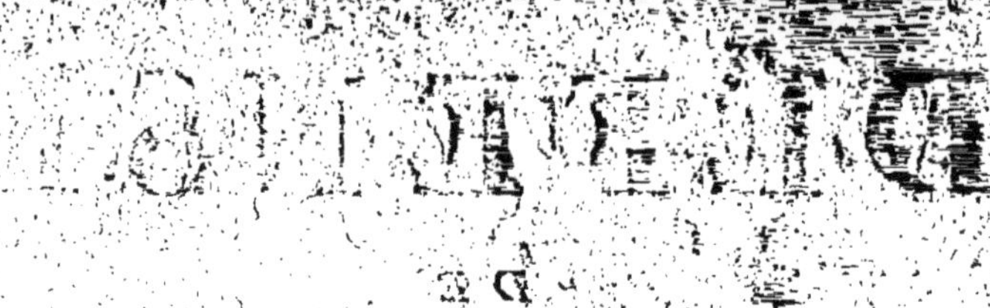

DIALOGUES
de
[...]
coupés les épisodes
&
de la
RÉVOLUTION FRANÇOISE

[épigraphe illisible]

[épigraphe illisible]

NOUVELLE ÉDITION
TROISIÈME

À PARIS.

1801.

TABLE DES CHAPITRES.

DÉFENSE

DE

L'ORDRE SOCIAL

CONTRE

LES PRINCIPES

DE LA

RÉVOLUTION FRANÇOISE.

DANS cette longue fuite de révolutions qui forme l'hiſtoire des Empires, il n'en eſt aucune que l'on puiſſe comparer à la Révolution françoiſe. Toutes les autres n'étoient que des ſecouſſes locales & momentanées, dont l'effet ſe bornoit à faire paſſer le pouvoir dans une autre main, ou tout-au-plus, à changer la forme du gouvernement. Les peuples étrangers n'y prenoient intérêt, qu'autant qu'ils ſe trouvoient liés avec les chefs de l'un ou de l'autre parti ; & quel que fût le ſuccès, les troubles d'un pays n'ébranloient pas la conſtitution des autres Etats.

La Révolution françoiſe a pris, dès ſa naiſſance, un tout autre caractere. Sans provocation de la part du gouvernement, ſans prétextes, ſans chefs apparens, au ſein d'une paix profonde, &

sous un Prince humain, vertueux & chéri, une nation toute entiere a été soulevée par la seule force de l'opinion. La plus ancienne & la plus puissante monarchie de l'Europe a succombé sous un systême philosophique, dont les principes, applicables à tous les peuples, menacent tous les gouvernemens. Car, il n'est plus possible de se le dissimuler : le plan de la Révolution françoise embrasse l'Univers : toutes les nations sont appelées à jouir de ses bienfaits, ou à partager ses désastres.

Jusqu'à présent, ce systême n'a pas en sa faveur, le suffrage de l'expérience. Quel a été le prix de ces fleuves de sang qui ont coulé sur les échafauds & dans les combats ? qu'ont produit neuf ans de pillage, de sacrileges, de proscriptions, de guerres civiles & étrangeres ? Il est vrai que la France a reculé ses frontieres, & que la terreur de ses armes a forcé plusieurs nations à subir le joug de la liberté révolutionnaire. Mais tandis qu'elle triomphe au dehors, & qu'elle donne la loi à l'Europe étonnée ; au dedans elle gémit sous la plus dure & la plus abjecte servitude. Les révolutions ont enfanté les révolutions : avec les législatures, les constitutions se sont succédé ; & après tant d'essais, la nation françoise attend encore ce bonheur tant promis, & si chérement acheté.

Et quand on pourroit se persuader, comme sont réduits à le dire les apologistes de la Révolution, que la postérité recueillera le fruit des crimes & des malheurs de la génération présente ; ce succès tardif absoudroit-il les Novateurs des maux effroyables auxquels ils nous ont condamnés ?

Mais vainement ils en appellent à l'avenir. La

Révolution ne promet à nos descendans que ce qu'elle nous a donné. L'état actuel de la France est l'effet naturel & nécessaire de son esprit & de ses principes. Tant que subsisteront ces principes & cet esprit, les lois demeureront sans force, les passions sans frein, les propriétés sans garantie. Par-tout où ils s'établiront, ils porteront avec eux l'anarchie, le brigandage & l'immoralité.

Pour se convaincre de cette vérité, à laquelle chaque jour fournit une nouvelle preuve, il ne faudroit, ce semble, qu'ouvrir les yeux, & considérer ce qui se passe, non-seulement en France, mais dans les provinces belgiques, dans la Hollande, en Italie, sur les bords du Rhin, dans les Cantons helvétiques, par-tout enfin où ont pénétré les armées, & la doctrine encore plus redoutable des François.

Par quelle fatalité, ou plutôt, par quel terrible jugement du Ciel sur l'Europe, les leçons que tant de peuples ont données l'un après l'autre, ont-elles été perdues pour leurs voisins ? comment se trouve-t-il encore des esprits assez prévenus, pour ne pas voir que la Révolution françoise attaque à-la-fois tous les cultes, tous les gouvernemens, toutes les propriétés ? Que l'éclat de tant de victoires ait imposé à l'opinion publique, qu'aux yeux du vulgaire la gloire des conquérans ait couvert l'infamie des législateurs, & que de grands crimes aient été annoblis par de grands succès, je n'en suis pas étonné : mais ce qu'il y a d'étrange & de déplorable, c'est de rencontrer dans toute l'Europe des hommes éclairés d'ailleurs, qui détestant les crimes de notre Révolution, se persuadent encore que les prin-

(4)

cipes spéculatifs qui en font la bafe n'ont rien
que de conforme au droit naturel, & à la faine
politique ; qu'ils ne font devenus funeftes à la
France, que par l'abus qu'en a fait une nation
vive & inconfidérée ; & qu'il fera facile aux autres peuples de profiter de nos lumieres & de
nos fautes, pour s'arrêter au point où la liberté
dégénere en licence.

Laiffons donc les faits de côté, & n'envifa-
geons la Révolution françoife que dans fes principes fpéculatifs. La *Déclaration des droits de l'homme
& du citoyen* publiée par la premiere affemblée nationale, en eft le code fondamental. Or, c'eft
dans cette fameufe déclaration que le peuple a
puifé les notions immorales & féditieufes qui l'ont
porté aux plus coupables excès : c'eft au nom,
& en exécution de ces droits prétendus, qu'ont
été violés fans pudeur tous les droits de la religion, de la juftice & de l'humanité : ce n'eft
point le caractere national qui a dirigé vers le
crime les principes de la Révolution ; ce font
les principes de la Révolution qui ont perverti,
& totalement oblitéré le caractere national. Dans
toute autre contrée, ce ferment empoifonné eût
caufé autant & peut-être plus de ravages ; car
la licence & l'anarchie ne font pas de fimples
abus, ce font les moyens néceffaires, & les con-
féquences inévitables du fyftême révolutionnaire.
Que les peuples ne fe flattent donc pas de pouvoir compofer avec la Révolution françoife : il
faut, ou la recevoir avec tous les forfaits qui
ont enfanglanté & déshonoré la France, ou repouffer au loin les dogmes meurtriers à la faveur
defquels elle s'y eft établie.

Voilà ce que je me propofe de prouver dans
cet ouvrage que j'intitule : *Défenfe de l'ordre focial,*

(5)

parce que la réfutation des principes de la Révolution mettra dans tout leur jour les vérités
antiques & solemnelles sur lesquelles repose toute
l'économie politique.

Après quelques réflexions générales sur la société civile, & sur les gouvernemens, je discu-
terai les principes fondamentaux de la Révolution, la liberté, l'égalité, la souveraineté du
peuple, le droit d'insurrection. J'examinerai en-
suite quels sont les titres véritables, les droits &
les limites de la puissance souveraine. Je parlerai de la Religion considérée dans ses rapports
avec l'ordre social. Et pour suivre la Révolution à ses différentes époques, je remonterai à
la Constitution décrétée en 1791, & je finirai,
en jetant un coup-d'œil sur la République françoise & sur la Constitution qu'on lui a donnée
en 1795.

Heureux! si trompant la vigilance des tyrans
qui enchaînent jusqu'à la pensée, ce foible écrit
pouvoit pénétrer dans ma patrie, & y réveiller
dans tous les cœurs les sentimens d'honneur &
de loyauté, qui pendant quatorze siecles, ont
fait le bonheur & la gloire de la nation françoise. Heureux encore! si, du moins, il peut
servir à préserver de la contagion révolutionnaire les contrées hospitalieres où j'ai trouvé un
asyle contre la persécution; s'il peut convaincre tous ceux qui ont une patrie, une famille,
une propriété, que leur bonheur est inséparable
de la tranquillité publique, de la stabilité des
gouvernemens, de la soumission à l'autorité légitime, & sur-tout du respect pour la Religion.

CHAPITRE PREMIER.

Considérations préliminaires sur la société civile, & sur les gouvernemens.

Ce n'est point dans les institutions humaines, c'est dans la Nature qu'il faut chercher les principes fondamentaux de l'ordre social. Les hommes ont créé les sociétés politiques, ils les ont diversifiées selon le génie, le caractere & le besoin des peuples : mais, en s'unissant pour vivre sous des lois communes, ils n'ont fait qu'obéir à l'impulsion irrésistible de la Nature.

Le plus célebre des Philosophes de l'Antiquité définit l'homme, *un animal politique*, ou *social*. En effet, la longueur & les besoins de son enfance, l'usage de la parole qui le distingue de tous les animaux, sa perfectibilité qui ne connoît point de terme, & qui ne peut se développer que par le commerce de ses semblables, ses affections expansives qui le font jouir ou souffrir dans les autres, ses passions, ses vertus, ses vices même, tout démontre qu'il est né pour la société.

La société domestique est, sans doute, le premier vœu de la Nature ; mais elle n'en remplit pas toutes les vues. Elle est trop rétrécie & trop foible pour suffire aux penchans de l'homme, à ses besoins, à ses dangers. Les liens du sang se relâchent à mesure qu'ils s'étendent : les familles tendent sans cesse à se séparer : l'autorité, qui doit les contenir, la force qui doit les protéger, s'évanouiroient bientôt, si elles ne se réunissoient pas en une seule famille politique. La société domestique est l'élément de la société civile. Sans la premiere, les individus ne pourroient se con-

ſerver ; ſans la ſeconde, les familles ne peuvent
ſe perpétuer.

D'ailleurs, il eſt évident que le genre humain
ne peut ſe multiplier à un certain point, & ſubſiſter avec quelque aiſance, ſi le droit de propriété n'eſt pas reconnu. Le droit de propriété
augmente la valeur de la terre, en la fécondant
par la culture : il conſerve, juſqu'à leur parfaite
maturité, les productions de la nature que le
droit de premier occupant détruiroit avant terme. Il étend & perfectionne les commodités de
la vie par l'échange que les hommes font entr'eux du produit de leurs fonds, & du fruit de
leur induſtrie. Tels ſont les avantages du droit
de propriété que par-tout où il eſt reconnu, ceux
même qui n'ont aucune propriété perſonnelle,
ſont mieux pourvus contre les beſoins de la nature, que ne l'eſt aucun de ceux qui errent dans
ces vaſtes ſolitudes où tout eſt en commun.

Or, quoique le droit de propriété ait ſon fondement dans le droit naturel, il faut convenir
qu'il ne peut être réglé & protégé que par le
droit civil. Il ſeroit même facile de prouver que
la propriété fonciere ne peut exiſter que dans
la ſociété civile, & qu'il n'y a de ſociété civile
proprement dite que parmi les nations agricoles.
D'où il ſuit que, ſi l'homme eſt appelé à l'agri-
culture par ſes beſoins & par la voix de la nature, on ne peut nier que l'état ſocial ne ſoit ſon
état naturel.

Enfin, la ſociété civile, & ſes divers établiſ-
ſemens ſont les effets néceſſaires de ce principe,
en vertu duquel l'eſpece humaine tend continuellement à ſe perfectionner. Ce n'eſt pas en s'éloi-
gnant de la nature, comme l'ont dit quelques
Philoſophes, c'eſt en ſuivant ſa direction, & en

la secondant, que les hommes font tous les jours des progrès dans la carriere des arts & des fciences. Or, les fciences & les arts ne peuvent naître, ne peuvent être cultivés que dans les grandes fociétés. Les fauvages conftruifent des cabanes : les peuples civilifés bâtiffent des palais : les uns font conduits par la nature brute & dans l'enfance, les autres par la nature perfe+ionnée. Jufqu'à préfent on n'a trouvé fur toute la terre aucune nation éclairée & induftrieufe qui n'eût des lois, des magiftrats, un gouvernement. L'ignorance, au contraire, & la barbarie font le partage de toutes les hordes vagabondes & indépendantes.

C'eft donc bien improprement que l'on appelle *Etat de nature* cette indépendance de toute loi pofitive, que l'on fuppofe avoir précédé l'inftitution des fociétés civiles. Cet état n'eft pas plus l'état naturel du genre humain, que l'enfance n'eft l'état naturel de l'homme.

C'eft avec moins de raifon encore que certains Philofophes affe+ent de regretter ces premiers temps, où l'homme, foumis aux feules lois de la nature, vivoit paifible, libre, heureux, innocent. L'hiftoire ne connoît point cet âge d'or, dont les poëtes nous ont laiffé de fi riantes defcriptions. Le peu de documens qui nous reftent fur les temps fabuleux & héroïques de l'antiquité, & bien mieux encore, l'état où l'on a trouvé les peuples fauvages de l'Afrique & de l'Amérique, nous apprend que l'homme n'eft jamais plus vicieux, plus dégradé, plus miférable, que lorfqu'il vit abandonné aux feules lois de la nature. Non que ces lois, fi elles étoient obfervées, ne puffent affurer le bonheur des individus, & la paix des familles ; mais parce qu'une expérience conftante a démontré qu'elles ne peuvent être connues & obfervées, qu'autant qu'elles font expliquées & protégées par les lois civiles.

On ne peut former que des conjectures fur la marche qu'ont fuivie les fondateurs de l'ordre focial. La naiffance des premieres fociétés politiques fe perd dans les ténebres de l'antiquité & de la barbarie. Tous les empires ont commencé par quelques familles auxquelles d'autres fe font unies, ou volontairement, pour chercher un appui, ou forcément, pour fubir la loi du vainqueur. Si, dans les premiers temps, la piété filiale déféra l'autorité aux peres de famille, il ne tarda pas à s'élever de Nemrod, & bientôt le gouvernement militaire remplaça le gouvernement patriarchal. Les droits & la volonté des peuples ont été rarement confultés. La violence, la conquête, l'ufurpation ont fondé la plupart des empires. Mais le temps, qui convertit la poffeffion en propriété, a légitimé les gouvernemens, & l'acquiefcement des peuples a couvert le vice de leur naiffance.

Ne cherchons pas dans l'hiftoire les principes de la fociété civile : nous n'y trouverions que les erreurs & les crimes des hommes. Oublions les faits pour ne nous occuper que du droit, & fans nous inquiéter de la véritable origine des gouvernemens, examinons comment ils fe feroient formés, fi la juftice feule eût préfidé à leur inftitution.

Dans l'état de nature, ou de barbarie qui a précédé l'ordre focial, il n'exiftoit ni lois qui fixaffent les droits refpectifs, ni magiftrats qui décidaffent les conteftations, ni force publique qui fît refpecter les jugemens. Chacun ne recon-

noiffant de juge que foi-même, la force individuelle devenoit la mefure & l'unique regle du
droit. Ainfi, l'état de nature étoit, non de droit,
comme le dit Hobbes, mais par le fait, un état
de guerre de tous contre tous, *bellum omnium in
omnes.* C'étoit le chaos d'où devoit fortir le monde
moral.

Le premier pas que les hommes ont fait vers
la civilifation, a été de former une peuplade par
la réunion de plufieurs familles, dont les chefs
délibérerent entre eux fur les moyens de maintenir l'ordre, la paix, la sûreté des biens & des
perfonnes. Le fruit de cette délibération, ou le
fecond pas vers l'état civil, fut de reconnoître
qu'il étoit néceffaire que tous les individus con-
fentiffent à foumettre leur volonté & l'emploi
de leurs forces à la volonté d'un ou de plufieurs
chefs, à qui l'on conféroit le droit d'ordonner
de tout ce qui concernoit l'utilité commune.
Cette union de toutes les volontés & de toutes
les forces particulieres conftitue le corps politique, ou *l'Etat.*

La fociété civile a pour but de réunir les volontés & les intérêts que les paffions tendent à
divifer, de réprimer les volontés particulieres
par la volonté générale, de ramener, de fubor-
donner, du moins les intérêts perfonnels à l'intérêt commun, de protéger les droits de chacun, de contenir l'injuftice & la violence par la
crainte du châtiment, enfin de repouffer les
agreffions & les entreprifes injuftes des autres
Etats.

De là, comme l'obferve Locke, dans fon *Traité
du gouvernement civil,* trois pouvoirs, fans lefquels
nulle fociété politique ne peut fubfifter.

1°. Le *pouvoir légiflatif,* ou le droit de prefcrire

des regles de conduite, auxquelles tous les membres de l'Etat soient tenus de se conformer.

2°. Le *pouvoir exécutif*, ou le droit d'employer
la force publique, pour assurer l'observation des
lois. Sous le pouvoir exécutif est compris le *pouvoir judiciaire*, ou le droit de faire avec autorité
l'application de la loi aux différens qui s'élevent
entre les citoyens.

3°. Le *pouvoir fédératif*, que j'aimerois mieux appeler *défensif*, lequel renferme le droit de la
guerre & de la paix, les ligues, les alliances,
les traités.

Le pouvoir législatif & le pouvoir exécutif
ont pour objet les membres de la société. Le
pouvoir défensif a pour objet les autres peuples,
à l'égard desquels la société est dans l'état de
nature, puisque antérieurement à toute convention positive, ils n'ont avec elle d'autres lois
communes que celles de la justice naturelle &
de l'humanité.

Le chef, le conseil ou l'assemblée, la personne
naturelle ou morale en qui réside ce triple pouvoir, s'appelle le *Souverain*. La souveraineté emporte donc le droit de commander & de contraindre, & l'obligation de protéger.

Dans la formation d'un Etat, il intervient
trois conventions générales & fondamentales.
En vertu de la premiere, un certain nombre de
familles, jusqu'alors indépendantes, s'unissent en
corps de nation. La seconde détermine la forme
du gouvernement, institue les lois fondamentales, & choisit le Souverain. Par la troisieme,
le Souverain s'oblige à ne faire usage du pouvoir
qui lui est confié, que pour le bien du peuple ;
& le peuple, de son côté, s'engage à faire tout ce
que le Souverain ordonnera comme chef de l'Etat.

Une nation qui se constitue en état politique, peut vouloir, ou que l'administration de la chose publique appartienne à tous les citoyens réunis, ou qu'elle soit laissée à un certain ordre de citoyens établi & déterminé par une loi, ou que l'autorité toute entiere soit abandonnée à une seule personne.

Toutes les formes de gouvernement, j'entends les formes simples, du mélange desquelles se composent les formes mixtes, se réduisent donc à la *Démocratie*, ou l'empire du peuple, à *l'Aristocratie*, ou l'empire des nobles (*optimates*) à *la Monarchie*, ou l'empire d'un seul. *Cunctas nationes & urbes*, dit Tacite, *populus, aut primores, aut singuli regunt*.

Chacune de ces trois formes est susceptible de modifications, dont quelques-unes les différencient essentiellement. La Démocratie, où le peuple tout entier s'assemble pour délibérer, & gouverne immédiatement, comme dans les anciennes républiques de la Grece, & dans les comices de Rome, n'est pas la même que celle où il ne gouverne que par les représentans qu'il a nommés. L'aristocratie de Venise, où les nobles n'avoient d'autorité, que comme membres du sénat, ou des conseils assemblés, différoit de l'aristocratie polonoise, qui donnoit aux nobles une autorité individuelle qu'ils exerçoient même hors de la diete. Enfin, la monarchie tempérée, où un seul gouverne selon des lois fixes & reconnues, ne doit pas être confondue avec le *Despotisme*, où un seul gouverne, sans autre loi que sa volonté.

Montesquieu, & la plupart des publicistes divisent les gouvernemens en *Despotisme*, *Monarchie*, *& République*. Cette division me semble peu exacte. D'une part, le despotisme n'est que l'abus & la corruption de la monarchie : de l'autre, la démocratie & l'aristocratie n'ont rien de commun, & ne doivent pas être comprises sous une même dénomination. Si l'on veut parler avec justesse & précision, il n'y a que les démocraties qui puissent s'appeler républiques.

De ces trois formes de gouvernement, quelle est la plus parfaite? Question insensée, répond le célebre Pope, le meilleur gouvernement est celui qui est le mieux administré :

For forms of government let fools contest :
Whate'er is best administer'd, is best.

Mais la question revient, & l'on demandera quelle est la forme de gouvernement qui se prête plus aisément à une bonne administration.

Tous les gouvernemens ont leurs avantages & leurs inconvéniens propres. La paix & la liberté sont les deux grands biens que les hommes ont prétendu s'assurer, en se donnant des lois & un gouvernement. Mais il n'est pas facile de concilier ces deux intérêts. La démocratie ne conserve la liberté des individus, qu'aux dépens de la tranquillité publique. La monarchie est plus favorable à la paix intérieure qu'à la liberté. L'aristocratie maintient la paix, ou la liberté, selon qu'elle est héréditaire ou élective, c'est-à-dire, selon qu'elle se rapproche de la monarchie ou de la démocratie.

Dans les institutions humaines, la perfection absolue est une chimere. Les gouvernemens ne sont susceptibles que d'une perfection relative. Il ne faut pas demander quel est le gouvernement le plus parfait, mais quel est celui qui convient le mieux au climat, au caractere, aux mœurs, aux habitudes, aux préjugés d'une nation. J'ai donné aux Athéniens, disoit Solon, non les meilleures lois possibles, mais les meilleures qu'ils pussent recevoir.

Plus un gouvernement est ancien, plus en général il approche de la perfection. Car on doit penser qu'il n'a subsisté si long-temps, que parce qu'il a trouvé, ou rendu le caractere de la nation conforme à ses principes. » Non par opi- » nion, mais en vérité, dit le bon & judicieux » Montagne, l'excellente & meilleure police est » à chacune nation celle sous laquelle elle s'est » maintenue. Sa forme & commodité essentielle » dépend de l'usage.... ès affaires publiques, il » n'est aucun si mauvais train, pourvu qu'il ait » de l'âge & de la consistence, qui ne vaille » mieux que le changement & le remuement. «

Un autre moyen d'apprécier les gouvernemens, c'est d'examiner l'état des peuples. La tranquillité intérieure, la prospérité du commerce, les progrès de l'industrie, & par dessus tout, l'accroissement de la population sont des caracteres auxquels on reconnoît un gouvernement sage & bien constitué. Par-tout où le peuple est heureux, le gouvernement est bon. C'est donc par les faits qu'il faut juger les gouvernemens, & non par des principes spéculatifs sur lesquels on disputeroit éternellement. En politique, comme en physique, l'expérience vaut mieux que les systêmes.

Cependant il faut convenir que les gouvernemens extrêmes, le despotisme & la démocratie pure, sans mélange d'aristocratie, sont essentiellement vicieux. Le despotisme, parce qu'il opprime & anéantit toute liberté; la démocratie pure, parce qu'elle mene infailliblement à l'anarchie, & détruit la liberté par l'excès de la liberté. Dans l'un, c'est la tyrannie d'un feul : dans l'autre, c'est la tyrannie de la multitude, mille fois plus cruelle que celle d'un defpote.

Le defpotifme eft une monarchie fans lois, où les fujets n'ont point de droits à l'égard du Souverain, où la volonté du maître eft le feul titre de propriété. La démocratie pure ne differe prefque pas de l'état de nature, l'une & l'autre ayant pour principes la liberté & l'égalité : elle annonce l'enfance ou la diffolution de la fociété.

Le pire des Etats, c'eft l'Etat populaire (*).

Burlamaqui a très-bien défini ce gouvernement, en difant qu'il n'a rien de bon, que la liberté qu'il laiffe au peuple d'en choifir un meilleur.

La fûreté perfonnelle, la liberté, le droit de propriété n'exiftent, & ne peuvent fe maintenir que fous les gouvernemens modérés. Mais que faut-il entendre par un gouvernement modéré ?

Les gouvernemens modérés, quelle que foit leur forme & leur dénomination, font ceux où les fujets n'ont à fouffrir ni des excès d'une entiere liberté, ni de la gêne d'une entiere fervitude : *Nec totam fervitutem, nec totam libertatem* (**). Ce font les gouvernemens où l'on reconnoît une *Conftitution*, c'eft-à-dire, des lois fondamentales qui fixent, reftreignent & dirigent l'exercice du pouvoir fouverain. Dans tout gouvernement, où nul citoyen ne peut être privé de fes biens, de fa liberté, de la vie, que par un jugement public rendu conformément à des lois, & felon

---

(*) Cinna.   (**) Tacite.

des formes reçues ; dans tout gouvernement, où il est permis d'appeler de la volonté arbitraire du Souverain à sa volonté légale, il existe une constitution plus ou moins parfaite, selon que la propriété, la liberté, la sûreté des citoyens, & la tranquillité publique sont plus ou moins assurées.

Il n'en existe point dans le despotisme & dans la démocratie pure, parce que le despote & le peuple ne voient rien au-dessus d'eux, & ne peuvent se croire liés aujourd'hui par la volonté qu'ils ont eue hier. Dans un Etat ordonné, la Constitution est la loi du Souverain, comme du simple citoyen : il y est soumis, parce que ce n'est pas lui qui l'a faite, & qu'il ne peut la violer, comme dit l'illustre Fénelon, sans violer son titre fondamental. Mais comment le despote, & le peuple souverain seroient-ils soumis à une constitution qui est leur ouvrage, & qu'ils sont en droit de changer, toutes les fois qu'il leur en prend envie ?

Un principe, ou plutôt une erreur manifeste des publicistes de la Révolution, c'est qu'il ne peut y avoir de constitution dans une monarchie. De sa nature, le gouvernement monarchique n'est pas moins compatible que les gouvernemens mixtes ou républicains avec une constitution qui prévienne les abus du pouvoir arbitraire. Le conseil, ou le sénat d'une république peut exercer un pouvoir illimité, comme le monarque peut ne jouir que d'une autorité circonscrite par la loi. L'histoire moderne nous montre en Europe des aristocraties despotiques & des monarchies tempérées.

Les publicistes révolutionnaires ont encore prétendu que la France n'avoit pas une constitution,

&

& c'eft peut-être de tous leurs paradoxes celui qui a trouvé le plus de faveur auprès des étrangers.

J'avoue que la France n'avoit pas une conftitution écrite, fignée du roi & des repréfentans de la nation. Je ne connois que trois Etats qui poffedent une charte femblable; l'Angleterre, le Dannemark & les Etats-unis de l'Amérique feptentrionale. Dira-t-on que tous les autres Etats n'ont pas de conftitution ? ou plutôt, ne faut-il pas reconnoître que la conftitution d'un pays fe trouve dans l'enfemble des lois & des coutumes, felon lefquelles ce pays eft gouverné, foit que ces lois & ces coutumes aient été recueillies & confignées dans une charte authentique, foit qu'elles foient éparfes dans les divers monumens de l'hiftoire & du droit public d'une nation ?

Je fortirois de mon fujet, fi j'entreprenois de prouver, par l'expofition de notre droit public, que la monarchie françoife avoit une conftitution, c'eft-à-dire, une forme de gouvernement réglée par des lois fondamentales, & par des coutumes inviolables. Je dirai feulement, qu'une monarchie qui a fubfifté quatorze fiecles, & dont la gloire & la profpérité alloient toujours croiffant de regne en regne, n'étoit pas un Etat fans conftitution, à moins que l'on ne prétende, qu'il n'eft pas befoin de conftitution pour affurer le bonheur & la durée d'un grand empire. » Si, » depuis plufieurs fiecles, dit Montefquieu, la » France a augmenté fans ceffe fa puiffance, il » faut attribuer cela à la bonté de fes lois, non » pas à la fortune qui n'a pas cette forte de » conftance. « Machiavel étoit bien éloigné de croire que la France n'eût pas de conftitution. » Le royaume de France, dit ce profond obfer-

B

» vateur, est heureux & tranquille, parce que
» le roi est soumis à une infinité de lois qui
» font la sûreté des peuples. Celui qui constitua
» ce gouvernement voulut que les rois dispo-
» sassent à leur gré des armes & des trésors ;
» mais, pour le reste, il les soumit à l'empire
» des lois. «

Alléguera-t-on les abus de l'ancien régime,
pour prouver que la France étoit sans constitution ? Sans doute, il existoit, sous l'ancien régime, des abus crians ; mais ces abus ne prove-
noient ni du défaut de constitution, ni même
du vice de la constitution. Il en est qui prenoient leur source dans l'imperfection inséparable des institutions humaines, & auxquels il eût
été impossible de remédier, sans s'exposer à de
plus grands inconvéniens. Mais la plupart appartenoient à l'administration qui, dans ces derniers temps, ne se ressentoit que trop du dépé-
rissement des principes, & de la dépravation des
mœurs publiques. Du reste, la Révolution entreprise pour la réforme des abus, a bien vengé
le gouvernement monarchique des déclamations
de ses ennemis.

Un troisieme préjugé non moins répandu, &
aussi peu réfléchi, confond le gouvernement absolu avec le gouvernement despotique.

Le pouvoir absolu est celui auquel il n'est pas
permis de résister, quand il se tient dans la
sphere de son action. Le pouvoir despotique est
un pouvoir arbitraire dont la sphere n'a d'autres
bornes que les passions & les caprices du Souverain : ce sont deux notions essentiellement différentes. Le gouvernement absolu n'est pas un
gouvernement arbitraire, s'il existe dans l'Etat
des lois fondamentales que le Souverain ne puisse

(19)

changer, & contre lefquelles tout ce qui fe feroit feroit nul de plein droit; fi les bornes qui
féparent les propriétés ne peuvent être arrachées,
ou déplacées au gré du Souverain ; fur-tout, fi
la conftitution admet des profeffions diftinguées,
dont les droits & les privileges foient une partie effentielle du droit public. Car l'égalité parfaite entre tous les membres d'un Etat, eft, ou
un effet du pouvoir arbitraire, ou un moyen
de l'établir. Le Tiers-Etat qui pourfuivoit avec
tant d'acharnement l'extinction des ordres du
Clergé & de la Nobleffe, ne voyoit pas qu'il fe
plaçoit dans l'alternative du defpotifme ou de
l'anarchie : fi l'autorité royale eût furvécu à la
Nobleffe & au Clergé, la France auroit eu un
Sultan, des Bachas & des Janiffaires.

Il eft de l'effence de tout gouvernement d'ê-
tre abfolu ; c'eft-à-dire, que dans quelque gouvernement que ce foit, l'autorité doit vaincre
toutes les réfiftances. Que l'autorité réfide toute
entiere dans l'affemblée du peuple, dans un fénat, dans un monarque, ou que chacun d'eux
n'en ait qu'une partie, il faut qu'elle foit fouveraine & abfolue, fans quoi il y auroit anarchie :
mais il faut, en même-temps, que, dans fon
exercice, elle foit affujettie à des lois & à des
formes conftitutionnelles, fans quoi il y auroit
defpotifme.

Les trois formes primitives de gouvernement
ne font pas tellement féparées, que l'une n'ad-
mette quelque chofe des autres. La démocratie
fe diffoudroit bientôt, fi elle n'étoit éclairée &
contenue par des corps ariftocratiques. A Rome,
le peuple étoit modéré par le fénat. Périclès précipita la chûte d'Athènes, en affoibliffant l'autorité de l'Aréopage. L'ariftocratie, par la con-

centration du pouvoir, se rapproche de la monarchie ; & la monarchie, en reconnoissant des
ordres, ou des corps intermédiaires entre le
peuple & le souverain, se tempere par l'aristocratie.

Le despotisme lui-même est bridé par l'opinion. » C'est une erreur de croire, dit Montes-
» quieu, qu'il y ait dans le monde une autorité
» humaine, à tous égards despotique. Il n'y en
» a jamais eu, & il n'y en aura jamais. Le
» pouvoir le plus immense est toujours borné
» par quelque coin..... Il y a dans chaque na-
» tion un esprit général, sur lequel la puissance
» même est fondée. Quand elle choque cet es-
» prit, elle se choque elle-même, & elle s'ar-
» rête nécessairement. « Un despote peut renverser les lois ; mais il est forcé de respecter les
coutumes. Les gouvernemens qui ne sont pas
limités par la loi, le sont par des préjugés. La
religion musulmane, toute absurde qu'elle est,
corrige un peu le gouvernement turc.

Mais il n'est rien qui agisse si puissammant
sur les gouvernemens, que l'esprit public, &
les mœurs nationales. Quand les mœurs sont
bonnes, tout gouvernement est bon. Le despotisme de la Chine ne nous présente que l'image
du gouvernement paternel, parce que la Chine
a des mœurs. Si les mœurs sont mauvaises,
elles corrompent le meilleur gouvernement. La
constitution de Carthage, au rapport d'Aristote, ressembloit beaucoup à celle de Sparte ; mais,
à Sparte, la vertu & la frugalité étoient le principe & le ressort de l'Etat ; à Carthage, les richesses & le commerce. Les bonnes mœurs cor-
rigent même les mauvaises lois. A Rome, le
divorce étoit permis par la loi, & le premier

exemple du divorce ne fut donné qu'après plus
de cinq cents ans. En France, la liberté du divorce a introduit une véritable polygamie,
parce que le divorce étoit dans les mœurs,
avant qu'un décret l'eût placé dans le code national.

Des trois formes primitives, il se compose
des formes mixtes, où les principes des trois
gouvernemens sont balancés l'un par l'autre.
Telles étoient, chez les Anciens, les constitutions de Crète, de Lacédémone & de Carthage. Telle étoit même la constitution de la république romaine, où les consuls représentoient,
à quelques égards, les rois de Lacédémone, &
les tribuns du peuple, les Éphores. Telle est
aujourd'hui celle de l'Angleterre, monarchique
par son roi, aristocratique par la chambre des
Pairs, démocratique par la chambre des Communes.

Le caractere propre de ces gouvernemens,
c'est que les affaires sont décidées par le concours
de plusieurs volontés toutes remuées par des intérêts différens, & que l'on suppose, en conséquence, ne pouvoir s'accorder que sur les résolutions conformes à l'intérêt général. Tous les
pouvoirs publics s'éclairent, se surveillent, se
contiennent réciproquement dans les limites que
leur trace la constitution. C'est un avantage que
n'ont pas les gouvernemens simples. Mais, d'un
autre côté, cette rivalité n'est-elle pas un germe
de troubles & de révolutions ? & n'est-il pas à
craindre que la plus légere altération dans ces
oscillations continuelles n'arrête tout-à-coup le
jeu d'une machine si compliquée ? Le calme &
la prospérité dont l'Angleterre jouit depuis un
siecle, est peut-être moins l'effet des principes

de sa constitution, que la modération de ses
rois, & de l'habileté de ses ministres.

Mais, quels que soient les avantages & les
inconvéniens de ces gouvernemens composés, il
ne faut jamais oublier qu'un gouvernement n'est
bon, qu'autant qu'il convient au peuple à qui
l'on se propose de le faire adopter. C'est à quoi
n'avoient pas assez réfléchi les novateurs qui,
à la naissance de la Révolution, vouloient perfectionner notre gouvernement, en y introdui-
sant les formes de la constitution britannique.
Ils ne voyoient pas que, pour assurer le succès
de leur réforme, il eût fallu, non - seulement
nous donner le caractere, les opinions, les habitudes des Anglois, mais encore séparer la
France du reste de l'Europe, comme l'Angleterre en est séparée par la mer. Sans armées,
sans places fortes, la France demeureroit expo-
sée aux invasions : avec des places fortes, &
une armée, le roi seroit trop puissant, l'équilibre entre les trois pouvoirs seroit rompu, &
la constitution périroit.

S'il est vrai que les diverses formes de gouvernement ne conviennent pas également à toutes les nations, il faut savoir à quels caracteres
généraux on reconnoîtra le gouvernement qui
convient le mieux à une nation qui se trouve
dans des circonstances données.

Principe général, fondé sur la nature, & con-
firmé par l'histoire : le gouvernement républicain, la démocratie sur-tout, ne convient qu'à
un Etat petit, ou médiocre, parce que, dans
ce gouvernement, les ressorts, nécessairement
multipliés, ne produisent qu'une action lente &
foible qui ne pourroit se porter aux extrémités
d'un vaste territoire. La démocratie pure con-

viendroit à peine à une petite ville : encore faudroit-il que l'on n'y connût ni le commerce
étranger, ni le luxe & les arts corrupteurs. C'est
une maxime de Tacite, que les richesses sont
incompatibles avec la liberté : *est apud illos*, il
parle de l'un des peuples de la Germanie, *&*
opibus honos, eoque unus imperitat. Un peuple qui est
à-la-fois sujet & souverain, a besoin d'une grande
simplicité de mœurs & d'une vertu austere pour
obéir constamment à des loix qu'il s'est impo-
sées lui-même. C'est en ce sens que l'on peut
dire avec Montesquieu, que la vertu est le principe du gouvernement républicain.

Dans la Monarchie, un seul ressort produit
la plus grande action possible avec la plus grande
célérité possible. Le gouvernement d'un seul convient donc à une grande nation. Car la force
de gouvernement doit être en proportion avec
celle de la résistance ; & l'effort de la résistance, ou de la réaction contre le gouvernement,
croît en raison de l'étendue de l'Etat, de ses
richesses & de sa population. Les Républiques
elles-mêmes, dans ces temps de crise qui demandent le développement de toutes leurs forces, sont obligées d'emprunter de la monarchie
une vigueur qu'elles ne trouvent point dans leur
constitution. Quand Rome se croyoit en danger, elle suspendoit toutes les magistratures, &
confioit tous ses pouvoirs à un dictateur. En 1672,
& en 1747, la Hollande crut ne pouvoir se défendre contre la France, qu'en rétablissant le
stathoudérat héréditaire.

Si l'on me citoit, comme objection, ou comme
exception, l'existence & les succès militaires de
la République françoise, je répondrois que c'est
une nouvelle preuve du principe général. Car il

eſt évident que cette République nominale ne
ſubſiſte que par le régime du deſpotiſme.

Dans un petit Etat, chez un peuple vertueux,
frugal & animé d'un eſprit public, le gouvernement démocratique ne coûte preſque rien à
l'Etat, & les choix, pour l'ordinaire, ne tombent que ſur les plus dignes. Mais, dans un vaſte
empire, chez une nation corrompue, où rien
ne ſe fait que pour de l'argent, où les emplois
ne ſont enviſagés que comme des moyens d'aller à la fortune, la démocratie, qui multiplie à
l'infini, & renouvelle chaque année les agens
de l'adminiſtration, eſt ruineuſe par elle-même,
& par les abus énormes qu'entraînent néceſſai-
rement des élections fréquentes, où les uns ont
le moyen d'acheter & les autres le beſoin de
vendre les ſuffrages.

Si, au mépris de ces principes, on s'obſtine à
vouloir établir une conſtitution populaire dans
un Etat vaſte & puiſſant, ou la république crou-
lera écraſée par ſa maſſe, ou à l'ombre de cette
conſtitution, & ſous le prétexte de la défendre,
il s'élevera un gouvernement deſpotique, d'autant plus formidable, que les lois n'auront pu
ni en prévoir, ni en réprimer les excès.

Puiſqu'un grand Etat ne peut ſe paſſer d'un
gouvernement monarchique, il faut auſſi qu'il
ait une conſtitution monarchique. Il n'y a pas
de plus grand vice politique que l'oppoſition entre le gouvernement d'un Etat, & ſa conſtitution.

Tout ce qui ſort de la main des hommes porte
le caractere de l'inſtabilité, les gouvernemens
plus que toute autre choſe; car non-ſeulement,
ils ſont l'ouvrage des hommes, mais les hommes
en ſont les élémens.

La conſtitution d'un Etat peut changer de deux manieres, ou par des innovations violentes & ſoudaines, ou par des variations graduées que le temps & les circonſtances amenent inſenſiblement. Les innovations violentes entraînent preſque toujours la ruine, ou du moins, la déſolation de l'Etat. » Rien, dit encore Montagne, » ne preſſe un Etat que l'innovation. Le chan- » gement donne ſeul forme à l'injuſtice & à la » tyrannie. Quand quelque piece ſe démanche, » on peut l'étaier : on peut s'oppoſer à ce que » l'altération & corruption naturelle à toutes » choſes ne nous éloigne trop de nos commen- » cemens & principes. Mais d'entreprendre à » réformer une ſi grande maſſe, & à changer » les fondemens d'un ſi grand bâtiment, c'eſt » à faire à ceux qui veulent amender les dé- » fauts particuliers par une confuſion univerſel- » le, & guérir les maladies par la mort..... » Toutes grandes mutations ébranlent l'Etat & » le déſordonnent. «

Les variations inſenſibles, au contraire, tendent preſque toujours à l'affermir, & ſouvent à perfectionner ſon régime : elles ſont moins l'ouvrage des hommes, que celui de la nature & des événemens, dont la marche entraîne les gouvernemens.

Juſqu'à l'époque déſaſtreuſe de la Révolution, la conſtitution de la monarchie françoiſe n'avoit éprouvé que des innovations de ce dernier genre. Sous la troiſieme race, & ſur-tout, depuis le regne de Louis-le-gros, l'autorité des rois s'étoit accrue aux dépens de la puiſſance que les grands avoient uſurpée ſur les foibles ſucceſſeurs de Charlemagne ; & cet accroiſſement, ou pour mieux dire, ce rétabliſſement de la prérogative royale avoit tourné à l'avantage du peuple qui, sous le regne de Philippe-le-bel, se vit appelé aux Etats-Généraux. La sage politique de nos rois secondée par le caractere national, par l'esprit du Christianisme qui favorisa singuliérement l'affranchissement des serfs, par les progrès du commerce & de l'industrie, vint à bout de détruire, sans secousses & sans révolution, ce qu'il y avoit d'oppressif dans le gouvernement féodal. A peine en restoit-il quelques vestiges, dans des cens, ou redevances modiques qui n'étoient, pour la plupart qu'un juste aveu des concessions faites par de riches propriétaires à des colons indigens. Le peuple avoit profité de toutes les victoires que la Couronne avoit remportées sur la Noblesse, depuis le ministere de l'abbé Suger, jusqu'à celui de Richelieu. Il étoit devenu libre, parce que les rois s'étoient rendus absolus.

Loin d'altérer la constitution d'un Etat, de pareils changemens l'améliorent. Les gouvernemens, comme toutes les choses humaines, doivent se perfectionner avec le temps; & il ne faut pas écouter ces publicistes chagrins qui, comptant pour rien la sagesse & l'expérience des générations qui nous ont précédés, croient épurer les gouvernemens, en les rappelant à la rudesse de leur premiere origine.

Il est permis, sans doute, de chercher avec Montesquieu les premiers élémens de notre droit public dans les forêts de la Germanie. Mais il ne faut pas, à l'exemple du comte de Boulainvillers, & de l'abbé de Mably, entreprendre de ramener dans une nation riche, instruite & civilisée, les usages & les lois barbares des Mérovingiens. Les François du dix-huitieme siecle ne

font par les Francs de Clovis. Un roi, une noblesse héréditaire, des assemblées générales, voilà
les premiers linéamens de notre constitution,
tels qu'on les voit dans l'admirable tableau que
Tacite nous a laissé des mœurs de nos ancêtres. Le temps, le progrès des lumieres & de
l'industrie, les changemens introduits dans les
mœurs nationales ont modifié ces formes primitives. Les lois fondamentales qui en décou-
loient naturellement, se sont établies l'une après
l'autre : notre droit public s'est développé à mesure que les circonstances demandoient de nouvelles dispositions.

L'ancienne constitution de la France, & il
en est de même de tous les Etats de l'Europe,
est un vaste édifice qui n'a été construit, ni
tout entier à-la-fois, ni d'après un plan symmé-
trique & régulier. Tous les âges y ont ajouté,
corrigé, réparé, selon leur goût & leurs besoins ; & toute la suite de notre histoire démontre à l'observateur attentif que, malgré les fautes & les erreurs fréquentes du gouvernement,
notre constitution, sous les rois de la troisieme
race, alloit s'affermissant & se perfectionnant
de siecle en siecle.

On dira peut-être que, depuis le règne de
Louis XIII, la puissance royale sembloit croî-
tre d'une maniere alarmante, & que la désué-
tude des Etats-Généraux ne laissoit à la nation
aucun moyen de revendiquer les droits que lui
donnoit la constitution.

Mais, d'abord, il faut observer que c'est la
nation elle-même qui s'est dégoûtée des Etats-
Généraux, convaincue par une longue expérience, qu'ils étoient plus funestes qu'utiles au
royaume. Dans les Etats de Blois, en 1588, le

Tiers abandonna le droit de *doléances* & de *re-montrances* aux Parlemens, qu'il sembla reconnoî-tre pour des états permanens, en les appelant les *Etats au petit pied*. Ni le Clergé, ni la Noblesse, ni même les Etats de 1614, qui furent les derniers, ne révoquerent cette concession ; & depuis ce temps, les Parlemens, du consentement, au moins tacite de la nation, demeurerent en possession de solliciter & de vérifier les lois, d'adresser au roi des remontrances, & de consentir l'impôt.

J'observe en second lieu, qu'en même-temps que la puissance royale se fortifioit, la nation de son côté acquéroit insensiblement un moyen de surveillance, & une force de répression. Je parle de l'opinion publique qui naît du progrès des lumieres, qui est une véritable puissance, & qui suppléoit en quelque sorte aux Etats-Géné-raux. Lorsque des ministres imprudens ou pas-sionnés osoient franchir les barrieres élevées par la constitution , l'opinion publique opposoit une résistance calme que les coups de l'autorité ne pouvoient atteindre, & qui tôt ou tard ren-versoit les ministres & leurs dangereuses inno-vations.

Telle étoit en France la force du caractere national, de l'opinion, & du sentiment de l'hon-neur, qu'elle eût suffit pour nous préserver du despotisme de fait, quand nous n'aurions pas eu une constitution qui le proscrivoit de droit.

Revenons aux principes fondamentaux de l'or-dre social. Quelle que soit la forme du gouver-nement, il faut reconnoître un Souverain, en qui résident la puissance législative, & la force publique. Ces deux pouvoirs ne peuvent être divisés. La loi doit être armée, parce qu'elle est toujours en guerre avec les méchans. Dans les gouvernemens mixtes, dans les républiques même, comme dans les monarchies abfolues, la fouveraineté eft une & indiv fib e. Dans celle-ci, c'eft la volonté d'un feul, dans les autres, c'eft la volonté de plufieurs : mais par - tout, c'eft une volonté unique qui fait la loi, une force unique qui la protege. Toute fociété qui ne fe réduit pas à l'unité, eft une fociété anarchique.

Si, dans quelques gouvernemens, comme dans celui de l'Angleterre, le pouvoir légiflatif & le pouvoir exécutif paroiffent féparés, il eft aifé de voir qu'il exifte un point de réunion. Dans la conftitution britannique, le pouvoir exécutif, ou le roi, fait partie effentielle du pouvoir légiflatif, par le droit qu'il a de confentir, ou de ne pas confentir aux projets de lois propofés par le Parlement.

La maxime, qu'il y a defpotifme toutes les fois que le pouvoir légiflatif & le pouvoir exécutif ne font pas féparés, eft donc encore une erreur révolutionnaire. Ce manichéifme politique qui introduit dans l'Etat deux principes rivaux, détruit la fouveraineté en la partageant.

La fouveraineté eft indivifible. Mais le Souverain ne pouvant tout faire par lui-même, eft obligé de créer des miniftres, des magiftrats, des commandans qui, en fon nom, & par fon autorité, exercent dans l'Etat les pouvoirs d'adminiftration, de jugement & de contrainte. Ces pouvoirs fe divifent, à mefure qu'ils s'éloignent de leur fource ; & par des gradations fagement ménagées, ils uniffent entre elles, & avec le Souverain toutes les parties du corps politique. Comme leur action fur le peuple eft immédiate & continuelle, ce font les plus puiffans inftrumens du bonheur, ou du malheur public. Le meilleur de tous les gouvernemens feroit, fans contredit, celui où ces pouvoirs dérivés feroient tellement fixés & circonfcrits par la loi, qu'ils ne puffent jamais fe permettre un acte arbitraire. Chacun de ces pouvoirs doit reconnoître un pouvoir fupérieur qui puiffe révifer, caffer, ou réformer fes actes; & lorfque tous les degrés de jurifdiction font épuifés, il refte le recours au Souverain que fa grandeur défend du défir de nuire, & que fon propre intérêt avertit d'être jufte, parce que toute fon autorité repofe fur la juftice.

En effet, un gouvernement n'eft folide & durable, qu'autant qu'il porte fur des bafes morales. La force toute feule ne fuffit pas pour contenir les peuples. Car la force du maître n'eft que celle de fes fujets, & il n'y a que l'opinion qui puiffe en affurer l'emploi & la direction. Or, cette opinion qui met la force publique fous la main du gouvernement, ne peut naître que des principes de la juftice & de la religion. De la juftice qui, par la prefcription, confacre le titre des Souverains, comme elle légitime les droits des particuliers : de la religion qui, dans la perfonne du Souverain nous montre le miniftre & le lieutenant de la Divinité.

Ces philofophes qui banniffent de la politique ce qu'ils appellent infolemment les préjugés populaires, ne voient pas qu'ils anéantiffent l'autorité, pour réduire tout à la force; & que, dans leur fyftême, la fcience du gouvernement n'eft que l'art de s'affurer des hommes, en les tenant à la chaîne. Ils ne voient pas que ce font ces préjugés qui temperent dans le Souverain l'exercice du pouvoir, qui apprennent au peuple à porter volontairement un joug que la néceſſité lui impoſe, qui conſervent dans la ſociété civile tout ce que l'intérêt de la tranquillité publique peut laiſſer de liberté aux individus. L'homme ſeroit un animal indiſciplinable, s'il n'étoit façonné à l'obéiſſance par ces idées religieuſes & morales, qui, pour me ſervir d'une image auſſi juſte, qu'elle paroîtra triviale, ſont les huiles qui aſſoupliſſent les reſſorts de la machine politique, & empêchent que les rouages ne s'arrêtent ou ne ſe briſent en éclats.

Je termine ici les réflexions générales ſur la ſociété civile & ſur les gouvernemens. J'aurai plus d'une occaſion de les rappeler dans la ſuite, ſoit pour les développer avec plus d'étendue, ſoit pour les défendre contre les erreurs qui ſervent de principes à la Révolution françoiſe.

CHAPITRE II.

De la Liberté.

IL n'eſt point de ſentiment plus profondément gravé dans le cœur de l'homme, que l'amour de la liberté : mais, comme tous les autres ſentimens naturels, l'amour de la liberté demande à être éclairé & contenu. Juſqu'où s'étend la liberté que la Nature accorde à tous les hommes ? juſqu'à quel point cette liberté naturelle peut-elle être modifiée par les inſtitutions ſociales ? La réponſe à ces deux queſtions fixera le vrai ſens du mot de *liberté*, qui eſt un de ces termes équivoques, que les chefs de factions jettent au milieu du peuple, pour ſervir de cri de guerre & de ſignal à la ſédition.

La liberté, dans l'acception la plus étendue, est le droit & le pouvoir de faire ce qu'on veut.

L'homme a-t-il le droit & le pouvoir de faire tout ce qu'il veut? Non : son droit est borné par la Nature aussi-bien que son pouvoir. Des êtres sujets à l'erreur, & entraînés par des passions ne peuvent prétendre à une liberté illimitée. Si tous avoient le droit de faire tout ce qu'ils voudroient, nul n'en auroit le pouvoir. Les volontés contraires se heurteroient sans cesse : les droits seroient toujours en opposition, & l'effet infaillible de cette lutte de tous contre tous seroit l'anéantissement de tout droit & de toute liberté. La conservation du genre humain, l'intérêt même de chaque individu demandent que la liberté soit renfermée dans des bornes prescrites par une loi. La loi est donc la regle & la mesure de la liberté. Pour savoir jusqu'où s'étend la liberté de l'homme, il faut connoître les lois auxquelles il est soumis.

D'abord il existe pour tout le genre humain une loi fondée sur la nature de l'homme, & sur ses rapports, soit avec l'Auteur de son être, soit avec ses semblables. Cette loi éternelle, immuable, imprescriptible établit une différence entre le pouvoir physique & le droit, dirige l'emploi de nos facultés, & fait de l'homme un *Etre moral*. Antérieure à toute autre loi, indépendante de tout fait humain, *la loi naturelle* n'est autre chose que la raison de Dieu qui, conduisant tous les êtres à leur fin, par des moyens conformes à leur nature, a voulu que le bonheur & la perfection de l'homme dépendissent de l'usage qu'il feroit de sa liberté.

Cette volonté du suprême Législateur, la loi naturelle nous est intimée par la raison, par

l'instinct

l'instinct moral, & par la conscience. Par *la rai-son* qui découvre entre la nature de l'homme, & certaines actions, des rapports de convenance ou de disconvenance non moins réels, non moins invariables, qu'entre les idées dont se forment les axiomes spéculatifs. Par l'*instinct moral*, ou ces fénomens naturels, ces mouvemens indélibérés de justice, d'humanité, de compassion, de re-connoissance qui, dans le cœur même du mé-chant, ne cédent qu'à la passion & à l'intérêt. Par *la conscience* qui, après l'action, nous cite à son tribunal, nous absout ou nous condamne, & porte dans notre ame l'espoir ou l'épouvante, la paix ou le remords.

Une seconde loi qui, comme la premiere, émane immédiatement de la Divinité, fait de l'homme un *Etre religieux*, & lui impose, en cette qualité, des devoirs dont la raison, abandon-née à elle-même, n'auroit pu découvrir qu'une foible partie. Cette loi est connue par la *Révé-lation*, & quoique fondée sur des dogmes in-compréhensibles pour la raison humaine, elle n'en est pas moins obligatoire, à l'égard de tous ceux à qui elle est annoncée, parce que le fait de la révélation est appuyé sur des preuves cer-taines, capables de persuader & de convaincre quiconque cherche la vérité de bonne foi, & sans craindre de la rencontrer. Le fait de la ré-vélation une fois constaté, ces dogmes que l'es-prit humain ne peut concevoir, deviennent l'ob-jet d'une foi que la raison elle-même avoue & justifie, & à laquelle nous voyons que les hom-mes les plus éclairés, les plus sages, les plus vertueux ont toujours fait gloire de se soumettre.

Enfin, obéissant à la voix de la nature & du besoin, l'homme s'unit à ses semblables & de-

C

vient un *Etre social.* Il se lie par des conventions :
il acquiert des droits en s'imposant des devoirs :
il consent à obéir pour être protégé : il rapproche & circonscrit les bornes de la liberté que
lui laissoient la nature & la religion.

Les lois que les hommes se donnent eux-mêmes,
forment *le droit politique, le droit civil & le droit des
gens,* en ce qu'il ajoute au droit naturel. Le droit
politique a pour objet les rapports de ceux qui
gouvernent, avec ceux qui sont gouvernés : le
droit civil, le rapport qu'ont entre eux les membres d'un même état : le droit des gens, les rapports de nation à nation.

Dans la *Déclaration des droits de l'homme & du citoyen,* rédigée par l'assemblée constituante, il est
dit, art. IV : que » la liberté consiste à pouvoir
» faire tout ce qui ne nuit pas à autrui. Ainsi,
» continue-t-on, l'exercice des droits naturels
» de chaque homme n'a de bornes que celles
» qui assurent aux autres membres de la société
» la jouissance de ces mêmes droits. Ces bornes
» ne peuvent être déterminées que par la loi. «

Cette définition de la liberté est vicieuse, en
ce qu'elle ne renferme pas, & que par-là même
elle exclut les devoirs que nous prescrivent la loi
naturelle & la religion, soit envers Dieu, soit
envers nous-mêmes, soit envers les autres. Dans
l'explication qui la suit, on applique à la liberté
naturelle ce qui ne convient qu'à la liberté civile : on transporte à la loi civile toute seule,
la force d'obliger, qui appartient encore plus à
la loi divine, & qui n'appartient même à la loi
civile, que parce qu'elle l'emprunte de la loi divine. Zaleucus, Carondas, tous les légillateurs
de l'antiquité plaçoient à la tête de leur code la
reconnoissance d'un Dieu protecteur de l'ordre

social : nos législateurs métaphysiciens déposent le germe de l'athéisme dans le préambule de leur constitution.

L'homme n'a jamais été sans lois. Avant qu'il existât des sociétés politiques, il étoit sous les lois de la nature & de la religion. Ces lois ne sont pas son ouvrage : il a le pouvoir physique, mais non le pouvoir moral, ou le droit de les enfreindre : il ne peut s'y soustraire, sans se dépraver & se rendre malheureux.

Dans l'état de société, après les lois immuables de la nature & de la religion, les droits & les devoirs du citoyen sont fixés par la loi de son pays. C'est elle qui lui donne un pere, en scelant le contrat qui unit les auteurs de ses jours : elle qui protege son enfance, qui conserve & défend son patrimoine. Il croît, il s'instruit, il se forme à l'abri de la loi ; &, parvenu à l'âge des devoirs, il se voit obligé à la soumission, au double titre de la justice & de la reconnoissance.

Cependant, sous l'empire de cette triple loi, l'homme demeure libre ; car il peut faire tout ce qui n'est défendu ni par la raison, ni par la loi civile, & c'est en cela que consiste la liberté : elle s'étend, elle s'affermit par les lois qui la restreignent. » Si un citoyen pouvoit faire ce » que la loi défend, dit l'Auteur de *l'Esprit des* » *lois*, il n'auroit plus de liberté, parce que les » autres auroient tout de même ce pouvoir. « C'est pour être libres, disoit Cicéron, que nous sommes esclaves des lois. *Legum denique idcirco omnes sumus servi, ut liberi esse possimus.*

Les lois de la nature & de la religion défendent notre liberté contre nos propres passions, les lois civiles la protegent contre les pasfions des autres. L'affranchiffement de toute loi n'eft donc pas la liberté, c'eft la licence : & où regne la licence, la liberté n'eft plus. Il eft fâcheux, difoit un fénateur, parlant du vertueux, mais foible Nerva, de vivre fous un prince qui ne laiffe à perfonne la liberté de faire ce qu'il veut ; mais il l'eft bien davantage de vivre fous celui qui laiffe à tous la liberté de tout faire.

Dans l'efprit du fage, l'idée de la liberté fe joint toujours à celle de la foumiffion. Mais dans l'efprit du vulgaire, ce nom ne réveille jamais que les idées de l'indépendance & de l'impunité. C'eft un mot de ralliement pour tous ceux qui portent impatiemment le joug des lois ; & dans une nation, où les mœurs & les opinions font également corrompues, toutes les claffes de la fociété, celles même à qui l'ordre public affure des avantages diftingués, renferment une foule de mécontens qui fe laiffent prendre à cet appât ufé, les uns par ignorance, par imbécillité, par féduction ; les autres par ambition, & dans la coupable efpérance de partager les débris de l'autorité légitime.

C'étoit donc, de la part des prétendus légiflateurs de la France, un attentat manifefte contre l'ordre public, que de fe proclamer les reftaurateurs de la liberté. Dès-lors, il étoit évident, & la fuite n'a que trop prouvé que cette liberté dont ils flattoient la multitude, n'étoit que la fubverfion de toutes les lois, & de toutes les autorités. S'ils n'euffent voulu qu'affurer la liberté légitime, & la défendre des atteintes du pouvoir arbitraire, il n'eût pas été befoin d'invoquer la populace pour une réforme que le roi fe montroit plus jaloux d'accorder, que la nation ne paroiffoit empreffée de l'obtenir. Le vœu

& les justes doléances de la nation étoient con-
signées dans les cahiers des trois ordres. En leur
imprimant le sceau de la loi, le roi eût affermi
la liberté publique, sans ébranler l'autorité souveraine, & la France eût été sauvée par les
seuls principes de sa constitution.

Mais ce n'est ni le salut de la patrie, ni la
réforme des abus que veulent un Catilina, un
Jean de Leyde, un Mazanielle, un d'Orléans,
un Mirabeau. Le cri de la liberté, dans leur
bouche, est un appel à la révolte, & la révolte
un moyen d'établir leur propre domination. *Ut
imperium evertant, libertatem præferunt : si everterint, ip-
sam aggredientur.* (*)

Revenons aux vraies notions de la liberté, &
pour ne pas tomber dans les erreurs qui naissent de l'abus des termes, distinguons trois sortes de liberté : *la liberté naturelle, la liberté civile,
la liberté politique.*

J'appelle liberté naturelle, le droit de faire
tout ce qui n'est défendu ni par la raison, ni
par la religion.

Liberté civile, le droit de faire tout ce qui
n'est pas interdit par les lois de l'Etat.

Liberté politique, le droit de concourir à la
formation de la loi civile, soit immédiatement
par voie de suffrage, soit médiatement par la
nomination des législateurs.

Or, il est évident que la liberté naturelle ne
peut subsister avec l'état de société, puisque les
sociétés civiles n'ont été instituées que pour prévenir & réprimer les désordres qu'entraîneroit
l'abus infaillible de la liberté naturelle. Il sem-

(*) Tacite.

ble d'abord, qu'en fortant de l'état de nature, pour paffer dans l'état de fociété, on a perdu quelque chofe de fa liberté : mais pour peu que l'on réfléchiffe, on voit que chaque individu gagne plus à la limitation de la liberté des autres, qu'il ne perd par la diminution de la fienne. La liberté naturelle eft un droit de commune fur un vafte défert : la liberté civile eft la jouiffance paifible & exclufive d'un champ cultivé & enclos.

Il eft également certain que tout citoyen a droit à la liberté civile, c'eft-à-dire, qu'il ne doit être foumis à d'autres lois que celles qui font établies & reconnues dans la fociété dont il eft membre. Dans toute fociété conftituée, il ne peut exifter d'autre autorité que celle de la loi. Tout ufage arbitraire du pouvoir, eft un acte illégal. Le Souverain lui-même eft foumis à des lois & à des formes, dont la violation emporte nullité.

Si dans des cas extraordinaires, le bien public demande que le Souverain fe mette au-deffus des formes reçues, cette interruption d'une loi particuliere eft juftifiée par la loi générale qui lui confie tout le pouvoir néceffaire pour le falut de l'Etat. C'eft ainfi que, fans bleffer la liberté civile, le fénat de Rome ordonnoit aux confuls de veiller à ce que la République n'effuyât aucun dommage, *ne quid detrimenti refpublica caperet*, & qu'en Angleterre, le parlement fufpend la loi *d'habeas corpus*, qui néanmoins, dans la conftitution britannique, eft le plus ferme rempart de la liberté civile. Je dirois la même chofe de nos *lettres de cachet*, fi les miniftres de Louis XV ne les avoient pas fcandaleufement prodiguées, & fouvent pour des intérêts bien étrangers à ceux de l'Etat.

(39)

J'obſerverai encore qu'il faut diſtinguer la liberté perſonnelle de la liberté civile. Un coupable, ou un accuſé que l'on empriſonne, en ob-
ſervant toutes les formes juridiques, perd ſa
liberté perſonnelle, & non ſa liberté civile. C'eſt
ce qu'on a voulu exprimer, en gravant le mot
libre ſur la porte des priſons d'une république
d'Italie.

Puiſqu'il ne peut y avoir de difficulté relativement à la liberté naturelle, & à la liberté
civile, la queſtion ſe réduit à ſavoir ſi, par un
droit naturel à l'homme, & en vertu du pacte
ſocial, tout citoyen, ſous un gouvernement légitime, peut prétendre à la liberté politique.

Tout le ſyſtême de la Révolution françoiſe
porte ſur ce principe, emprunté du *Contrat ſocial*
de Rouſſeau, que la liberté politique, telle que
je l'ai définie, eſt pour tous les hommes un
droit naturel, inaliénable, impreſcriptible; qu'il
n'eſt point de milieu entre la condition d'eſclave & l'état de citoyen; & que l'on ne peut ſe
dire citoyen, ſi l'on n'eſt pas membre du Souverain, & ſi l'on n'a pas en cette qualité, une
part active à la légiſlation. C'eſt en conſéquence
de ce principe, qu'il eſt dit dans la Déclaration
des droits, article VI, » que la loi eſt l'expreſ-
» ſion de la volonté générale, & que tous les
» citoyens ont droit de concourir perſonnelle-
» ment, ou par leurs repréſentans, à ſa for-
» mation. «

Pour ſentir l'exagération & la fauſſeté de cette
doctrine, il ſuffit de conſidérer l'extrême différence qui ſe trouve entre l'eſclave qui n'a ni propriété ni volonté, & le ſujet qui, n'obéiſſant
qu'aux lois, conſerve ſous leur autorité la faculté

de difpofer de fes actions & de fes biens. Il eft vrai que la liberté de celui-ci eft limitée par une volonté étrangere ; mais c'eft par une volonté publique, générale, invariable, qui ne gêne la liberté du fujet, en quelques points, que pour affurer à l'époux, au pere de famille, au propriétaire, au mercenaire même, l'ufage paifible de tous leurs droits naturels & civils; par une volonté conforme, non-feulement à l'intérêt public, mais encore à l'intérêt particulier bien entendu ; par une volonté que tous les hommes vertueux & amis de l'ordre s'empreffent de ratifier, & qui, dès lors, n'eft plus à leur égard une volonté étrangere.

C'eft une queftion parmi les publiciftes de favoir, fi le droit d'efclavage eft contraire à la nature. Peut-être ne faudroit-il, pour fe trouver d'accord, que diftinguer le droit en lui-même, dé l'abus inhumain qu'en ont fait dans tous les temps l'ambition, la volupté & la cupidité. Du moins, il me femble difficile de ne pas convenir que, dans certaines circonftances, un homme, c'eft-à-dire, fon travail, peut devenir la propriété d'un autre homme, ou par fon propre choix, pour affurer fa fubfiftance, ou en punition de quelque crime. On ne niera pas non plus qu'il ne foit au pouvoir d'un citoyen de renoncer en tout ou en partie aux droits que lui donne la liberté civile, pour fe réduire à l'état de domefticité. Pourquoi donc prétendroit-on qu'il eft contraire à la nature de renoncer à la liberté politique, en confervant la liberté civile dans toute fon étendue ? Dans tous les Etats qui ont une conftitution, la loi civile laiffe un champ affez vafte à l'exercice de nos facultés. Parce qu'on n'eft pas légiflateur, il ne faut pas fe croire efclave : entre ces deux extrêmes, il exifte un intervalle immenfe.

Mais qu'eft-il befoin de raifonner contre un principe que la démocratie eft forcée d'abjurer? fi la liberté politique eft un droit naturel, inaliénable, imprefcriptible, pourquoi les femmes n'en jouiffent-elles pas ? La nature auroit-elle condamné à l'efclavage & défhérité la moitié de l'efpece humaine? Pourquoi, même dans la conftitution françoife, ce droit eft-il refufé à tous ceux qui ne payent pas à l'Etat une contribution équivalente au falaire d'un certain nombre de journées de travail? Des légiflateurs qui fe vantent de rétablir l'égalité naturelle, devoient-ils aggraver le malheur de l'indigence, en la dépouillant d'un droit que la nature, felon eux, accorde à tous les hommes?

La liberté ne confifte pas à pouvoir agir par caprice & fans raifon. Or, ce que la raifon prefcriroit à l'homme fage & maître de fes paffions, la loi, qui eft la raifon écrite, le prefcrit à tous. Pour le méchant, pour l'infenfé, la loi eft une chaîne accablante : pour l'homme raifonnable & vertueux, c'eft une lifiere qui le guide & le foutient. Il ne fe croit jamais plus libre, que lorfqu'il obéit à la loi, parce qu'alors il ne donne rien aux pàffions. La liberté civile fuffit à fes befoins & à fes défirs, parce que la loi ne lui interdit que ce qu'il s'interdiroit lui-même.

Si la liberté politique eft le vœu de quelques ambitieux qui fe croient nés pour commander, la plus nombreufe partie du genre humain confent à fe laiffer gouverner, & ne demande que des maîtres juftes. *Pauci libertatem, pars magna juf-*

tos dominos volunt (*). La liberté civile remplit l'objet que les hommes ont dû se proposer en s'unissant en société, & l'expérience des temps anciens & modernes prouve que les Etats les plus heureux, & par conséquent les mieux constitués, sont ceux où le peuple jouit de la liberté civile, sans prétendre à la liberté politique.

Quel est en effet, le but des sociétés politiques, sinon de garantir à tous la sureté, la propriété, & l'exercice légitime des facultés naturelles? Les sociétés n'ont pas été instituées, pour qu'il existât une autorité, une force publique, une constitution. Ce sont là les moyens, mais non la fin & le but de l'ordre social. Il est nécessaire que tous soient protégés; mais il ne l'est pas que tous gouvernent, & celui qui obéit, n'a point à se plaindre de la société, s'il obtient sureté pour sa personne, & pour ses biens. Or, il est certain, non-seulement que l'on peut atteindre le but de l'association civile, sans que tous les membres de la société partagent le pouvoir législatif, mais, qu'en général, la tranquillité publique n'est jamais plus assurée que dans les Etats où la multitude ne fait qu'obéir.

Tout ce qu'il y a jamais eu de gouvernemens sur la terre, les républiques même qui portoient jusqu'au fanatisme l'amour de la liberté, concentroient le pouvoir législatif, & soumettoient la multitude au petit nombre. Athènes, Sparte, Syracuse, Rome, Carthage comptoient sur leur territoire infiniment plus d'esclaves que de citoyens. Dans le dénombrement fait à Athènes,

---

(*) Salluste.

ſous Démétrius de Phalere , il ſe trouva , au rapport d'Athénée , 21000 citoyens, 10000 étrangers , & 400000 eſclaves. La diſproportion étoit encore plus grande à Rome , où tous les métiers étoient exercés par des eſclaves , & où il n'étoit pas rare de voir des particuliers qui en avoient 5 à 600 à leur ſervice. Ces anciens gouvernemens , lors même qu'ils prenoient le nom de démocraties , n'étoient , dans le fait , que des ariſtocraties oppreſſives , où la liberté civile du grand nombre étoit immolée à la liberté politique , c'eſt-à-dire , au luxe & à la tyrannie de ce petit nombre qui s'appeloit *le peuple*.

Dans nos monarchies modernes , tant calomniées par les philoſophes , la dignité de l'homme eſt plus reſpectée. On n'y connoît point l'odieuſe diſtinction de citoyens & d'eſclaves : tous y jouiſſent de la liberté civile ; & ſi la liberté politique en eſt exclue , ce déſavantage apparent tourne au profit du bonheur public & de la véritable liberté. La Grece , au jugement de Polybe , étoit plus heureuſe & plus floriſſante ſous l'empire des Romains , qu'elle ne l'avoit été , lorſqu'elle ſe gouvernoit elle-même. Tite-Live remarque que les villes ſujettes à Eumene, roi de Pergame , n'auroient voulu changer de condition avec celles d'aucune république.

Le ſeul gouvernement où la liberté politique puiſſe avoir lieu dans toute ſon étendue , c'eſt la démocratie pure qui admet tous les habitans d'un pays à partager également l'autorité ſouveraine & le droit de légiſlation. Mais ce gouvernement, le plus parfait , le ſeul légitime, dans les principes de Rouſſeau , de l'aveu de Rouſſeau lui-même , ne convient pas à des hommes , & répugne à l'ordre naturel. » A prendre

» le terme dans la rigueur de l'acception, il
» n'a jamais existé de véritable démocratie, &
» il n'en existera jamais. Il est contre l'ordre
» naturel que le grand nombre gouverne, &
» que le petit soit gouverné... S'il y avoit un
» peuple de dieux, il se gouverneroit démocra-
» tiquement. Un gouvernement si parfait ne
» convient pas à des hommes (*). «

En effet, l'histoire ne nous offre aucun exemple d'une démocratie pure. Dans la constitution
d'Athènes, quoique le peuple ne fût déjà qu'un
corps choisi & privilégié, son pouvoir étoit néanmoins balancé par l'autorité de l'aréopage. Des
institutions semblables tempéroient la démocratie dans les autres républiques de la Grece. Mais
tel est le vice essentiel d'un gouvernement, où
la multitude exerce le pouvoir suprême, que
toutes ces républiques ne durent leur éclat pas-
sager qu'aux troubles & aux convulsions dont
elles furent sans cesse agitées. Après la guerre
du Péloponese qui donna l'empire de la mer aux
Lacédémoniens, ce peuple non moins ennemi
de la licence, qu'ami de la liberté, détruisit
dans toute la Grece la démocratie qui, par-tout
où elle étoit établie n'enfantoit que divisions au
dedans & guerres au dehors. Lycurgue avoit
connu tous les inconvéniens du gouvernement
populaire. Quelqu'un lui proposant de l'introduire à Sparte, afin, disoit-il, que le plus petit y eût autant d'autorité que le plus grand;
» mais, toi-même, répondit Lycurgue, va
» l'établir premiérement dans ta maison, & nous
» donne l'exemple (**). «

___

(*) Contrat social.   (**) Plutarque.

Il seroit inutile ici de distinguer avec Rousseau *le gouvernement* & *le souverain*, & de prétendre que tout citoyen doit partager la souveraineté, & le pouvoir législatif, quoique l'exécution des lois, ou le gouvernement ne puisse être confié qu'à un petit nombre. Nous examinerons dans la suite ce grand principe de la souveraineté du peuple; en attendant, nous observerons qu'il ne prouve rien en faveur de la liberté politique considérée comme un droit naturel.

Un droit qui découle de la nature de l'homme appartient à tous les individus de l'espece humaine, & ne peut souffrir aucune exception. Par conséquent, dans les principes de l'auteur du *Contrat social*, il ne suffit pas de donner à tous les citoyens une part dans la souveraineté & dans la législation, il faudroit encore que tous les habitans de la Cité fussent citoyens, & que l'on n'y connût point d'Ilotes comme à Sparte, ni de Prolétaires, & de ceux qu'on nommoit à Rome *capite censi*, parce qu'on les dénombroit par têtes comme le bétail. Il n'eût pas fallu que, sur cinq classes d'habitans que renfermoient les murs de Geneve, deux seulement, ainsi que nous l'apprend Rousseau, eussent composé la république, avant les changemens opérés par l'introduction du systême françois.

Si, pour justifier cette distinction de citoyens & de sujets admise dans les gouvernemens les plus populaires, & commandée par la nature des choses, on allegue les conventions primordiales, alors, on abandonne le principe, & l'on reconnoît formellement que la liberté politique n'est point un droit inaliénable & imprescriptible. Dans la vérité, ce qu'on nomme le peuple, c'est-à-dire la masse des nations, par-tout condamnée au travail & à l'ignorance, est essentiellement incapable de prendre part à l'administration politique. Les publicistes démagogues ne l'ignorent pas. Ils n'appellent la populace au gouvernement, que parce qu'ils se tiennent assurés de la gouverner. C'est un enfant qu'ils placent sur le trône, dans l'espoir de s'en faire nommer les tuteurs. Ils ne proposent la démocratie que pour se créer une aristocratie exclusive. Si, comme Rousseau lui-même le dit en termes exprès, il est contre l'ordre naturel que le grand nombre gouverne, le droit de faire des lois n'appartient pas à la multitude.

Aussi voyons-nous que toutes les formes de gouvernement s'accordent à le lui refuser. Sous la démocratie, ce droit est demeuré à une partie du peuple : sous l'aristocratie, à un sénat; sous la monarchie absolue, à un roi. Par-tout on a transigé & sacrifié quelque chose de la liberté politique, pour obtenir la liberté civile qui intéresse tous les hommes, dans tous les instans de la vie. Par-tout encore, si les lois sont sages, & l'Etat bien administré, la liberté civile, la tranquillité générale, le bonheur domestique sont plus ou moins assurés, selon que l'exercice de la liberté politique est plus ou moins resserré.

Cependant, on peut dire dans un sens véritable, que la loi est l'expression de la volonté générale, même dans les gouvernemens où les citoyens ne concourent à sa formation, ni par leur suffrage personnel, ni par des élections périodiques de représentans législateurs. En effet, si l'on se reporte à la naissance de la société, & à l'institution du gouvernement, on verra que le prince, le sénat, ou l'assemblée qui est investie du pouvoir législatif, ne jouit de ce droit

qu'en vertu d'un contrat folemnel attefté par l'hiftoire, ou légitimement préfumé, entre ces chefs
de la nation, & la nation repréfentée par les
ancêtres de ceux qui vivent aujourd'hui : contrat
dont les droits & les charges ont paffé à la génération actuelle, en forte que par fa foumiffion
au gouvernement établi, elle eft cenfée reconnoître fa propre volonté dans la volonté du Souverain.

Entre ces principes qui affurent la ftabilité des
gouvernemens & la doctrine du fophifte de Geneve, qui les tient dans une agitation continuelle, il y a ceci de commun, que les lois fe
font, non par le peuple lui-même, mais par
ceux qui le repréfentent ; & la différence qui s'y
trouve, c'eft que, felon nous, la nation, par
un traité irrévocable, s'eft donné un repréfentant inamovible dans la perfonne du Souverain,
au-lieu que, felon Rouffeau, la nation peut,
toutes les fois qu'elle s'en avife, fe créer de nouveaux repréfentans. Or, fans examiner encore
laquelle de ces deux opinions eft plus conforme
à la faine politique & à l'intérêt des peuples,
je me contente d'obferver qu'elles fe réuniffent
l'une & l'autre pour enlever au peuple toute
influence immédiate dans la légiflation, & ne
lui laiffer d'autre partage que d'obéir à une volonté étrangere.

Et voilà où fe réduit enfin cette liberté politique, fondée fur un droit naturel, inaliénable,
ble, imprefcriptible ! le peuple n'en fait ufage
que pour l'abdiquer.

Dès qu'il eft prouvé que l'on peut jouir d'une
véritable liberté, fans être membre du Souve-

rain, il importe peu d'examiner, si pour mériter la dénomination de *Citoyen*, il est nécessaire,
comme le prétend Rousseau, de concourir activement à la législation de son pays. Ce n'est au
fond, qu'une question de mot. Dans la langue
des Grecs & des Romains, qui n'avoient pas
l'idée de la monarchie, ainsi que l'observe très-
bien Montesquieu, parce qu'ils ne la distin-
guoient pas du despotisme, le nom de citoyen
étoit réservé aux républiques. Dans notre usage,
il s'applique aux monarchies, pour désigner non-
seulement les vertus civiles, mais encore des
droits politiques, qui n'appartiennent ni au voya-
geur, ni à l'étranger domicilié, mais non na-
turalisé, ni à ceux qu'une sentence en dernier
ressort a retranchés du corps de la société. Rousseau se moque, avec quelque raison, d'un écrivain qui, dans une réponse au *citoyen de Genève*,
s'intituloit *citoyen de Toulouse*. Nos villes n'étoient
pas des cités proprement dites : elles faisoient
partie de la cité qui comprenoit la France toute
entiere. Les Parisiens étoient bourgeois & non
citoyens de Paris. Mais tout François pouvoit
se dire citoyen de la France. Car tout Etat constitué forme une cité, & tout membre de la cité
est citoyen. Ce sont les François républicains
qui n'ont pas compris la signification du titre
de citoyen, puisqu'ils le donnent & aux femmes, & à la classe indigente du peuple qu'ils
ont exclue de leurs assemblées politiques.

Concluons, en reconnoissant que la vraie liberté consiste dans la soumission aux lois, que
les souverains en sont les gardiens & les défen-
seurs, & qu'elle disparoît du moment que le peuple ose se croire au-dessus des lois & du Souverain. Le désir effréné de la liberté conduit

toujours

toujours à la servitude : *avidè ruendo ad libertatem, in servitutem delapsos.* (*)

CHAPITRE III.

De l'Égalité.

VERS la fin du quatorzieme siecle, un certain Jean Ball, disciple de Wiclef, souleva en Angleterre les paysans contre le clergé, la noblesse & les magistrats. Il prêchoit l'*Égalité*, & prenoit pour texte de ses déclamations séditieuses, le proverbe anglois : *Quand Adam béchoit & qu'Eve filoit, où étoient les nobles ?* Avec la même doctrine, les Anabaptistes, au seizieme siecle, embraserent une partie de l'Allemagne. Du temps de Cromwel, le fanatisme de l'égalité enfanta la secte des *levellers*, ou des niveleurs. Tels ont été les préludes, & comme les premiers essais de la Révolution françoise.

Selon le premier article de la Déclaration des droits de l'homme & du citoyen, » les hommes » naissent, & demeurent égaux en droits : les » distinctions sociales ne peuvent être fondées » que sur l'utilité commune. « Et dans l'art. VI, » la loi doit être la même pour tous, soit qu'elle » protege, soit qu'elle punisse. Tous les citoyens, » étant égaux à ses yeux, sont également ad- » missibles à toutes dignités, places & emplois » publics, selon leur capacité, & sans autre » distinction que celle de leurs vertus & de leurs » talens. «

Est-ce de l'homme vivant en société, est-ce

(*) Tite Live.

D

de l'homme confidéré dans l'état de nature, qu'ont voulu parler les rédacteurs de la Déclaration, lorfqu'ils ont dit que *les hommes naiffent, & demeurent égaux en droits?* Ou plutôt, n'ont-ils pas affecté cette expreffion vague & indéterminée, fi indigne, je ne dis pas d'une affemblée de légiflateurs, mais d'un philofophe, afin de laiffer à la populace, dont ils vouloient faire l'inftrument de la révolution, le droit de donner à cette maxime équivoque toute l'étendue que demandoient leurs projets deftructeurs? Pour nous qui, ne cherchant que le vrai, avons befoin de mettre de l'ordre & de la précifion dans nos idées, nous diftinguerons, comme nous avons fait en parlant de la liberté, *l'égalité naturelle, l'égalité civile, & l'égalité politique.*

L'égalité naturelle fuppofe que tous les hommes dans l'état de nature, auroient & pourroient exercer les mêmes droits.

L'égalité civile demande que tous les membres d'un même Etat foient également foumis à la loi commune.

L'égalité politique confifte en ce que tous les membres de l'Etat aient un droit égal à l'adminiftration de la chofe publique, fans autre diftinction que celle des vertus & des talens.

Or, je dis premiérement, que fi l'égalité naturelle exifte dans le droit, elle ne peut fubfifter dans le fait.

Secondement, que l'égalité politique n'eft pas compatible avec l'ordre focial, fur-tout dans un grand empire.

Troifiemement, que l'égalité civile eft la feule que le citoyen foit en droit de réclamer.

L'état de nature eft effentiellement un état de liberté & d'égalité; & c'eft parce que le genre

humain ne sauroit se conserver avec cette liberté
& cette égalité parfaite, que l'état de nature a
fait place à l'état social.

Dans l'état de nature l'égalité existe de droit,
mais tout concourt à la détruire. Car, si d'un
côté, tous les hommes sont égaux, en ce sens,
qu'ils ont une même nature, une même origine,
une même fin; d'un autre côté, ils sont extrêmement inégaux en force, en lumieres, en vertu; & l'on voit assez que l'égalité métaphysique
qui résulte de l'identité de nature, ne tardera
pas à disparoître devant l'inégalité réelle que
produit nécessairement la différence des qualités
physiques, intellectuelles & morales. » Il n'y a
» dans la nature, dit un écrivain non suspect
» aux amis de la Révolution, qu'une égalité de
» droit, & jamais une égalité de fait. Les sau-
» vages même ne sont pas égaux, dès qu'ils sont
» rassemblés en hordes : ils ne le sont que lors-
» qu'ils errent dans les bois, & alors même,
» celui qui se laisse prendre sa chasse, n'est pas
» l'égal de celui qui l'emporte. (*) «

Comme l'état de nature n'admet ni loi positive, ni juge commun, les droits s'y mesurent
par les besoins & par les facultés. Des besoins
plus nombreux, des facultés plus parfaites donnent des droits plus étendus. J'avoue que la supériorité des forces du corps & des qualités de
l'esprit ne constitue pas le droit de commander;
mais elle établit un empire de fait, & prépare
l'empire de droit, en faisant sentir au plus foible qu'il est de son intérêt de se soumettre. Parmi
des êtres libres dont les passions se croisent & se

______

(*) Raynal, Hist. politiq. & philos. des deux Indes. L. 18.

heurtent fans ceffe, l'inégalité phyfique ne produiroit que violence & oppreffion, fi elle ne fe convertiffoit en inégalité morale & conventionnelle. De là l'inftitution des fociétés politiques, formées par l'abandon volontaire que chacun a fait d'une partie de fes droits naturels, pour s'affurer la jouiffance paifible de ce qu'il s'en réfervoit.

Mais, avant que des familles & des peuplades fe fuffent unies fous un gouvernement commun, il exiftoit des conventions expreffes ou tacites, qui fixoient les droits de chacun, non felon le principe d'une égalité que démentoit la nature, mais d'après l'afcendant que donnent néceffairement la force & le génie, lorfque leur action n'eft pas réprimée par l'autorité des lois.

J'ai dit que, dans l'état de nature, l'égalité exiftoit de droit : mais je n'ai pas voulu dire qu'il y eût égalité de droits entre tous les individus. Dans l'état de nature même, & antérieurement à toute convention, il exifte une véritable fociété, la fociété domeftique, laquelle ne peut fe maintenir que par la diverfité & l'inégalité des droits. C'eft la nature elle-même qui foumet la femme à l'homme, les enfans aux parens, l'imprudence de la jeuneffe à l'expérience des vieillards. Tous les hommes naiffent dans l'état de dépendance. L'obéiffance eft le befoin encore plus que le devoir du premier âge. Les familles, comme les fociétés politiques, fuppofent effentiellement autorité & foumiffion.

En deux mots, l'état de nature n'admet pas l'égalité de fait, & il n'admet l'égalité de droit qu'entre les chefs des différentes familles. L'égalité de droit a lieu auffi entre les fouverains, ou les chefs des différentes nations, parce qu'ils font entr'eux dans l'état de nature. Mais il eft abfurde d'en faire la bafe de la société civile, qui réunit tout un peuple, comme une feule famille, fous l'autorité paternelle du Souverain.

Les fociétés politiques n'ont été inftituées que pour corriger & amortir cette prodigieufe inégalité qui réfulte de la différence des qualités perfonnelles. Dans l'état de nature, les hommes ifolés & abandonnés à leurs propres forces, avoient des droits, fans les moyens de les faire valoir. Dans l'état de fociété, les droits de chacun font affurés par la garantie de tous. L'établiffement des lois & des gouvernemens a fait difparoître en quelque forte, l'inégalité naturelle, en introduifant l'inégalité politique, moins fâcheufe, plus favorable à la liberté de tous, & tendant à établir parmi des êtres fi inégaux, toute l'égalité dont ils font fufceptibles.

Je veux parler de l'égalité civile, laquelle s'établit & fe maintient par l'inégalité politique.

En tout ce qui fe rapporte à la fûreté perfonnelle, au droit de propriété, à l'ufage innocent & légitime des facultés naturelles, tous les membres de la fociété font égaux en droits. Ils ne le font pas, en ce qui fe rapporte à l'organifation & au gouvernement de la fociété. Ils font égaux dans l'ordre civil, inégaux dans l'ordre politique. Une protection égale pour toutes les perfonnes, & pour toutes les propriétés, voilà le droit qui, dans un état conftitué, appartient à tout citoyen. Ce droit, en vertu du pacte focial, eft foutenu par la force publique, & fous ce rapport, l'homme le plus foible devient l'égal du plus fort.

Telle eft l'égalité civile fondée fur l'univerfalité & l'impartialité de la loi, qui affure à tous un droit égal à ce qu'ils tiennent ou de la nature, ou de leurs ancêtres, ou de leur industrie, c'est-à-dire, un droit égal à des biens inégaux.

L'état de société ne demande rien de plus, à moins que, détruisant tout principe de justice, & toute idée de propriété, pour atteindre à l'égalité absolue, on ne veuille introduire la communauté des biens. Mais ce systéme que l'on a vu se réaliser dans des corporations peu nombreuses, dont les membres, soutenus par une vertu surnaturelle, renonçoient à toutes les aff ctions humaines, il seroit insensé de vouloir le transporter dans la société politique, où l'intérêt commun naît du choc & de la combinaison de tous les intérêts particuliers; où l'on ne parviendroit à l'établir que par la violence & le brigandage ; où les passions, l'industrie, la fortune tendroient continuellement à le renverser.

L'inégalité des conditions est une suite de l'inégalité des propriétés, & l'inégalité des propriétés dérive de la justice naturelle. Car chacun acquiert en raison de ses forces, de ses talens & de son application. Le travail, l'industrie, le bonheur sont des sources & des titres de propriété que reconnoît le droit naturel, & que le droit civil protege de toute la force publique.

Non-seulement, la loi donne & garantit à tout citoyen la faculté d'acquérir & de conserver : elle veut encore que le droit de propriété puisse s'exercer après la mort du propriétaire. De là le droit de tester, plus ou moins restreint par les lois & les coutumes particulieres. De là le droit d'hérédité admis chez toutes les nations policées, quoiqu'il tende visiblement à augmenter de plus en plus l'inégalité des fortunes & des conditions.

L'inégalité des fortunes & des conditions fournit à la société des hommes préparés par leurs besoins, par leur éducation, par leurs sentimens à remplir tous les emplois, à se charger de tous les travaux que demande le service public. Tandis que le citoyen né dans l'aisance, ou avec des qualités qui suppléent la fortune, se dispose par de longues études aux fonctions honorables, mais pénibles de l'administration religieuse, civile ou militaire, un petit nombre est appelé par le goût naturel & par le talent à la culture des sciences & des beaux arts, & la foule des hommes nés sans patrimoine trouve un moyen de subsister dans des travaux faciles, mais obscurs & souvent périlleux, auxquels personne ne se livreroit, s'il n'y étoit condamné par la nécessité. Cette inégalité, sans laquelle la société ne pourroit se maintenir, n'est pas une institution sociale : elle prend sa source dans la nature, ou, pour parler un langage plus religieux & plus philosophique, dans l'ordre établi par la providence divine. Elle est née avec la liberté ; elle est l'inévitable effet de la force & de la foiblesse, de la vertu & du vice, de l'intelligence & de la stupidité, du travail & de la paresse.

La soumission égale de tous à des lois générales & communes à tous, constitue l'égalité civile. L'indépendance de toute volonté particulière constitue la liberté civile. La liberté civile & l'égalité civile sont inséparables. Par la première, le citoyen n'obéit qu'à la loi : par la seconde, la loi étend son empire sur tous les citoyens. C'est en ce sens qu'il est vrai de dire,

» que la loi doit être la même pour tous, soit
» qu'elle protege, soit qu'elle punisse, & que
» tous les citoyens sont égaux à ses yeux. «

Mais, s'ensuit-il de là que » tous les citoyens
» soient également admissibles à toutes dignités,
» places & emplois publics, selon leur capacité,
» & sans autre distinction que celle de leurs ver-
» tus & de leurs talens ? «

Rien de plus spécieux que cette maxime de
la Déclaration des droits. Mais autant elle paroît
propre à servir de regle dans l'administration
d'une république idéale, autant elle est fausse &
dangereuse, lorsqu'on l'applique aux gouvernemens & aux hommes tels qu'ils sont.

D'abord, à la prendre dans le sens exclusif
qu'elle présente, elle est fausse, ou du moins
incomplettement vraie, si l'on peut s'exprimer
ainsi. La saine raison & le bien général d'un
Etat veulent que les charges & emplois ne soient
confiés qu'à ceux qui, tout-à-la-fois, les méritent, & y conviennent le mieux. Mais ce mérite, cette convenance ne se composent pas seulement des vertus & des talens. On doit y faire
entrer d'autres considérations prises de l'âge,
des services rendus à la patrie, de la naissance
même. C'est Pascal, je crois, qui a dit qu'un
grand nom étoit trente ans de gagnés pour la
vertu, par la considération dont il l'investit,
& par l'empire qu'il lui donne. On sait bien que
la noblesse n'est qu'un préjugé ; mais c'est un
de ces préjugés qui ont leur racine dans la nature de l'homme, puisqu'on le trouve établi,
sous une forme ou sous une autre chez tous
les peuples civilisés. C'est un préjugé utile, parce
qu'il offre à l'Etat un moyen d'acheter les plus
grands services, avec la moindre dépense possible.

Un autre défaut essentiel de cette maxime, c'est qu'elle est énoncée d'une maniere trop vague, & propre à induire en erreur la multitude ignorante qui prend trop facilement l'esprit pour le talent, & aux yeux de qui un civisme exalté ou simulé tient souvent lieu de vertu. Sous un gouvernement populaire, dans le systême de l'égalité, ce seroit à la populace qu'il appartiendroit de juger des vertus & des talens. Mais il ne faut avoir aucune connoissance des hommes, il faut ignorer tout ce qui s'est passé depuis sept ans dans les assemblées *primaires* & *électorales* de France, pour ne pas voir que tous les choix seroient décidés par la cabale, par la corruption ou par la terreur. Ne reconnoître d'autres principes dans la distribution des emplois publics, que cette préférence présomptivement fondée sur les talens & sur les vertus, c'est ressembler à ces sauvages dont parle Montagne, qui, admis à l'audience de Charles IX à peine adolescent, ne pouvoient concevoir pourquoi l'on n'avoit pas mis la couronne sur la tête de l'un de ces beaux & vigoureux Suisses qui composoient sa garde.

Sans doute, il seroit à désirer que les emplois publics ne fussent jamais confiés qu'aux hommes les plus éclairés & les plus vertueux ; c'est le but auquel doivent tendre tous les gouvernemens. Mais, comme les lumieres & la probité ne se montrent pas par des caracteres auxquels on ne puisse se méprendre, la paix & la stabilité de l'ordre social demande que, dans les nominations aux places, on défere à certains avantages extérieurs qui, sans être de sûrs garans du talent & de la vertu, en sont du moins les indices ordinaires.

La justice ne défend pas, & la politique exige
que, dans les Etats monarchiques, la noblesse
soit un titre de préférence pour certains emplois,
lorsqu'elle se trouve jointe au talent & à la vertu.
Tout ce qu'on peut, ce qu'on doit exiger de ce
gouvernement, c'est que le défaut de naissance
ne soit pas un titre d'exclusion ; que l'homme
obscur qui s'est anobli lui-même, un Fabert,
un Jean Bart, un Chevert, un Amyot, un
d'Ossat, un Massillon partagent avec la noblesse
le droit de servir & d'illustrer leur pays. Or,
dit un ancien écrivain, cité par le président Hé-
naut, » la constitution du royaume de France
» est si excellente, qu'elle n'a jamais exclu, &
» n'excluera jamais les citoyens nés dans les
» plus bas étages des dignités les plus relevées. «

On a vu dans le chapitre précédent, que la
liberté politique n'est pas essentielle à un Etat
constitué. Je vais prouver que l'égalité politique
est incompatible avec une sage constitution.

J'admets, avec l'assemblée constituante, que
» les distinctions sociales ne peuvent être fon-
» dées que sur l'utilité commune ; « mais je
soutiens que l'utilité commune demande qu'il y
ait des distinctions sociales permanentes & même
héréditaires.

Premiérement, l'assemblée constituante elle-
même rendoit hommage à cette vérité, puisqu'elle avoit déclaré que la France étoit une
monarchie héréditaire. Il n'est pas dans l'ordre
social de distinction plus marquée, que celle
qui appelle à la couronne une famille à l'exclusion de toutes les autres. Les philosophes du jour
déclameront contre une prérogative qui ferme
l'accès du trône au mérite, pour le livrer au
hasard de la naissance. Mais le sage, qui s'est

formé à l'école de l'histoire , n'ignore pas que les monarchies héréditaires ont joui plus constamment de la paix intérieure , & se sont mieux défendues contre les ennemis du dehors que les monarchies électives. Il sait que la monarchie héréditaire est plus favorable à la liberté des peuples , parce qu'elle est moins favorable à la puissance des grands. Il voit que tous les Etats seroient déchirés par les révoltes & les séditions , si le peuple ne reconnoissoit pas son Souverain à un signe caractéristique & frappant , & qu'il n'en est point de plus certain & de plus éclatant que celui de la naissance.

» Ce n'est pas pour l'intérêt de la famille » régnante , que le droit de succession est éta- » bli , mais parce qu'il est de l'intérêt de l'Etat » qu'il y ait une famille régnante « (*). Sous la premiere race de nos rois , le royaume se partageoit entre les freres. Il semble qu'alors l'hérédité étoit établie en faveur de la famille régnante : c'étoit l'enfance de notre droit public.

Voilà donc la premiere de toutes les distinctions sociales qui est héréditaires , en même temps qu'elle est fondée sur l'utilité commune.

Secondement , la société n'a pu se former , & ne peut se maintenir que par l'autorité & la subordination. Il existe donc pour les uns un droit de commander , & pour les autres un devoir d'obéir : premiere source d'une inégalité politique.

Je dis un droit de commander , & un devoir d'obéir , mais un droit & un devoir permanens.

(*) Montesquieu.

Si tous les chefs, tous les magistrats d'une nation sont destituables au gré de ceux qui les ont nommés, je ne vois ni un droit, ni un devoir proprement dits. De pareils chefs n'auront qu'une autorité peu respectée, trop foible contre la licence, s'ils l'ont reçue du peuple, trop foible contre la tyrannie, s'ils la tiennent du monarque.

Ce n'est pas que, dans une république, le peuple ne puisse fixer un terme à l'autorité de quelques-uns de ses magistrats. Il le doit même, s'il veut conserver sa liberté. Mais toute république qui n'admettroit pas un pouvoir quelconque perpétuel, comme celui de rois à Sparte, & du doge à Venise, ou de l'aréopage & du sénat à Athènes & à Rome, dégénéreroit tôt ou tard en *Ochlocratie*, espece de gouvernement, ou pour mieux dire, d'anarchie, où toutes les affaires se traitent *tumultuairement*, & par sédition.

On peut m'objecter les cantons démocratiques de la Suisse, où les magistratures & les conseils n'étoient ni perpétuels, ni attachés à un certain ordre de personnes. Je n'examine pas si, dans ces petites républiques, la tranquillité & la liberté politique elle-même n'eussent pas gagné à l'établissement d'un pouvoir inamovible. Je me borne à observer que le vice de la constitution étoit corrigé par leur propre foiblesse, & par l'union avec les autres membres du corps helvétique.

Une des choses qui distinguent la monarchie du despotisme, c'est que, dans celui-ci, tous les officiers de l'Etat sont immédiatement sous la main du Souverain, & que l'on n'y connoît point de charges, mais seulement des commissions ; au-lieu que, dans la monarchie, bien que le Souverain foit la fource de tous les pouvoirs, il en eft qu'il ne peut ni exercer par lui-même, ni retirer ou fufpendre arbitrairement. Et ce qui réfulte de cette différence, c'eft que l'inégalité politique eft moindre fous le defpotifme; mais auffi l'inégalité civile y eft extrême.

En général, l'égalité politique ne peut fe conferver qu'aux dépens de l'égalité civile. Car l'égalité civile demande que le gouvernement ait la force néceffaire pour faire refpecter la loi : & l'égalité politique divife & affoiblit l'action du gouvernement. Cela eft fenfible pour les Etats républicains. A l'égard des Etats defpotiques, on ne fauroit dire qu'il y ait un véritable gouvernement. Le defpote fe reproduit dans les agens qu'il emploie, & qui font tous, auffi-bien que lui, des fléaux pour la liberté civile. L'égalité politique, qui eft l'un des principes effentiels du defpotifme, borne la durée de leur pouvoir à un temps incertain, ordinairement affez court, la reftreint à leur perfonne, à l'exclufion de leur famille, & les invite à profiter du moment, pour s'enrichir à force d'injuftices & de vexations.

Troifiémement, dans tous les Etats policés, les citoyens font partagés en diverfes claffes qui ont des fonctions & des prérogatives particulieres : autre fource d'inégalité entre les membres d'une même fociété.

Si l'on vouloit remonter à la premiere origine de cette hiérarchie politique, il feroit facile de la trouver dans la différence des forces, des talens, des propriétés, dans l'action progreffive des inftitutions fociales, dans des conventions dictées par le befoin ou par la reconnoiffance. Mais, quel qu'en ait été le titre primordial,

une fois établies par la loi, ou affermies par
le temps, ces diftinctions de claffes, & les privileges qui en découlent, font des propriétés
d'autant plus facrées, qu'elles font liées à l'ordre
public, & qu'on ne peut les attaquer fans ébranler les fondemens de la conftitution.

Dans un Etat ordonné, les prérogatives des
premiers rangs défendent & garantiffent les droits
des claffes inférieures. Un coup frappé fur les
premiers ordres menace tous les citoyens. Le
principe facré de la propriété une fois entamé,
on ne peut plus dire où s'arrêtera le brigandage.
Le décret qui fupprimoit en France la nobleffe
héréditaire, préparoit à la bourgeoifie les réqui-
fitions forcées d'argent, de denrées & de foldats.

La différence des rangs forme dans l'Etat une
forte de magiftrature naturelle & indépendante
de l'autorité, dont elle rend l'exercice plus aifé
pour le Souverain, & plus doux pour les fujets.
Toutes les conditions reçoivent des conditions
fupérieures l'exemple de l'obéiffance : toutes apprennent à tempérer la rigueur du commandement à l'égard des conditions inférieures. De-
là naiffent ces habitudes de refpect & de protection, de confidération & de bienvei'lance, ces
égards mutuels, cette politeffe qui lie tous les
Etats, qui forme les mœurs fociales, développe
le fentiment de l'honneur, & commande le refpect pour l'opinion publique.

L'inégalité politique ne bleffe point l'égalité
civile, fi les claffes les plus favorifées ne peuvent jamais s'élever au-deffus de la loi, fi les
privileges & les diftinctions n'intéreffent pas la
fûreté des perfonnes & des propriétés, qui doit
être la même pour tous les citoyens.

Un tribun du peuple romain, dont le difcours

eſt rapporté par Denis d'Halicarnaſſe, diſtin-
guoit très-bien l'égalité civile de l'égalité politique. » Nous ne prétendons pas, diſoit-il aux
» Patriciens, vous enlever les charges, les pré-
» ſéances & les diſtinctions que vous devez à la
» vertu de vos ancêtres, ou à la fortune; mais
» nous regardons comme un droit commun à
» tout citoyen, de ne pas ſouffrir les injures,
» & de tirer une juſte ſatisfaction de ceux qui
» nous ont offenſés. «

Les lois barbares de nos aïeux, qui rachetoient
tous les crimes par une compoſition pécuniaire,
& qui mettoient à un plus haut prix la vie d'un
Franc ou d'un noble que celle d'un Romain ou
d'un rôtutier, péchoient évidemment contre l'égalité civile. Il n'en eſt pas de même des lois modernes qui, prononçant la peine de mort contre tous les coupables de certains crimes, dé-
cernoient des ſupplices différens, ſelon la différence des conditions. Le vice de cette inégalité,
peu importante au fonds, eſt compenſé par l'a-
vantage qui réſulte pour l'Etat de la conſervation d'un préjugé utile.

L'égalité politique ne peut avoir lieu que dans
la démocratie pure, où chaque individu fait partie du Souverain, & ſous le deſpotiſme rigoureux, où tous, hors le maître, ſont eſclaves.

Dans les gouvernemens modérés, l'ordre &
la liberté ſe conſervent par la gradation des pouvoirs & des conditions. Les ordres intermédiaires comblent l'intervalle qui ſépare le peuple du
Souverain : ils temperent la force du gouvernement, en empêchant qu'elle ne tombe de toute
ſa hauteur ſur le peuple : ils répriment ou mo-
derent les mouvemens ſéditieux auxquels le peuple toujours inquiet, mécontent & crédule s'em-

porte, ou se laisse entraîner si facilement. Ce sont des ancres qui retiennent le vaisseau de l'Etat entre deux écueils également redoutables, le despotisme & l'anarchie. S'ils tombent sous les coups du gouvernement, le prince devient despote; si c'est le peuple qui les anéantit, l'Etat est dissous. Dans ce dernier cas, l'inégalité naturelle reprend la place de l'inégalité politique; car la nature est encore plus forte que le peuple.

Dans nulle autre Constitution, peut-être, ces pouvoirs intermédiaires n'étoient plus sagement ménagés que dans la monarchie françoise. Les trois grands objets de toute association politique, la religion & les mœurs, la défense de l'Etat, le travail & l'industrie indiquoient le partage naturel des trois ordres. Le Clergé aspiroit à la confiance & à la considération par la vertu & par les lumieres. La Noblesse étoit payée de son sang par l'honneur & par des distinctions qui ne coûtoient rien à l'Etat. La carriere des arts, du commerce & des richesses étoit ouverte au Tiers-état.

Le plus foible de ces ordres, le Clergé, jouissoit du premier rang. C'étoit un hommage rendu à la Religion ; & la saine politique demandoit que cette prérogative fût laissée à celui des trois ordres qui pouvoit le moins en abuser, & qui prenoit ses membres dans les deux autres. Le Clergé avoit conservé le droit de s'imposer lui-même. Loin d'être jaloux de ce privilege, les deux autres ordres devoient y voir un reste précieux de l'ancien droit de la nation, lequel rappeloit sans cesse à nos rois l'origine & la destination des subsides.

Les Nobles étoient personnellement exempts de certains impôts; mais leurs biens y étoient soumis.

foumis; ils payoient par les mains de leurs fer-
miers. Le Clergé avoit racheté la capitation, &
il remplaçoit le vingtieme par le don gratuit.
Toutes les impofitions indirectes tomboient fur
le Clergé & fur la Nobleffe comme fur le Tiers-
état. L'inégalité dont on fe plaignoit, avec raifon, dans la répartition des charges publiques,
naiffoit bien moins des privileges de la Nobleffe
& du Clergé, que de l'abus du crédit & des
richeffes.

Les trois ordres ne formoient pas des caftes
féparées. Des actions éclatantes, le fervice militaire, la magiftrature, trop fouvent la richeffe,
ouvroient au Tiers-état l'entrée à la Nobleffe.
Cette efpece d'adoption réparoit les pertes d'un
ordre voué à une profeffion meurtriere, & nour-
riffoit dans les autres claffes une ambition utile
à la patrie.

Les grandes places dans l'Eglife étoient, pour
l'ordinaire, réfervées aux anciennes races, parce
qu'il importoit d'honorer l'une par l'autre la
Nobleffe & la Religion, & qu'il étoit jufte d'accorder quelque préférence à la poftérité des fondateurs. Mais la plus grande partie des membres du Clergé étoit prife dans les familles plé-
béïennes. Les biens de l'Eglife fe répandoient
fur toutes les claffes de la fociété; & l'on pouvoit alors dire avec vérité, qu'ils étoient une
propriété nationale, puifque par l'inftitution, &
même à parler en général, par le fait, ils
étoient le prix de l'étude & de la bonne conduite, & qu'entre les mains des titulaires, ils
devenoient une reffource abondante pour l'Etat
& pour les indigens.

La magiftrature, fans être un ordre dans l'Etat,
formoit une claffe diftinguée, dont les fonctions

ne se bornoient pas à rendre la justice. Un antique usage, consacré par l'acquiescement tacite de la nation, donnoit aux Cours souveraines le droit de représenter, en quelque sorte, les Etats-Généraux. La considération dont jouissoient ces illustres compagnies leur donnoit une influence politique, & sur le gouvernement dont elles prévenoient, ou réprimoient les entreprises, & sur le peuple qu'elles conténoient dans les bornes de la soumission. La vénalité des charges qui, au premier coup-d'œil, semble un abus révoltant, n'empêchoit pas que la plupart des places de judicature, ne fussent remplies par des hommes intègres & éclairés. Et on lui devoit, peut-être, cet attachement héréditaire aux anciennes maximes, & cet esprit de corps qui faisoit la principale force de la magistrature.

Ainsi, dans notre ancienne constitution, les divers ordres de l'Etat, animés chacun d'un esprit particulier, concouroient au bien général. Ainsi les privileges des deux premiers ordres, & les droits politiques dont les Parlemens étoient en possession formoient une barriere contre le despotisme, & l'égalité civile se trouvoit affermie par l'inégalité politique.

Des esprits étroits n'envisageoient cette inégalité que comme une source intarissable de jalousies & de débats, soit entre les citoyens, soit avec le Souverain. Ils ne voyoient que les vices des hommes, sans appercevoir la sagesse des institutions. Ils ne comprenoient pas que c'est par la rivalité & l'opposition d'intérêts entre les différens ordres de l'Etat, que se soutient la liberté publique. Une harmonie parfaite, une égalité absolue entre tous les citoyens seroit infailliblement l'effet & la preuve d'une oppression générale ; car il feroit infenfé de l'attendre de la vertu.

D'autres réformateurs ont prétendu que l'efprit de corps nuifoit à l'efprit public, & que, pour attacher également tous les citoyens à la patrie, il falloit éteindre ces fociétés particulieres, ces corporations qui partageoient les affections que la fociété générale à feule droit de revendiquer.

C'étoit bien peu connoître la nature humaine en général, & la nation françoife en particulier, que de propofer à vingt-cinq millions d'hommes, pour unique objet de leur culte & de toutes leurs affections cette idole métaphyfique qu'on appelle la patrie. Lycurgue avoit opéré ce prodige dans une ville petite, pauvre & vertueufe. Mais dans un vafte empire, dans nos temps modernes, avec nos mœurs, nos arts, notre commerce & nos vices, la plupart des hommes tiennent plus à leur famille, & à la petite fociété, dans laquelle ils ont un rang marqué, & un intérêt fenfible & immédiat, qu'à la fociété générale, dans l'immenfité de laquelle ils font comme perdus. L'art du légiflateur confifte, non à étouffer les fentimens que la nature nous infpire pour tout ce qui nous approche, mais à les diriger vers un but commun, en forte que perfonne ne puiffe aimer fa famille, fa profeffion, fa ville, fa province, fans aimer l'Etat, & que la profpérité publique devienne l'effet infaillible, quoique fouvent inapperçu de tout ce que font entreprendre les affections particulieres.

Il eft impoffible d'évaluer tous les avantages que procuroit à la France cette multitude de corps eccléfiaftiques & civils, dont la gloire & l'intérêt allumoient dans les ames une émulation

qu'un intérêt plus général, & dès-lors plus foible, n'auroit pas excitée. Ces admirables inftitutions ne font plus. Le niveau révolutionnaire
a tout applani. Il ne refte dans toute la France
que deux claffes, ceux qui gouvernent & ceux
qui font gouvernés, les tyrans & les efclaves.

Enfin, une derniere fource d'inégalité qui tient
à la nature de tout gouvernement, c'eft la propriété.

Dans toutes les conftitutions, même dans les
démocraties, on n'a jamais fouffert que les prolétaires ou ceux qui ne poffédoient rien, prif-
fent part à l'adminiftration de la chofe publique.
Une loi de Solon excluoit de toute magiftrature
les citoyens qui ne recueilloient pas, au moins,
deux cents mefures de bled, d'huile ou de vin.
Le roi Servius, tout populaire qu'il étoit, en-
leva au bas peuple toute influence marquée dans
les affaires. Il diftribua le peuple romain, felon
la gradation des propriétés en 192 centuries,
dont chacune avoit un fuffrage dans l'affemblée
des comices. Mais il rejeta la foule de ceux qui
ne poffédoient rien dans la derniere centurie,
qui trouvoit toujours la décifion formée avant
d'être admife à voter. Il étoit encore établi chez
les Romains que, pour être foldat, il falloit
avoir des foyers à défendre. Ce ne fut, dit Montefquieu, qu'après Ariftote, que dans la corruption de quelques démocraties que les artifans parvinrent à être citoyens.

La démocratie, dit encore Ariftote, fe change
en tyrannie, par-tout où les pauvres ont trop
d'influence dans les délibérations publiques. En
parlant de Carthage, il prédit que cette république, alors fi floriffante, périroit par l'accroif-
fement naturel des prétentions & du pouvoir que

la constitution accordoit au peuple. Au temps de la seconde guerre Punique, environ cent ans après Aristote, Polybe observe que Carthage penchoit vers sa ruine, & il attribue sa décadence à l'autorité que le peuple avoit usurpée.

Il est vrai que, si la constitution des empires devoit se traiter comme un problème d'arithmétique, rien ne seroit plus déraisonnable que de soumettre le grand nombre au petit. C'est à l'aide de ce sophisme grossier, & en oubliant que l'Etat se compose des hommes & des propriétés ; c'est en appliquant à un empire formé depuis treize à quatorze siecles des notions empruntées de l'état de nature, que le métaphysicien S..... n'a pas eu de peine à démontrer qu'en France le Tiers-état constituoit la nation. D'après cette maniere de raisonner, ce ne seroit pas aux bourgeois propriétaires, qui seuls composoient le Tiers-état, ce seroit à la populace, à la classe innombrable des prolétaires, qui nulle part ne forme un ordre politique, qu'il faudroit transporter le nom & les droits de la nation.

Telle fut, en effet, la conséquence que tirerent les jacobins du principe que leur avoient fourni les constitutionnaires ; c'est de l'école de S..... qu'est sorti Marat.

L'excès des conséquences suffiroit seul, pour démontrer la fausseté du principe : mais la faveur que toutes les législations accordent aux propriétés, n'a d'ailleurs rien que de conforme à la raison & à la justice naturelle.

1º. L'administration politique suppose des sentimens & des lumieres qui, pour l'ordinaire, sont le fruit d'une éducation à laquelle les classes indigentes ne peuvent atteindre.

2º. L'Etat ne peut prendre confiance en ceux

qui n'ont pas d'intérêt à sa conservation. L'homme qui ne possede rien n'a point de patrie, & il est difficile qu'il s'affectionne & s'intéresse pour un gouvernement qui le tient dans un état d'humiliation & de besoin.

3°. Si la propriété dans ceux qui administrent n'est pas toujours un garant de leur probité, elle est du moins un gage de responsabilité.

4°. Il est juste que tout citoyen jouisse des avantages de la société, en raison de la mise qu'il y apporte. Or, le propriétaire donne plus à la société que celui qui n'a rien. Il est juste que celui-là ait le droit de protéger qui a quelque chose à défendre. Les propriétaires n'ont pas moins intérêt que les prolétaires aux lois conservatrices de la sûreté individuelle, & par conséquent ceux-ci peuvent se reposer sur les premiers du soin de leur vie & de leur liberté. Mais à l'égard des propriétés, les uns ont droit & intérêt de conserver, les autres intérêt & désir d'envahir. Comment établir l'équilibre & la paix parmi des intérêts si opposés, à moins que l'avantage du nombre & de la force naturelle ne soit contrebalancé par des avantages politiques?

» Il y a toujours dans un Etat, dit l'auteur
» de *l'Esprit des lois*, des gens distingués par la
» naissance, les richesses ou les honneurs. Mais
» s'ils étoient confondus parmi le peuple, & s'ils
» n'y avoient qu'une voix comme les autres, la
» liberté commune seroit leur esclavage; & ils
» n'auroient aucun intérêt à la défendre, parce
» que la plupart des résolutions seroient contre
» eux. La part qu'ils ont à la législation doit
» donc être proportionnée aux autres avantages
» qu'ils ont dans l'Etat : ce qui arrivera, s'ils

al ... n corps qui ait droit d'arrêter des ... du peuple, comme le peuple a ...rrêter les leurs. Ainsi, dans notre ...tion, lorsque les trois ordres étoient as-...x Etats-Généraux, un des trois n'étoit ... le vœu des deux autres.

... de ces maximes consacrées par la ...de tous les législateurs, & par le suf-...tion des publicistes, sont nés tous les ...de la France.

...vons la marche de la Révolution à ses dif-...rentes époques, nous y verrons le développe-...t progressif des principes anarchiques de la ...té & de l'égalité. Une faction composée de ...losophes, de beaux esprits, de francs-maçons, ...partistes & de courtisans, méditoit depuis ...long-temps la subversion de la religion & de la monarchie. Le désordre des finances, la foiblesse trop bien connue du gouvernement, l'audacieuse ...périté du ministre Brienne, les fautes des par-...mens, l'imprudente convocation des Etats-Gé-...raux, les vues perfides & l'hypocrite popula-...té de Necker avoient amené le moment où la ...tion pouvoit éclater. Les conjurés surent pro-...fiter de l'inquiétude & de l'agitation des esprits: ils soulevèrent le peuple par le cri de la liberté; ...pour semer la division entre les ordres de ...Etat, ils présentèrent la chimère de l'égalité à ...homme jouissant au sein de l'abondance des ...arts d'une vie paisible, se croyoient humi-...liés par les prérogatives des conditions supé-...rieures, & ne voyoient pas qu'un nivellement ...général les éleveroit moins qu'il ne les dépri-...meroit. Le Tiers état se prévalut de l'accroisse-...ment de ses richesses, pour s'attribuer une plus grande prépondérance dans la constitution; &

cet accroissement de richesses étoit la preuve la plus sensible de la sagesse de notre constitution, & de sa conformité avec le véritable intérêt du Tiers-état.

Voilà le commencement, & comme le premier acte de la Révolution. Bientôt, réclamant à son tour l'égalité, le petit peuple déconcerte l'ambition des factieux, & la sotte vanité des bourgeois, écrase tout par sa masse, & fait une guerre ouverte aux propriétaires. Il s'arme contre eux de leurs maximes & de leurs exemples. Car si l'on a pu, en vertu de l'égalité, dépouiller le Clergé & la Noblesse du rang & des privileges dont ils étoient en possession dès l'origine de la monarchie ; si, au mépris des titres les plus authentiques, & de la prescription la plus légitime, il a été permis de leur enlever leur patrimoine, pourquoi le peuple ne reviendroit-il pas contre le partage inégal des propriétés ? Les biens des familles appartiennent-ils moins à la nation que ceux du Clergé, & qu'est-ce qui compose la nation, sinon cette classe nombreuse, si long-temps dévouée au travail & à l'indigence, qui enfin rentre dans ses droits naturels, en mettant l'égalité à la place des institutions tyranniques de la société ?

Ainsi raisonneroit la populace, si pour justifier ses excès, la populace avoit besoin d'invoquer un autre droit que celui du plus fort. Et cependant, victimes de leurs principes immoraux, ces lâches & avides propriétaires, qui se partageoient en idée les riches dépouilles de la Noblesse & du Clergé, ont tout perdu, jusqu'au droit de se plaindre. Tel est le second acte de la Révolution.

Dans cette sanglante tragédie, le trouble &

l'horreur vont toujours croiſſant. Après avoir fait
juſtice des premiers raviſſeurs, le peuple ſe punit de ſes propres mains. Ces richeſſes qu'il avoit
envahies, il ne ſait ni les conſerver, ni les diſ-
tribuer, ni les adminiſtrer; elles deviennent la
proie de ſes agitateurs, le prix de l'audace &
du crime, l'inſtrument de la tyrannie. Un petit
nombre de ſcélérats, plus habiles que les autres, ſe ſont partagé les terres, les châteaux,
l'or, les effets précieux, & n'ont laiſſé au peuple qu'un vil papier empreint du ſceau de la révolte & du ſacrilege. Les vraies ſources de la ri-
cheſſe, l'induſtrie, le travail, le commerce ont
diſparu. Il ne reſte que le remords, la miſere &
des diſſentions interminables.

C'eſt ainſi que la providence ſe juſtifie, &
que dans le déſordre des révolutions populaires,
on voit éclater l'ordre immuable de la juſtice
éternelle. La paix, la proſpérité, la gloire ſont
pour les nations le prix des vertus civiles &
morales : la diſcorde, la miſere, l'opprobre,
marchent à la ſuite de la révolte, de la licence
& de l'immoralité.

Pour renfermer en peu de mots le réſultat de
tout ce que j'ai dit dans ce chapitre, j'emprun-
terai les paroles d'un écrivain que l'on peut appeler le précurſeur de la Révolution. » La chi-
» mere de l'égalité eſt la plus dangereuſe de
» toutes dans une ſociété policée. Prêcher ce ſyſ-
» tême au peuple, ce n'eſt pas lui rappeler ſes
» droits, c'eſt l'inviter au meurtre & au pilla-
» ge : c'eſt déchaîner des animaux domeſtiques,
» & les changer en bêtes féroces « (*).

(*) Raynal, L. 18.

CHAPITRE IV.

De la souveraineté du Peuple.

LE principe de la souveraineté du peuple, long-temps enseveli dans les écrits obscurs de Buchanan, de Milton & de Jurieu, a pris de l'éclat sous la plume éloquente de Rousseau. C'est dans le *Contrat social* que nos démagogues ont puisé ce dogme fondamental de la science révolutionnaire. Combien eût frémi le philosophe de Geneve, à la seule pensée des épouvantables conséquences de son système politique ! lui qui dit quelque part, qu'une révolution seroit trop achetée, si elle coûtoit une seule goutte de sang. Mais, quelque jugement que l'on porte sur son caractere, & sur ses intentions, la postérité ne prononcera jamais son nom, sans l'associer aux crimes d'une révolution, dont il est en quelque sorte le législateur ; & sa mémoire demeurera éternellement flétrie par le décret qui l'a condamné à partager avec Marat les honneurs du panthéon.

Suivant l'auteur du *Contrat social*, il faut distinguer le *Souverain*, d'avec le *gouvernement*. Le Souverain, c'est la volonté générale, c'est-à-dire, le *peuple*, de qui émane essentiellement tout pouvoir, & qui ne pouvant se lier irrévocablement, est toujours en droit d'abroger les lois anciennes, & d'en instituer de nouvelles. Le gouvernement n'est que le ministre & le délégué du Souverain. Le peuple se réserve la puissance législative, laquelle appartient à la volonté générale ; mais il ne peut exercer par lui-même la puissance exécutive , parce que cette puissance ne consiste qu'en des actes particuliers qui, ne pouvant être l'objet de la volonté générale , ne font pas du ressort de la loi , ni par conséquent de celui du Souverain , dont tous les actes ne peuvent être que des lois. En conséquence , le peuple établit, par une loi toujours révocable à sa volonté, un ou plusieurs magistrats , sous le nom de roi ou de sénateurs, auxquels il confie l'exécution des lois , & le maintien de la liberté , tant civile que politique. Tout gouvernement légitime est républicain , en ce sens, qu'il est toujours guidé par la volonté générale. La royauté n'est qu'une commission , un emploi que le Souverain ou le peuple peut limiter , modifier & reprendre quand il lui plaît. Les assemblées du peuple doivent toujours s'ouvrir par deux propositions qu'on ne puisse jamais supprimer , & qui passent séparément par les suffrages : la premiere, s'il plaît au peuple de conserver la présente forme de gouvernement ; la seconde , s'il plaît au peuple d'en laisser l'administration à ceux qui en sont actuellement chargés.

On voit , par cette analyse du *Contrat social,* que tout le système de Rousseau porte sur le principe de la souveraineté du peuple, aussi-bien que le système de la Révolution françoise. Mais, ce principe fondamental , Rousseau le suppose toujours , sans se mettre jamais en devoir de le prouver. Il ne dit pas même ce qu'il entend par *le peuple* , & comme ce mot est susceptible de plusieurs significations très-différentes, le *Contrat social,* écrit avec une apparence de méthode propre à séduire un lecteur superficiel, ne présente au lecteur attentif que des assertions dénuées de

preuves, souvent contradictoires, & presque toujours fondées sur une équivoque.

Que faut-il entendre par *le peuple* ? Est-ce une
multitude vivant sans chefs, sans lois, sans conventions, tels qu'on suppose les hommes dans
l'état de nature ? En ce sens, le peuple est *indépendant*, mais il n'est pas *Souverain* : car la souveraineté n'existe & ne se conçoit que du moment
qu'il existe un Etat & un gouvernement. » Ima-
» giner dans un tel peuple une souveraineté qui
» est déjà une espece de gouvernement, c'est,
» dit Bossuet, mettre un gouvernement avant
» tout gouvernement. Loin que le peuple, en
» cet état, soit souverain, il n'y a pas même
» de peuple.... S'il plaît d'appeler souveraineté
» cette liberté indocile qu'on fait céder à la loi
» & au magistrat, on le peut ; mais c'est tout
» confondre. C'est confondre l'indépendance de
» chaque homme dans l'anarchie avec la sou-
» veraineté. Mais c'est là, au contraire, ce qui
» la détruit. Où tout est indépendant, il n'y a
» rien de souverain : car le Souverain domine
» de droit, & ici le droit de dominer n'est pas
» encore. On ne domine que sur celui qui est
» dépendant. Or, nul homme n'est supposé tel en
» cet état ; & chacun y est indépendant, non-
» seulement de tout autre, mais encore de la
» multitude, puisque la multitude elle-même,
» jusqu'à ce qu'elle se réduise à faire un peu-
» ple réglé, n'a d'autre droit que celui de la
» force. « (*)

Le mot *peuple* est-il employé pour désigner une
nation civilisée, sous des chefs, & avec un
gouvernement reconnu ? Dans cette acception

______

(*) Cinq. avertiss. aux Protest.

politique, il comprend la nation toute entiere, & non pas feulement cette partie de la nation, à laquelle nous donnons improprement le nom de peuple, parce qu'elle forme la claffe la plus nombreufe du peuple ou de la fociété. Dans l'ancienne Rome, le peuple de Rome n'étoit pas le peuple romain, & parmi nous le Tiers-état n'étoit pas la nation françoife.

Mais, dans la langue de la Révolution, *la multitude*, *le peuple*, *la nation* font la même chofe. C'eft à la faveur d'une équivoque, & par un abus vifible des mots, que l'on a tranfporté à une partie la dénomination & les droits du tout, & que s'eft opérée en France l'entiere diffolution de la fociété. Car la fociété n'exifte que par les rapports que la conftitution établit entre les divers membres de l'Etat. Un peuple n'eft un peuple, qu'autant qu'il a une conftitution politique, & fi cette conftitution reconnoît un roi & des ordres diftincts, le roi & ces ordres, avec toutes leurs prérogatives, font dans la nation des parties effentielles & principales.

Lorfqu'à la naiffance de la Révolution, le Tiers-état, comptant pour rien les deux ordres que la conftitution avoit placés au-deffus de lui, ofoit fe proclamer *la nation*, il inftruifoit la populace à fe dire *le peuple*. Mais déjà la double repréfentation accordée au Tiers dans l'affemblée des Etats-Généraux, la réunion des trois ordres en une feule chambre, les fuffrages comptés par têtes avoient détruit la conftitution, & la conftitution détruite, il n'éxiftoit plus de nation françoife.

Si l'on fuppofe qu'une nation toute entiere, dans une affemblée légitime, où tous les ordres de l'Etat confervent le rang & l'influence que leur donne la constitution, s'accorde, de concert avec le Souverain, à réformer son gouvernement, cette nation use d'un droit qu'on ne peut lui contester. Mais, à parler proprement, ce droit n'est pas la souveraineté : car l'idée de souveraineté emporte l'idée de sujétion, & le même peuple ne peut être, sous le même rapport, sujet & souverain. Un peuple ne peut être dit souverain, que relativement à un autre peuple auquel il donneroit la loi. Ainsi Virgile appelle le peuple romain, *le peuple roi, populum latè regem :* ainsi le peuple françois pourroit se dire le peuple souverain à l'égard de ces fantômes de républiques qu'il n'a créés en Hollande, en Italie, en Suisse, que pour les tenir constamment sous sa dépendance.

En quel sens les philosophes révolutionnaires ont-ils donc prétendu que la souveraineté réside dans le peuple? C'est d'abord, parce que dans l'institution des gouvernemens, toute l'autorité émane de la multitude. En second lieu, parce qu'après l'institution d'un gouvernement, la multitude conserve toujours le droit de l'abolir, & d'en créer un nouveau. Le peuple, ou le grand nombre est donc souverain, en ce sens que l'autorité vient de lui, & que, dans son exercice, elle est toujours, & nécessairement soumise à sa volonté.

Telle est, comme on vient de le voir, la conséquence que Rousseau tire de ses principes & de ses définitions. Tel est évidemment le sens du troisieme article de la Déclaration des droits de l'homme : » Le principe de toute souverai- » neté réside essentiellement dans la nation. Nul » corps, nul individu ne peut exercer d'auto- » rité qui n'en émane expressément. « Que l'on rapproche cet article de ceux où il eſt parlé de la liberté & de l'égalité, on verra clairement qu'ici la nation n'eſt autre choſe que la multitude.

Examinons cette doctrine ; voyons ſi le droit qu'elle attribue à la multitude eſt fondé ſur la nature du pacte ſocial, & ſi les peuples ont quelque intérêt à le réclamer.

En remontant à l'époque de la création d'une ſociété, nous trouvons, comme on a vu dans le premier chapitre de cet Ouvrage, non un peuple ou une nation, mais une troupe confuſe d'hommes indépendans qui, fatigués d'un état où tout le monde eſt maître, & où perſonne ne l'eſt, aſpirent à ſortir de l'anarchie, & ne ſont encore unis que par le déſir commun de ſe donner un gouvernement. Chacun, jouiſſant encore de toute ſon indépendance & de toute ſa liberté naturelle, concourt par ſon ſuffrage à la formation du corps politique, à l'inſtitution du gouvernement, & au choix de la perſonne naturelle ou morale, à qui le pouvoir ſuprême eſt confié. Ainſi, l'on peut dire dans un ſens véritable, que la ſouveraineté vient originairement de la multitude, parce que c'eſt dans le conſentement de la multitude que ſe trouve la cauſe & la raiſon ſuffiſante de l'exiſtence de la ſouveraineté.

Mais s'il eſt vrai que la ſouveraineté ait pris ſon origine dans la volonté de la multitude, il ne faut pas en conclure que la multitude ou le peuple poſſede, ou ait jamais poſſédé la ſouveraineté. La ſouveraineté n'a commencé d'être, qu'au moment où le prince, le ſénat, où l'aſſemblée des citoyens en ont été inveſtis. C'eſt une qualité morale, un rapport formé par l'accord des volontés. Le peuple ne l'a pas conférée comme une choſe qui ſe tranſmet de la main à la main. Il l'a créée, & il ne la possédoit pas lorsqu'elle n'existoit pas encore. Il ne la possede pas davantage après l'avoir créée, puisqu'il ne lui a donné l'être que pour en investir une personne certaine. Avant le pacte social qui a donné naissance à la souveraineté, le peuple n'étoit pas souverain, il n'étoit qu'indépendant : par le pacte social, il a cessé d'être indépendant, & s'est constitué sujet.

Le gouvernement une fois établi, le peuple conserve-t-il nécessairement, & par un droit naturel inaliénable, le pouvoir de juger le prince, de le destituer, & de changer la forme du gouvernement ?

Je dis par un droit naturel inaliénable, car il ne s'agit pas ici d'un gouvernement limité par une constitution qui énonceroit disertement les cas où le prince encourroit la peine de déchéance. Une constitution de cette nature seroit un traité synallagmatique qui seroit la loi du prince & de ses sujets.

Tous les raisonnemens de Locke, dans son *Traité du gouvernement civil*, ne sont applicables qu'à ces sortes de constitutions limitées. Cet Ouvrage n'a pour but que de justifier la révolution qui avoit placé Guillaume III sur le trône de Jacques II. Plein d'une admiration juste, mais trop exclusive pour le gouvernement de son pays, Locke en fait le modele & le patron de tous les gouvernemens; & il ne distingue pas assez la monarchie absolue, mais tempérée par des lois, du pouvoir arbitraire.

Cependant la monarchie absolue & irrévocable n'a rien de contraire au droit & à la raison. Les clauses limitatives & résolutives de la souveraineté ne sont point dans la nature des choses.

Sans

fans blâmer les peuples qui ont cru devoir fe ré-
ferver une action contre le Souverain, on conçoit que d'autres peuples, pour mieux affurer la
tranquillité publique, ont pu raifonnablement fe
départir de tout droit & de toute action femblable. Bien plus, quand il feroit vrai que ce
droit de jugement à l'égard du prince, & de
révifion à l'égard du gouvernement, eft fondé
fur la nature, il ne s'enfuivroit pas qu'un peuple n'eût pu y renoncer validement, & même
prudemment, comme, en fe formant en fociété,
il avoit déjà renoncé à une partie de fon indépendance & de fa liberté naturelle.

Le pacte focial, ainfi que tout autre contrat,
peut être abfolu, auffi-bien que conditionnel.
Tant que nous ne voyons pas ces claufes réfo-
lutives exprimées formellemeut dans la confti-
tution d'un Etat, nous devons tenir pour certain, que l'érection de la fouveraineté a été faite
d'une maniere abfolue & irrévocable; & que
les peuples, fans prétendre donner au prince le
droit de gouverner arbitrairement, ont penfé
qu'il étoit plus fage de s'expofer aux abus paffagers de l'autorité, que de conferver, au fein de
l'Etat, un germe toujours fubfiftant de difcor-
des & de factions.

Mais quand même l'acte conftitutionnel renfermeroit la claufe expreffe de la deftitution du
prince, dans certains cas prévus, & clairement
exprimés, il ne s'enfuivroit pas que le peuple,
dans le fens que l'entendent les révolutionnaires, fût en droit de s'inveftir de l'autorité fouveraine, & de changer la forme du gouvernement. Dans une pareille conftitution, le prince
eft moins le fouverain que le chef du gouvernement : fon pouvoir eft limité par le texte de

F

la loi fondamentale, & cette même loi a nommé d'avance le magiftrat, le fénat ou l'affemblée à qui feroit dévolu le droit de juger le prince, & de pourvoir à fon remplacement. Telle étoit l'autorité des Ephores à Lacédémone, & celle du *Juftiza* dans le royaume d'Arragon. Ces fortes de jugemens, lorfqu'ils font prévus & expreffément autorifés par l'acte conftitutionnel, n'emportent point la révocation du pacte focial, ils n'en font que l'exécution. Mais ce qu'il importe d'obferver, ce n'eft pas au peuple, ou à la multitude, c'eft à des perfonnes ou des corps inftitués dès l'origine, qu'eft confié l'exercice de ce droit toujours dangereux.

La diftinction établie par Rouffeau entre le Souverain & le gouvernement n'eft donc pas une fuite néceffaire du pacte focial; & il eft aifé de prouver qu'elle n'étoit point admife de fait chez les peuples de la plus haute antiquité.

Lorfque les Hébreux demandent à avoir un roi *comme les autres nations*, Samuël leur expofe tout ce qu'ils auront à fouffrir d'un mauvais roi, fans leur montrer d'autre reffource contre l'abus du pouvoir, que d'implorer le fecours de Dieu. Homere appelle les rois les enfans de Jupiter : il dit que c'eft le maître des Dieux qui leur a donné le fceptre, & les a établis pafteurs des peuples. Les anciens rois d'Egypte, d'Affyrie & de Perfe exerçoient le pouvoir le plus abfolu & le plus indépendant. Le feul droit que les Egyptiens s'étoient réfervé à l'égard de leurs rois, c'étoit de faire le procès à leur mémoire, & de les priver de la fépulture royale, s'ils étoient convaincus d'avoir violé les lois. Les Chinois, ce peuple qui conferve aujourd'hui les mœurs & les opinions de la premiere antiquité,

tient pour également sacrées l'autorité royale &
l'autorité paternelle. Hérodote, Pausanias, Aristote définissent la monarchie, le pouvoir de commander comme on veut, sans être obligé de
rendre compte à personne. Telle étoit l'idée que
tous les peuples de l'antiquité se faisoient des
rois proprement dits, car pour ce qui est des
Lacédémoniens, des Argiens & d'autres peuples qui avoient limité l'autorité royale, Polybe, Plutarque, Cornelius-Nepos & d'autres, ob-
servent qu'ils n'étoient rois que de nom, *nomine
magis quàm imperio.*

L'histoire ancienne nous offre encore l'exemple de plusieurs peuples qui renoncent volontairement au droit de se gouverner eux-mêmes.
Les Campaniens se voyant hors d'état de résister aux Samnites, se donnerent au peuple romain avec leur ville de Capoue, leurs terres,
leurs temples, tous leurs droits divins & humains. Ce sont les termes du traité rapporté par
Tite-Live. Les Epidauriens se donnerent aux
Corinthiens, afin qu'ils les défendissent contre
leurs ennemis. Quelquefois, ainsi que l'observe
Tacite, en parlant des Romains du temps d'Auguste, la situation des affaires publiques est telle
qu'un Etat ne peut être sauvé, qu'en se soumettant à la domination absolue d'un seul. C'est ce
qui détermina les Etats de Dannemarck en 1660,
à déférer à Frédéric III la souveraineté absolue,
illimitée & héréditaire. M. Mallet, dans ses no-
tes sur le Voyage en Dannemarck, par M. Coxe,
observe que, depuis cette révolution, » la na-
» tion Danoise, en général, a été réellement plus
» libre qu'elle ne l'étoit depuis bien des siecles,
» & qu'elle a sensiblement gagné à bien d'au-
» tres égards. « Selon l'évêque Pontoppidan, le

Dannemarck doit à cette révolution une tranquillité qu'il n'avoit jamais connue, & un ac-
croiffement fubit de population.

Tous ces faits, & une multitude d'autres femblables, prouvent manifeftement que, dans la
plupart des Etats, le peuple a toujours été bien
éloigné de fe croire fouverain, au fens que le
difent Roufleau & les démocrates françois. Et
comme les droits refpectifs des Souverains & des
fujets doivent s'eftimer d'après la volonté connue de ceux qui ont fondé les Etats, & non
d'après les idées de quelques philofophes, il eft
évident que le principe de la fouveraineté du
peuple n'eft qu'un paradoxe moderne qui n'a
point de fondement dans le droit naturel, &
qui fe trouve démenti par le droit public de
prefque toutes les nations.

A l'exception de quelques démocraties turbu-
lentes, qui toutes ont été la proie des tyrans
domeftiques, ou des conquérans étrangers, nulle
conftitution n'a laiffé à la multitude le droit illimité de réformer ou d'abolir le gouvernement
établi. La nature des chofes y réfifte, & tout
démontre que le peuple eft effentiellement incapable de gouverner. Je ne dis pas feulement,
qu'il ne peut exercer les fonctions du gouvernement ou le pouvoir exécutif, comme Roufleau
lui-même en convient, je dis qu'il eft incapable de toute adminiftration politique, & par
conféquent de tout exercice du pouvoir fouverain.

Si, dans l'hiftoire d'une démocratié, l'on rencontre quelques intervalles d'ordre & de tranquillité, c'eft que le peuple fe laiffe conduire,
& que le gouvernement démocratique de droit,
eft ariftocratique ou monarchique de fait. Toute

la gloire d'Athènes disparoît avec Périclès, le dernier de ses hommes d'Etat. Sous le gouvernement qui laisse au peuple l'exercice de la souveraineté, le peuple est d'autant plus heureux, qu'il use moins de son droit : preuve sensible qu'il est plus près de la nature, lorsqu'il est gouverné que lorsqu'il gouverne.

Dans quelle étrange contradiction l'esprit de système a jeté l'auteur du *Contrat social* ! Parle-t-il de la souveraineté ? la multitude suit constamment la droite raison : jamais elle ne se trompe sur ses véritables intérêts : elle juge également bien & les choses & les personnes : une assemblée populaire est un Aréopage. S'agit-il du gouvernement ? la multitude est le jouet de l'erreur & des passions ; elle ne se meut que par sédition, elle n'est faite que pour obéir : » il est » contre l'ordre naturel que le grand nombre » gouverne, & que le petit soit gouverné. « Cependant, si le peuple a toutes les qualités que demande l'exercice de la souveraineté, pourquoi n'auroit-il pas celles qu'exigent les fonctions du gouvernement ? & s'il est essentiellement incapable de gouverner, pourquoi & à quel titre est-il souverain ?

Autre contradiction. Roússeau convient que le peuple ne peut gouverner par lui-même, mais il veut qu'il fasse ses lois, & qu'il nomme ceux qui doivent gouverner en son nom ; ce qu'il ne peut faire que de deux manieres, ou en formant une assemblée générale, ou en se faisant représenter par un certain nombre de citoyens. Le premier moyen est évidemment impraticable dans une grande nation : le second, selon Roússeau lui-même, est incompatible avec la liberté. » A l'instant qu'un peuple se donne des

» repréſentans, il n'eſt plus libre, il n'eſt
» plus. « (*)

Comment Rouſſeau n'a-t-il pas vu les con-
féquences & le danger de ſon ſyſtême ? Si le
droit de la ſouveraineté réſidoit dans le peuple, ce ſeroit dans la maſſe du peuple, dans
la multitude qu'il faudroit le placer. Car » les
» hommes naiſſent & demeurent égaux en droits,
» & tous les citoyens ont droit de concourir
» perſonnellement, ou par leurs repréſentans à
» la formation de la loi. « Il ne s'agiroit pas
de peſer les ſuffrages, il ne faudroit que les
compter. La naiſſance, le rang, les richeſſes,
l'éducation, les lumieres, ſeroient des titres inutiles. Ces avantages politiques ou naturels, ne
peuvent être reconnus que dans un gouvernement établi : leur influence ne ſe fait ſentir que
dans le ſilence de l'ordre & de la paix. La ſouveraineté du peuple eſt donc la ſouveraineté du
grand nombre. C'eſt la force phyſique qui ſuc-
cede à la force morale : c'eſt la violence qui
remplace le droit. De là une ſucceſſion intermi-
nable de troubles & de révolutions : nulle forme
ſolide de gouvernement, nulle légiſlation conſtante & durable.

Dans toutes les ſociétés politiques, il exiſte
une guerre ſourde des pauvres contre les riches :
les uns voulant changer le gouvernement, les
autres voulant le maintenir. *Semper in civitate,
quibus opes nullæ ſunt, bonis invident, vetera odere,
nova expetunt, odio ſuarum rerum mutari omnia ſtu-
dent* (**). Mais lorſqu'une révolution a bouleverſé
toutes les fortunes, & déplacé les bornes de
toutes les propriétés, le nombre des pauvres

(*) Contrat ſocial.   (**) Salluſte.

demeure toujours le plus grand ; & le parti des
mécontens, grossi de toutes les victimes de l'injustice, l'emporte encore sur celui qui désire la
conservation du nouvel ordre de choses.

Au milieu de ce combat éternel de toutes les
passions, de tous les intérêts, les délibérations
de la multitude ne formeront jamais des lois
proprement dites, auxquelles tous les individus
soient obligés de se soumettre. Quand un peuple
a détruit son gouvernement, le pacte social est
rompu, il n'existe plus ni cité, ni citoyen : chacun rentre dans l'indépendance de l'état de nature : nul ne peut être lié par l'opinion, ou
par la volonté des autres. Sous un gouvernement
régulier, dans les affaires soumises à la délibération d'un corps, la pluralité des suffrages constitue un droit véritable, parce que l'état social
suppose une volonté commune, & que l'accord
de toutes les volontés étant moralement impossible, il est juste que la volonté du grand nombre soit regardée comme la volonté de tous,
& que la minorité s'y soumette. Mais il n'en est
pas de même dans ce temps d'anarchie qui pré-
cede l'institution d'un nouveau gouvernement.
On ne peut, sans blesser mon indépendance &
ma liberté naturelle, me forcer à vivre sous des
lois nouvelles que je n'ai pas consenties. S'il ne
me plaît pas de me ranger à l'opinion de la majorité, il doit m'être permis, ou de vivre chez
moi paisiblement, sans prendre part aux affaires
publiques, ou du moins de me retirer en pays
étranger, en conservant la propriété de mes
biens, & la faculté d'en disposer.

Chez les Athéniens, au rapport de Platon, il
étoit libre à quiconque n'approuvoit pas les lois
& les coutumes de la République, de se retirer

où bon lui sembloit, avec tout ce qui lui appartenoit. Cicéron regardoit comme le fondement le plus ferme de la liberté romaine, le droit de ne pouvoir être contraint à sortir de la cité, ou à y demeurer. *Ne quis invitus civitate mutetur, neve in civitate maneat invitus. Hæc sunt enim fundamenta firmissima nostræ libertatis, sui quemque juris & retinendi & dimittendi esse dominum* (*).

Quand on pourroit contester *le droit d'émigration* aux citoyens nés sous un gouvernement affermi, reconnu par leurs aïeux, & sous la protection duquel ils avoient été élevés, on ne le refusera pas à ceux qui abandonnent un pays, où la violence introduit une forme de gouvernement, à laquelle ils ne sont liés ni par l'engagement de leur naissance, ni par leur propre volonté. Sans doute, je me dois à ma patrie; mais ma patrie n'est pas précisément le sol qui m'a vu naître: c'est un être moral qui se compose de mes intérêts, de mes affections, & de mes rapports avec la société politique à laquelle j'appartiens, ou par la naissance ou par choix.

Cette seule réflexion justifie pleinement les François de toutes les conditions qui se sont exilés d'un pays, où il s'établissoit un régime non moins contraire à leurs principes qu'à leurs intérêts. Dans un Etat institué, l'acquiescement, la soumission aux lois se prouve par la résidence. Lorsqu'on renverse l'ancien gouvernement pour en créer un nouveau, l'émigration est la mesure la plus modérée que puissent prendre les dissidens. En renonçant à la qualité de citoyens dans la monarchie constitutionnelle, ou dans la République françoise, les émigrés usoient d'un droit

---

(*) Pro L. Corn. Balbo.

naturel & politique. Car , ainſi que l'obſerve Rouſſeau , » le pacte ſocial exige un conſente- » ment unanime , parce que l'aſſociation civile » eſt, par ſa nature, l'acte du monde le plus » volontaire. « (*)

Il ne s'agit pas ici de démontrer l'injuſtice & l'atrocité des lois portées contre les émigrés. Mais on peut lés citer comme des traits propres à caractériſer le gouvernement populaire. Le peuple ne ſait pas reſpecter le droit quand il a le pouvoir : il ne lui ſuffit pas d'être libre , il veut être tyran. Quiconque refuſe de ſouſcrire aux lois qu'il fait aujourd'hui, pour les abroger demain , eſt victime de ſon aveugle fureur. Il proſcrit , & ceux qui ſe retirent, parce que leur conſcience repouſſe les lois qu'on veut leur impoſer , & ceux qui n'ont fui que pour ſe dérober aux outrages & à la mort.

Conſidérons maintenant ces aſſemblées populaires , où ſe forment les nouveaux ſyſtêmes de légiſlation , & ſans nous prévaloir de la trop funeſte expérience que la France en a faite, voyons ce qu'on doit en attendre dans tous les temps & dans tous les pays.

Je ne parlerai pas de Florence , de Gênes, & des autres républiques modernes d'Italie, où l'hiſtoire ne nous montre que l'alternative des convulſions de la licence , & des fureurs de la tyrannie. Je remonte aux beaux ſiecles de la liberté : je me tranſporte chez les Athéniens, la nation la plus humaine , la plus ſpirituelle , la plus éclairée de toute la Grece. Mais quel ſpectacle m'offrent les aſſemblées de ce peuple célebre ? Je vois proſcrire l'un après l'autre les plus

---

(*) Contrat ſocial.

grands généraux, les plus vertueux perfonnages de la république, un Miltiade, un Cimon, un Ariftide, un Thémiftocle, un Phocion, un Socrate. Je vois les armées & les finances confiées à des hommes d'une ineptie & d'une improbité reconnues. J'entends publier une loi qui condamne à la mort tout orateur qui propoferoit d'employer à la défenfe de l'Etat les fonds mis en réferve pour les fpectacles. Une autre loi déclare que tout ce qu'ordonnera le roi Démétrius, fera tenu pour faint envers les dieux, & jufte envers les hommes. Extravagante & lâche adulation qui femble avoir fervi de modele au ferment de maintenir une conftitution, que perfonne ne connoiffoit, & qui étoit à peine ébauchée !

Athènes cependant étoit régie par des lois pleines de fageffe, que le peuple n'avoit pas faites, & auxquelles il ne fe croyoit pas permis de toucher. Que feroit-ce donc s'il falloit que les lois elles-mêmes devinffent l'ouvrage d'une multitude indocile, impétueufe, qui, fans connoiffance du paffé, fans prévoyance de l'avenir, ne fent que le befoin du moment, & ne peut jamais s'élever à ces vérités qui fervent de bafe à la légiflation ?

Un peuple légiflateur ! quelle étrange affociation d'idées ! D'un côté la fougue, l'ignorance, l'imprudence, la mobilité ; de l'autre, le calme, les lumieres, la fageffe, l'impaffibilité. Il n'y a jamais eu de légiflation qui fût l'ouvrage, je ne dis pas de la multitude, mais d'une affemblée nombreufe. Les plus belles lois ont été publiées par des Souverains abfolus. Sans parler de Juftinien, de Charlemagne, de St. Louis & de Louis XIV, les plus beaux morceaux du code

& des pandectes portent le nom de Caracalla &
de ſes miniſtres. Les ordonnances rédigées par
l'Hôpital & par d'Agueſſeau , ont illuſtré les
regnes de Charles IX & de Louis XV. En effet ,
dans tout ce qui appartient à la juriſprudence ,
un Souverain abſolu eſt au-deſſus de toute con-
ſidération perſonnelle. Au défaut de la vertu ,
la raiſon ſeule lui apprend que ſon intérêt eſt
inſéparable de celui de la ſociété.

Un peuple légiſlateur ! & le peuple , pris en
maſſe , n'a de moralité qu'autant qu'il eſt contenu par les lois. Ce frein , néceſſaire pour toutes les claſſes de la ſociété , l'eſt encore plus
pour celles que l'indigence & la jalouſie ſoule-
vent contre l'ordre public. Des paſſions groſſie-
res , ſans ceſſe éveillées par le beſoin , ne peuvent être réprimées que par la crainte. Si le peuple n'obéit pas , il commande , & ſon regne eſt
le renverſement de toute juſtice naturelle & ſociale.

La ſouveraineté ne réſide donc pas dans le
peuple , puiſque le peuple a toujours beſoin d'être
gouverné. Le pouvoir légiſlatif ne lui appartient
pas , puiſque la légiſlation a pour objet de le
contenir. La force publique ne doit pas lui être
confiée , puiſqu'alors il n'y auroit aucune force
qui pût le réprimer. S'il y avoit ſur la terre une
nation compoſée d'hommes ſans paſſions , & parfaitement éclairés ſur leurs devoirs , ce peuple
de ſages pourroit ſe gouverner par lui-même , &
ſe déclarer légiſlateur & ſouverain , ou pour
mieux dire , il n'auroit beſoin ni de Souverain ,
ni de légiſlateur , ni de gouvernement.

Sous un gouvernement , & avec une force populaire , il n'exiſte ni puiſſance , ni force publique. Quand , par un ſoulevement univerſel &

fimultané, une nation brife tous les refforts de fon gouvernement, elle ne recouvre pas la fouveraineté, elle l'anéantit. Tout rentre dans l'état de nature : la nation eft diffoute de droit; & fi, par le fait, il refte encore quelque ombre de gouvernement, c'eft parce que le plus fort contraint le plus foible. Encore même, ce n'eft pas dans le peuple que réfide cet empire de la force: il n'en eft que l'inftrument, & il eft vrai de dire que le peuple n'eft jamais plus efclave, que lorfqu'il veut être, & qu'il fe croit Souverain.

Ainfi les répliques populaires de la Grece & de la Sicile ne fortoient de l'anarchie, que pour fe courber fous le joug d'un tyran; ainfi les diffentions qui commencerent à Rome après l'expulfion des rois, & que nourriffoient les entreprifes féditieufes des Tribuns contre l'autorité du Sénat, préparerent le defpotifme de Sylla, de Marius, de Céfar, d'Antoine & d'Octave. Ainfi du jour qu'il s'eft vanté d'avoir conquis la liberté, le peuple françois s'eft vu afferti fuccefivement par les comités de fon affemblée nationale, par les clubs, par Roberfpierre, par la convention, par le directoire.

Tel eft le caractere de la multitude : ou elle fert avec baffeffe, ou elle domine avec infolence : elle ne fait, ni jouir de la liberté avec modération, ni s'en paffer. *Hæc eft natura multitudinis : aut fervit humiliter, aut fuperbè dominatur : libertatem, quæ media eft, nec fpernere modicè, nec habere fciunt.* (*) Effentiellement inhabile à fe gouverner par lui-même, le peuple eft forcé de fe donner des tribuns, qui bientôt s'érigent en dictateurs. On commande au nom du peuple, mais le peu-

_____

(*) Tite Live.

ple obéit : en changeant de miniſtres, il ne fait que changer de tyrans. Car ſous un pareil gouvernement, ce ne ſont pas les hommes éclairés, vertueux, déſintéreſſés qui tiennent le timon des affaires. Heureux ! ſi la faction dominante leur permet de vivre ignorés, & de gémir en ſecret ſur les maux de la patrie.

Voilà donc le peuple roi, dans un état de minorité perpétuelle, livré ſans défenſe à une tourbe de factieux & de brouillons, qui, connoiſſant l'inconſtance du maître qu'ils ſervent, ſe hâtent de mettre à profit la courte durée de ſa faveur ; qui ne pouvant tenir ſous le joug une populace indocile, qu'en flattant ſes goûts féroces, la nourriſſent de ſang, pour l'accoutumer à la chaîne.

Rouſſeau, en parlant de Grotius, & de ſon immortel ouvrage, *Du droit de la guerre & de la paix*, déclame contre les publiciſtes qui ont flatté les rois, & il ajoute que le peuple n'a point de flatteurs, parce qu'il ne donne ni chaires, ni penſions. Certes, ce n'eſt pas à ces minces récompenſes qu'aſpirent les flatteurs du peuple. Si Rouſſeau eût vécu quelques années de plus, il eût vu que le peuple peut auſſi s'entourer de courtiſans, qu'il les choiſit parmi les hommes les plus pervers, & qu'il leur abandonne, non pas des penſions de cordons, des emplois, des bénéfices, mais toute la puiſſance publique & toutes les fortunes particulieres.

Les flatteurs du peuple ſont bien autrement dangereux que ceux des rois, parce que, de tous les ſouverains, le plus méchant, le plus imbécile & le plus puiſſant, c'eſt le peuple. La tyrannie d'un mauvais prince trouve ſes bornes dans celles de ſon pouvoir, dans l'opinion pu-

blique, dans le foin de fa propre fûreté. La tyrannie du peuple ne connoît pas de frein, la
force du peuple eft irréfiftible. L'opinion publique, qui n'eft que fa propre voix, juftifie &
confacre tous fes crimes. Cruel, parce qu'il eft
lâche, crédule parce qu'il eft ignorant & peu-
reux, il ne fe croit en fûreté, qu'autant qu'il
immole à fes foupçons toutes les victimes que
lui défignent fes agitateurs. Séjan & Narciffe
ont fait couler moins de fang qu'Hébert & Marat. Déteftons les flatteurs des rois, mais abhor-
rons les flatteurs du peuple, & n'oublions jamais que le véritable ami des peuples & des
fouverains, le fage adminiftrateur, eft celui qui
tient pour maxime :

„ *Faites tout pour le peuple, & jamais rien par lui.*"

Avant de terminer ce chapitre, je dois aller
au devant d'une fauffe conféquence que pourroit
en tirer un lecteur peu attentif, en tranfportant
à tous les états populaires ce que j'ai dit de ces
affemblées, où la multitude entreprend de fe
créer des lois & un gouvernement.

Je l'ai dit, dès les premieres pages. Tous les
gouvernemens font bons, quand ils font bien
adminiftrés. La démocratie n'eft pas mauvaife
en elle-même. Ses inconvéniens naturels peuvent, en certaines circonftances, être compen-
fés par des avantages équivalens ou fupérieurs.
Elle convient à certains peuples, & fur-tout à
des nations peu nombreufes, peu riches, & affez
heureufes, pour avoir confervé cette fimplicité de
mœurs, cette frugalité, cet amour de la patrie qui
ne fe retrouve plus chez les nations opulentes.

Ce n'eft point à ces peuples, & à ces gouvernemens confacrés par une longue habitude,

que s'applique ce que je disois tout-à-l'heure des
assemblées populaires. La force de la constitution, l'esprit & les mœurs publiques, le respect
pour la loi y préviennent les abus de la liberté.
Tant qu'ils demeureront vertueux, ces peuples
peuvent être souverains impunément. Car le
plus grand vice de la démocratie est sa foiblesse, & un peuple que gouverne la vertu, n'a
pas besoin que son gouvernement politique ait
une grande force. Dans ces heureuses démocraties, les assemblées populaires, assujetties à des
formes invariables, & ouvertes à une discussion
sage & paisible, ne s'occupent que de maintenir
le gouvernement, & de faire exécuter les lois.
Et ces lois, ce gouvernement ne sont pas l'ouvrage d'une multitude ignorante & passionnée,
mais le fruit des profondes réflexions d'un homme d'Etat, en qui les peuples réverent le caractere sacré de législateur.

Il n'en est pas ainsi d'une nation corrompue,
qui n'aspire à la liberté, que pour secouer le
joug des lois, d'une nation désorganisée par une
rébellion subite & générale, qui entreprend elle-
même de recomposer son gouvernement, & qui
fonde sa nouvelle constitution sur la violation
ouverte du droit de propriété, pour la conservation duquel les sociétés politiques ont été
principalement instituées. C'est-là que les assemblées populaires, sont des attroupemens séditieux, où des hommes sans lumieres, sans principes, sans propriété, sans intérêt au bon ordre,
ne portent que le vœu de la licence & de la
stupidité, où la multitude est toujours entraînée
par l'éloquence grossiere & l'audace de quelques
démagogues ; où une minorité insolente commande la terreur, & emporte de vive force tou-

tes les délibérations ; où enfin, le nom & les droits du peuple font proftitués à une populace groffie de l'écume des conditions fupérieures. Une nation femblable, fous un gouvernement ferme & vigoureux, peut jouir encore de la liberté civile ; mais elle la perd infailliblement, & fans retour, tant qu'elle ofe prétendre à la liberté politique.

» La liberté, dit Rouffeau, dans fes *Confidé-* » *rations fur le gouvernement de Pologne*, eft un ali- » ment de bon fuc, mais de forte digeftion. Il » faut des eftomacs biens fains pour le fuppor- » ter. Je ris de ces peuples avilis, qui fe laiffant » ameuter par des ligueurs, ofent parler de » liberté, fans en avoir l'idée, & le cœur plein » de tous les vices des efclaves, s'imaginent, » que pour être libres, il fuffit d'être des mu- » tins. «

CHAPITRE V.

De l'Infurrection.

ON peut diftinguer deux fortes d'infurrection, l'infurrection générale, & l'infurrection partielle. Par l'infurrection générale, une nation entiere, ou la plus grande partie d'une nation, fe fou- leve contre la puiffance publique. Par l'infurrec- tion partielle, il fe forme dans l'Etat des fac- tions qui attaquent à force ouverte le gouver- nement établi.

Du principe de la fouveraineté du peuple dé- coule néceffairement le droit d'infurrection gé- nérale. Le peuple étant le véritable Souvèrain, ceux qui gouvernent ne font que fes mandataires :

res ; il peut les révoquer, s'ils viennent à perdre sa confiance ; & comme ils ont toujours quelque force en main, & rarement assez de modération pour céder volontairement au vœu du
peuple, ce n'est ordinairement que par l'insurrection, & en leur opposant une force plus puissante, que le peuple parvient à ressaisir l'exercice
de la souveraineté.

Ce n'est pas de cette insurrection nationale qu'il
s'agit dans ce chapitre. Avant de mettre en question si la nation en corps a le droit d'agression
contre la puissance publique, l'ordre demande
que nous examinions, si ce droit appartient aux
factions & aux particuliers.

Dès les premiers jours de la Révolution, un
jeune ambitieux qui avoit rapporté de l'Amérique l'enthousiasme de la liberté, & le projet
d'être le Washington de la France, s'étoit acquis une grande popularité, en proclamant *l'insurrection* comme *le plus saint des devoirs*. Mais une
pareille maxime devoit-elle être adoptée par une
assemblée de législateurs ? » Le but de toute as-
» sociation politique, *Déclaration des droits*, arti-
» cle II, est la conservation des droits naturels
» & imprescriptibles de l'homme. Ces droits sont
» la liberté, la propriété, la sûreté, & *la résistance*
» à l'oppression. «

Les métaphysiciens qui ont rédigé la Déclaration des droits, connoissoient bien peu la nature & la fin de la société civile, quand ils ont
dit : que *le but de toute association politique est la conservation des droits naturels de l'homme.* Les droits naturels de l'homme ne sont pas les droits du citoyen : l'état social n'est pas l'état de nature. Le
but principal, ou la fin dernière de toute association politique, c'est le bonheur de ses mem-

G

bres ; & fa fin plus immédiate, c'eft la paix, la fûreté individuelle , & la garantie des propriétés , les trois élémens dont fe compofe le bonheur de l'homme en fociété. Si pour atteindre à ce but, il eft néceffaire, comme on ne fauroit en douter, que chacun relâche quelque chofe des droits qu'il auroit eus dans l'état de nature , il eft évident que le but de l'affociation politique n'eft pas de conferver les droits naturels de l'homme.

Les droits naturels de l'homme ne font pas *imprefcriptibles*, comme le dit encore la Déclaration. Outre qu'ils font néceffairement modifiés par les claufes du pacte focial, ils peuvent l'être encore par le fait particulier des individus, foit qu'ils en alienent une partie par des conventions volontaires, foit qu'ils méritent par leurs crimes de les perdre en entier.

Enfin, les droits dont il eft parlé dans la Déclaration, ne doivent pas être rangés fur la même ligne. La liberté, la propriété, la fûreté font des droits naturels qui fubfiftent dans l'état de fociété, mais avec des modifications & des reftrictions qui, loin de les altérer, ne tendent qu'à les renforcer & à les défendre. Pour la réfiftance à l'oppreffion, ce droit n'appartient qu'à l'état de nature, où il n'exifte ni loi commune, ni magiftrat reconnu, ni force publique : il eft incompatible avec l'idée même de l'affociation politique.

En effet, que s'eft-on propofé dans l'inftitution des fociétés civiles & des gouvernemens, finon de fubftituer la volonté générale aux volontés particulieres, & de forcer tous les membres de la fociété de foumettre leurs prétentions à l'autorité publique? Or, l'autorité publique &

la volonté générale ne font plus rien, fi tout citoyen fe croit en droit de réfifter à l'oppref-fion, ou, ce qui eft la même chofe, d'oppofer la force à tous les actes de l'adminiftration qu'il lui plaira de regarder comme oppreffifs. Ad-mettre, fous l'empire de la loi, un feul cas où il foit permis de réfifter à la loi, & de s'armer contre elle, c'eft brifer le lien de la fociété, & rappeler le genre humain à cette anarchie pri-mitive où chacun s'établiffoit juge dans fa pro-pre caufe.

Par-tout où la réfiftance à l'oppreffion feroit érigée en droit, il pourroit exifter *une force*, mais non *une autorité*, car l'autorité, qui eft le droit de commander, fuppofe un devoir d'obér. Mais à quoi fe réduit le devoir d'obéir, lorfque tout mécontent, tout ambitieux, fe difant opprimé, & la Déclaration des droits de l'homme à la main, peut oppofer une réfiftance légale & conf-titutionnelle à la volonté du Souverain ?

Si l'on dit que le droit de réfiftance fuppofe une oppreffion réelle, & qu'il n'exifte pas où n'exifte pas l'oppreffion, je réponds d'abord, qu'aux termes, & dans l'efprit de la Déclaration des droits, chacun demeure juge de l'injure qu'il prétend lui avoir été faite; d'où il fuit évidem-ment, qu'une oppreffion imaginaire donne les mêmes droits qu'une oppreffion réelle.

Je dis, en fecond lieu, que dans le cas même d'une oppreffion réelle & manifefte, le droit de réfiftance active, de la part des particuliers, eft inadmiffible. L'état focial n'admet pas un droit dont l'ufage entraîneroit infailliblement la ruine de la fociété. Or, il eft évident que la fociété ne fauroit fubfifter avec le droit laiffé à tout citoyen de réfifter, par la voie de l'infurrection, à l'oppreſſion même réelle & manifeſte. Sous la conſtitution la plus favorable à la liberté, ſous le gouvernement le plus humain & le plus éclairé, il eſt impoſſible qu'il ne ſe commette pas quelques injuſtices, car le prince & les magiſtrats ſont des hommes : *vitia erunt, donec homines.* (*) Ces injuſtices, ces erreurs de l'adminiſtration ſont un mal inévitable que l'on a prévu, & auquel on s'eſt réſigné, en conſentant à vivre dans l'état civil; & puiſque ce mal n'a paru qu'un inconvénient néceſſaire & tolérable, en comparaiſon des troubles & des déſordres inſéparables de l'anarchie, ne ſeroit-il pas inſenſé d'en chercher le remede dans la diſſolution de la ſociété, & dans le retour à l'état de nature, c'eſt-à-dire, à l'état de guerre de tous contre tous ?

La premiere de toutes les lois ſociales, c'eſt le ſalut public : *Salus populi, ſuprema lex eſto*, & la conſéquence immédiate de cette loi premiere, c'eſt que l'intérêt particulier doit toujours céder à l'intérêt général. Or, une injuſtice commiſe par le Souverain eſt un mal particulier & paſſager; mais la réſiſtance à l'autorité, la rebellion eſt un mal général & permanent, parce qu'elle attaque l'ordre public, d'où dépend la ſûreté de tous.

Tel eſt le reſpect que tout citoyen doit à la tranquillité publique, que cet intérêt l'emporte quelquefois ſur les droits d'une juſtice rigoureuſe. C'eſt en faveur de la tranquillité publique, que le droit des gens admet une preſcription à l'égard de la ſouveraineté, comme les lois civiles l'ont inſtituée à l'égard des propriétés particu-

---

(*) Tacite.

lieres. Quand un pouvoir est solidement établi,
l'origine en fût-elle injuste, il faut le conserver,
parce que le salut du peuple y est attaché. Lors
même que la prescription n'a pas légitimé le
pouvoir, il n'est pas toujours permis aux particuliers de l'attaquer à force ouverte. Car, s'il
est vrai que je ne dois rien à l'usurpateur, je
dois à la société de ne pas troubler son repos
par des tentatives impuissantes qui, sans utilité
pour le Souverain légitime, n'aboutiroient qu'à
plonger l'Etat dans les horreurs de l'anarchie.

Si l'intérêt de la tranquillité publique peut,
en certaines circonstances, obliger les particuliers à ménager une puissance usurpée, quel doit
être le respect des citoyens pour l'autorité légitime ?

Mais, dira-t-on, ce n'est pas aux particuliers,
c'est au peuple tout entier que l'Assemblée constituante attribue le droit de résister au gouvernement. Or, qui peut douter que le peuple, en
faveur de qui les gouvernemens ont été insti-
tués, ne soit en droit de s'élever, à main armée, s'il le faut, contre un gouvernement qui
l'opprime ?

Je n'examine pas encore jusqu'à quel point,
& de quelle maniere un peuple entier pourroit
se défendre contre l'oppression. Mais, je dis que
la maxime qui consacre le droit d'insurrection,
doit s'entendre, non d'une nation entiere, mais
d'une faction quelconque, même d'un seul individu, puisqu'elle le met au nombre des droits
naturels & imprescriptibles de l'homme & du
citoyen. D'ailleurs, l'usage qu'ont fait de cette
maxime les chefs de la Révolution montre bien
qu'ils n'ont pas prétendu la borner au cas d'une
oppression générale. Ils savoient trop que le gou-

vernement dont ils avoient conjuré la ruine, ne donnoit aucune prise au reproche de tyrannie. Ce n'a été qu'en suscitant des prétentions particulieres, en divisant les ordres de l'Etat, en opposant l'une à l'autre les différentes classes de la société, qu'ils sont parvenus à étendre, & à généraliser l'insurrection.

Du reste, il ne faut qu'une légere connoissance de l'histoire, pour savoir que l'intérêt du peuple est toujours le prétexte, jamais le motif des révolutions. C'est un voile usé & transparent, dont les factieux couvrent leurs vengeances ou leur ambition. Dans tous les temps, chez toutes les nations, les conspirateurs ont tenu le même langage; & par-tout, le succès a prouvé que ces prétendus libérateurs du peuple étoient ses plus cruels ennemis.

On trouve dans notre histoire une *guerre du bien public*, qui se termina par des traités particuliers, où chacun des chefs de la révolte obtint quelque avantage. Il ne fut pas même question de l'intérêt du peuple, à qui les deux partis firent payer les frais de la guerre.

A quelle honte, à quels remords s'est condamné ce malheureux peuple qui voyoit un ennemi dans Louis XVI, & des amis dans un Mirabeau & un d'Orléans!

Certes, ce n'est pas l'homme sage & vertueux qui, même sous un mauvais prince, leve l'étendart de la révolte. Il connoît mieux, il ressent plus vivement qu'un autre les abus du gouvernement, car il souffre, & de son mal & du mal des autres. Mais si la place qu'il occupe dans l'Etat ne lui fait pas un devoir d'éclairer l'administration, il déplore en silence les malheurs de la patrie, parce qu'il sait qu'un gou-

vernement vicieux eſt un moindre mal que le renverſement de l'ordre public. Il ſait, pour emprunter les paroles de Boſſuet, qui traduit & agrandit Tacite : » qu'il faut ſouffrir les vio-
» lences des mauvais princes, en ſouhaiter de
» meilleurs, les ſupporter quels qu'ils ſoient,
» eſpérer un temps plus ſerein pendant l'orage,
» & comprendre que la Providence, qui ne veut
» pas la ruine du genre humain, ni de la nature,
» ne tient pas éternellement le peuple opprimé
» par un mauvais gouvernement, comme elle ne
» bat pas l'univers d'une continuelle tempête.
» Les beaux jours pourront donc refaire ce que
» les mauvais auront gâté, & c'eſt vouloir trop
» de mal aux choſes humaines, que de joindre
» aux maux d'un mauvais gouvernement un re-
» mede plus mortel que le mal, qui eſt la di-
» viſion inteſtine. « (*)

Quand il ſeroit vrai que l'oppreſſion pouſſée aux derniers excès peut légitimer la réſiſtan- ce, un philoſophe ami de l'humanité ſe gar- deroit bien de révéler au peuple une vérité ſi dangereuſe : un légiſlateur ſage n'en feroit pas la baſe de ſa conſtitution : il n'établiroit pas l'ordre public ſur le droit de révolte : il n'invi- teroit pas le peuple à prévenir le moment, où l'uſage de ce remede extrême pourroit être juſ- tifié par l'extrême néceſſité : il n'expoſeroit pas à une ruine certaine un empire que le temps & la patience auroient ſauvé. Quel jugement por- terions-nous d'un inſtituteur, qui ne parleroit à ſon éleve de l'autorité paternelle, que pour lui apprendre, qu'il eſt des circonſtances où il peut déſobéir à ſon pere ? Tel eſt l'eſprit des leçons

____

(*) Cinq. avertiſſ.

politiques des Lycurgue du jour, qui en s'adref-
fant au peuple, lui parlent fans ceffe de fes droits,
& jamais de fes devoirs.

Helvétius, Raynal, Diderot, & cette tourbe
de fophiftes incendiaires qui, depuis long-temps
creufoient & chargéoient la mine dont l'explo-
fion a renverfé la moitié des gouvernemens de
l'Europe, avoient établi la théorie de l'infurrection. Leurs déclamations fougueufes étoient perdues pour le peuple qui ne lit pas; & le gros
des lecteurs ne les regardoient que comme des
jeux d'efprit, incapables de troubler le monde.
Mais du moment que l'affemblée conftituante
eut tranfporté leur doctrine dans la Déclaration
des droits, & qu'elle l'eut convertie en maximes populaires, tous les liens moraux qui unif-
foient le Souverain & les fujets furent brifés, &
il ne refta plus que la force, qui bientôt paffa toute
entiere du côté de ceux qui ne devoient qu'obéir.

Qui ne connoît l'adreffe perfide, avec laquelle
les artifans de la Révolution ont fu mettre en
œuvre ce principe de fédition? Par combien
d'infurrections particiles ils ont amené ce bouleverfement de la religion, de la monarchie, de
l'ordre focial, qui épouvante & menace l'Europe entiere! avec quel art, quelle profonde fcé-
lérateffe, par quelle gradation, par quel enchaînement de crimes ils ont façonné au régicide
un peuple jufques-là renommé pour fa douceur,
fa fenfibilité, fon amour pour fes rois! après
avoir conçu le plus exécrable des forfaits, quelques fcélérats ont pouffé la populace à le demander, & forcé la nation à le fouffrir: *ifque
habitus animorum fuit, ut peffimum facinus auderent pauci,
plures vellent, omnes paterentur.* (*)

____

(*) Tacite.

Hélas! c'étoit au meilleur, au plus débonnaire des rois qu'étoit réservé ce fort affreux que n'ont pas éprouvé les tyrans les plus fanguinaires. Jamais les factieux ne font valoir avec plus d'avantage le prétendu droit d'infurrection, que lorsqu'il n'y a pas même de prétexte. Le regne de Louis XI, agité par les révoltes des grands, ne fut troublé par aucune émeute populaire. Henri VIII étouffa fans peine les foulevemens qu'avoient excités fa tyrannie & fon intolérance. Deux rois, en Angleterre & en France ont péri fur un échafaud, victimes de cette jurifprudence facrilege, qui donne aux fujets le droit de juger le Souverain, & ces deux rois étoient des princes humains, à qui l'hiftoire ne reprochera que de n'avoir pas fu tenir d'une main affez ferme les rênes du gouvernement. L'Angleterre, depuis un fiecle & demi, expie tous les ans, par un jeûne folemnel, le meurtre de l'infortuné Charles I. Le temps n'eft pas éloigné, peut-être, où la France dreffera des autels au vertueux Louis XVI.

Le droit d'infurrection n'eft pas moins funefte aux peuples qui le réclament, qu'aux Souverains contre lefquels il eft dirigé; & prefque toujours, la nation qui a renverfé le trône, eft écrafée fous les débris. On peut établir comme maxime générale, que toute révolution dans un Etat fe fait aux dépens du peuple. Mais cette maxime eft d'une vérité encore plus fenfible à l'égard des révolutions qui fe font au nom du peuple, fous le prétexte de fon intérêt, en empruntant fes forces, & le faifant intervenir comme acteur principal. Dans les révolutions produites par la rivalité de deux princes, ou de deux partis qui fe difputent le pouvoir, l'Etat eft déchiré par la

guerre civile : mais la religion, les lois, les tribunaux, les propriétés, les mœurs, tous les
fondemens de la société demeurent. L'Etat a
changé de maître, les principes du gouvernement ont été modifiés : mais il reste un état &
un gouvernement. La machine politique ébran-
lée par une secousse momentanée, reprend son
mouvement accoutumé ; &, le plus souvent, les
suites de la révolution n'atteignent pas la masse
de la nation.

Il en est bien autrement d'une révolution populaire. Un peuple qui se souleve en masse, ne
prétend pas disputer l'autorité, il veut l'anéantir. Il veut être libre, & ne croit l'être que lorsqu'il se voit au-dessus de toutes les lois. Il ne
sait ni arrêter ses vues, ni borner ses projets,
ni mesurer ses coups. Dans les institutions les
plus sages, il ne voit que les abus. Fort pour
la destruction, impuissant pour la réforme, sa
marche fougueuse & irrésistible n'est marquée
que par ruines,

gaudetque viam fecisse ruinâ,

& sa révolution ne lui paroît qu'ébauchée, tant
qu'il reste encore quelque chose à renverser. Les
autres révolutions sont pour les Etats des maladies violentes, mais passageres, qui souvent les
raniment & leur donnent une nouvelle vigueur :
les révolutions populaires amenent la désorga-
nisation totale, & la mort du corps politique.

Après avoir plongé dans un abyme de maux
le Souverain & la nation, le droit d'insurrection
finit par renverser, tôt ou tard, les factieux qui
lui doivent leurs succès. C'est un instrument de
troubles & de séditions, toujours dirigé con-

tre le pouvoir dominant, quel qu'il foit, légitime ou ufurpateur. Lorfqu'elle plaçoit la réfiftance à l'oppreffion parmi les droits effentiels de l'homme & du citoyen, l'Affemblée conftituante étoit plus occupée des moyens de détruire la monarchie, que du foin d'affermir la nouvelle conftitution qu'elle méditoit. Elle éprouva bientôt que, fur une pareille bafe, il étoit impoffible d'affeoir un édifice folide. Le droit d'infurrection avoit affuré le triomphe des rebelles : il précipita la chûte des légiflateurs.

L'exemple une fois donné, le principe folemnellement établi, les partis fe formerent à l'abri de la loi, & vingt factions, tour-à-tour opprimées & triomphantes, firent couler des fleuves de fang, en invoquant *le plus faint des devoirs*. Enfin, la Convention nationale qui devoit tout fon pouvoir, & jufqu'à fon exiftence au dogme de l'infurrection, a compris qu'elle ne pouvoit fe maintenir, qu'en le profcrivant. Elle s'eft crue affez forte pour ravir aux citoyens un de leurs *droits naturels & imprefcriptibles* : elle a même ofé leur parler de devoirs & de foumiffion.

Voici comme elle s'exprime dans la Déclaration des droits de l'homme & du citoyen, qu'elle a mife en tête de la conftitution décrétée en 1795. » Article XVII, la fouveraineté réfide effen- » tiellement dans l'univerfalité des citoyens. Ar- » ticle XVIII. Nul individu, & nulle réunion » partielle de citoyens ne peut s'attribuer la fou- » veraineté. Et au titre *des devoirs*, article III, » les obligations de chacun envers la fociété, » confiftent à la défendre, à la fervir, à vivre » foumis aux lois, & à refpecter ceux qui en » font les organes. «

C'eft ainfi que les brigands reviennent aux principes de la juſtice, quand il s'agit de partager le butin.

Mais, dans la République françoiſe, comme dans les attroupemens de voleurs, la politique & la morale n'ont d'autre fondement que l'inté-rêt des paſſions & du moment, d'autre appui que la force. Vainement les délégués d'un *peuple ſouverain* entreprendroient de lui impoſer des devoirs, s'ils n'étoient ſoutenus par ces légions innombrables qu'ils nourriſſent, en affamant les créanciers de l'Etat. Ces maximes philoſophiques, qui ſont en contradiction avec tous les principes de la Révolution, n'attacheront pas les cœurs & les conſciences au gouvernement ré-/publicain. Elles ne préviendront pas une ſeule inſurrection ; & lorſqu'enfin l'arme de la terreur ſera émouſſée, ce peuple que des ſuggeſtions perfides & des manœuvres infernales avoient ſoulevé contre un gouvernement, ſous lequel il vívoit heureux & paiſible, briſera les chaînes qu'il s'eſt forgées lui-même. Il apprendra, non de ſes tyrans, mais de la religion, *qu'il doit être ſoumis aux lois, & reſpecter ceux qui en ſont les organes*. Il ſe dira que ſi la révolte contre l'autorité légitime, eſt un crime aux yeux de Dieu & de la ſociété, *l'inſurrection* contre des uſurpateurs couverts du ſang de leur roi *eſt le plus ſaint des devoirs*.

Le pouvoir qui gouverne la France aujourd'hui, ne peut invoquer aucun des principes qui obligent les particuliers à reſpecter l'ordre établi.

1°. La République françoiſe n'eſt pas une puiſſance légitime. Née de la révolte, elle s'eſt établie par la violence, & n'exiſte que par l'uſurpation & l'injuſtice. Uſurpation à l'égard du roi, dont quelques factieux ont envahi l'autorité contre le vœu de l'immenſe majorité de la nation. Injuſtice & barbarie à l'égard des deux premiers ordres de l'Etat, & de tous ceux que la faction dominante a bannis, ſpoliés, aſſaſſinés, en haine de la religion & du légitime Souverain. Ni le temps, ni les événemens n'ont lavé le titre impur de la République françoiſe. La nation toujours opprimée, toujours aſſervie, n'a pas ſanctionné le nouvel ordre de choſes par un acquieſcement libre & volontaire ; & quand on ſuppoſeroit cet acquieſcement de la part de ceux qui ne ſont point ſortis du royaume, il ne détruiroit ni les droits d'une multitude innombrable de familles qui redemandent le patrimoine, le gouvernement & la religion de leurs peres, ni les juſtes prétentions du roi ſur une couronne que ſes ancêtres ont portée plus de huit cens ans. En traitant avec la République françoiſe, les puiſſances étrangeres n'ont reconnu que ſa poſſeſſion : il ne leur appartenoit pas de diſcuter la validité de ſon titre. La victoire, les traités, la reconnoiſſance de tous les gouvernemens de l'Europe, ont placé la République françoiſe au rang des Etats politiques. Elle eſt devenue une *puiſſance de fait*, comme l'étoit Cromwel, durant ſon protectorat, mais elle n'eſt pas une *puiſſance de droit*.

2°. Le gouvernement actuel de la France n'eſt pas un pouvoir conſervateur de la tranquillité publique. Il n'eſt pas tellement affermi, tellement reconnu, qu'on ne puiſſe l'attaquer, ſans ébranler & bouleverſer l'ordre ſocial. C'eſt un gouvernement tyrannique, dans la double acception de ce mot ; car il l'eſt, & dans ſon origine & dans ſon exercice. Il a violé lui-même la conſtitution qui faiſoit ſon titre & ſa loi : il ne regne que par la terreur : il ſe joue inſolemment & des droits politiques & des droits de la juſtice & de l'humanité. Tant qu'il ſubſiſtera, les François ne pourront ſe promettre ni liberté religieuſe & civile, ni paix entre eux & avec les étrangers, ni ſûreté pour leurs perſonnes & pour leurs propriétés. Un pareil gouvernement n'eſt point un ordre ſocial, c'eſt une anarchie perſévérante, organiſée en faveur d'une poignée de tyrans.

Les ſermens commandés par ce gouvernement monſtrueux, ne lui donnent aucun droit ſur les conſciences. D'abord, les ſermens politiques preſcrits par un uſurpateur, ne ſuppoſent nullement que l'on reconnoît ſon gouvernement pour légitime : ils n'emportent que la promeſſe d'une ſoumiſſion extérieure & paſſive. C'eſt là le ſens, & tout l'effet que l'opinion des peuples, & par conſéquent, le droit public donne à ces ſortes de déclarations ; & cet engagement ceſſe, du moment que l'uſurpateur n'eſt plus en poſſeſſion de la puiſſance publique. Car je ne lui ai promis ſoumiſſion, que parce que j'ai vu dans ſa perſonne *le Souverain de fait*, dont il faut reſpecter la puiſſance, tant qu'elle eſt néceſſaire au maintien de l'ordre public, & que le *Souverain de droit* eſt hors d'état de ſeconder les efforts de ſes fidelles ſujets. En ſecond lieu, il eſt notoire, qu'à l'égard du grand nombre, c'eſt la violence qui a dicté les ſermens contradictoires de maintenir les différentes conſtitutions qui ſe ſont ſuccédé depuis la naiſſance de la Révolution. Mais une promeſſe injuſtement extorquée ne confere aucun droit à celui qui l'a reçue, & n'oblige pas celui qui l'a faite. Si la violence m'a ſoumis à des tyrans, il me reſte le droit inconteſtable de déteſter leur domination, & de m'affranchir d'un joug ignominieux par toutes les voies que m'ouvriront le courage & la prudence. Quant à ceux qui fe font rendus complices de la révolte ou de l'impiété par des fermens volontaires, ou par le ferment de *haine à la royauté*, ils font abfous de ces lâches & criminels engagemens par l'honneur & par la religion.

Le parjure eft vertu, quand le ferment fut crime.

CHAPITRE VI.

De l'inviolabilité de la Puiffance fouveraine.

J'AI montré dans le chapitre précédent, combien étoit abfurde & dangereufe la doctrine qui donne aux individus le droit de réfifter à la puiffance publique. Dans celui-ci, j'entreprends de prouver que la nation elle-même n'a pas le droit de renverfer fon gouvernement, de juger, & de dépofer fon Souverain. Je n'ignore pas que l'opinion contraire a pour elle des raifons fpécieufes, & des autorités impofantes. Mais, s'il faut pefer les voix, à Sidney, à Locke, à Rouffeau, j'oppoferai Grotius, Puffendorf & Boffuet. Quant aux raifons, je ne diffimulerai pas celles de mes adverfaires, & le lecteur prononcera.

L'établiffement de la puiffance fouveraine eft l'effet de l'une des conventions qui ont fervi de fondement à la fociété civile, ainfi qu'on l'a vu dans le premier chapitre de cet Ouvrage; d'où il fuit que l'inviolabilité de la puiffance fouveraine doit être regardée comme une conféquence néceffaire de la perpétuité du pacte focial. Or, il eft impoffible de douter que le pacte focial ne foit, de fa nature, perpétuel & irrévocable. Les conventions qui ont formé la fociété civile ne

lioient pas seulement ceux qui les avoient faites:
elles obligeoient leurs descendans. Car la société
civile n'est pas une société à temps, elle est éternelle, comme le genre humain, qu'elle est destinée à conserver & à perfectionner. Ceux qui
l'ont instituée n'ont pas prétendu, sans doute,
qu'elle finît avec eux. Ils ont voulu que le bien-
fait de leur institution passât à leur postérité.
Ils sont donc présumés avoir stipulé que leurs
enfans auroient, en naissant, le droit de jouir
des avantages communs à tous les membres de
l'Etat, & particuliérement le droit de posséder
certains biens à titre d'hérédité. Et comme l'on
ne sauroit obtenir ces avantages, sans la protection du Souverain, & sans reconnoître son autorité, tous ceux qui naissent d'un citoyen demeurent, par le seul fait de leur naissance, soumis
au même Souverain que leur pere. Ils tiennent à
l'Etat par le lien de la propriété : ils contrac-
tent l'obligation de conserver l'Etat, comme
l'Etat a conservé leur patrimoine. Mais on ne
peut conserver l'Etat, sans respecter la puissance
souveraine qui en est l'ame. Les devoirs que les
fondateurs de la société s'étoient imposés à l'é-
gard de la puissance souveraine, passent donc
tout entiers à leurs descendans ; & la puissance
souveraine conserve sur les générations les plus
éloignées, tous les droits dont elle a été investie à la naissance de la société.

C'est donc à cette époque qu'il faut se repor-
ter, si l'on veut connoître les droits & les devoirs respectifs des peuples & des Souverains.
Or, il paroît indubitable que les fondateurs de
la société ont conféré au Souverain qu'ils insti-
tuoient toute la puissance qu'ils avoient sur eux-
mêmes, *potestas populi*, & *in populum*, comme dit
Séneque,

Séneque, & qu'ils n'ont prétendu se réserver
aucune jurisdiction, aucune supériorité à son
égard.

Le repos & la perpétuité des Empires, la tranquillité du genre humain, la nature même du
pacte social, exigeoient que la puissance souveraine, d'où émanent toute autorité & toute jurifdiction dans l'Etat, ne pût être citée devant aucun tribunal. En se soumettant à des lois, en
instituant un gouvernement, chaque membre du
corps politique avoit renoncé au droit de se faire
justice par lui-même ; à plus forte raison, ne
prétendoit-il pas se réserver le droit d'agir hosti-
lement contre le Souverain. L'état de société ne
connoît d'autre force que la force publique, laquelle réside toute entiere dans le Souverain, &
ne peut jamais se tourner contre lui.

On voit assez ce que j'entends par *le Souverain*.
Dans les monarchies absolues, c'est le monarque gouvernant selon les formes & les lois fondamentales. Dans les monarchies limitées, c'est
le monarque réuni aux autorités qui partagent
avec lui les droits & l'exercice de la souveraineté. Dans les républiques, c'est le Conseil ou
l'assemblée, à qui la constitution défere l'administration & le pouvoir suprême. Ainsi, je ne
dis pas que tous les peuples doivent être gouvernés par un roi, ni que tous les rois doivent
être absolus : mais je dis que, dans quelque
gouvernement que ce soit, le Souverain ne peut
être justiciable de ses sujets, & que, dans toute
société, la puissance publique est inviolable de
droit.

J'ai dit que l'inviolabilité de la puissance souveraine étoit fondée sur le titre même de son
érection. Mais c'est à ce titre primitif qu'en ap-

pellent auſſi les défenſeurs de l'opinion que je combats ; & leur premier principe, c'eſt que, lors de la formation de l'Etat, il eſt intervenu entre le peuple & le Souverain un traité par lequel l'un a promis ſoumiſſion & fidélité, l'autre protection & juſtice, & que ce pacte n'eſt pas moins obligatoire pour le Souverain que pour le peuple.

Je l'ai dit moi-même dès le commencement de cet Ouvrage : ce traité eſt dans la nature de la choſe, & doit ſe ſuppoſer, lors même qu'il n'en reſte pas de veſtige dans l'hiſtoire. Je dis plus, il faudroit encore le ſuppoſer, quand il ſeroit conſtant qu'il n'a point exiſté. Car, s'il eſt vrai que la plupart des Etats doivent leur origine au droit de conquête, il faut reconnoître que ce droit n'a pu ſe convertir en titre légitime, que par l'acquieſcement des peuples ; & cet acquieſcement, tout muet qu'il eſt, équivaut à un traité exprès entre le conquérant & le peuple vaincu.

Rouſſeau en impoſe trop viſiblement, quand il accuſe *les publiciſtes royaux* de mettre en queſtion, ſi le genre humain appartient à une centaine d'hommes, ou ſi cette centaine d'hommes appartient au genre humain ; quand il leur reproche de diviſer l'eſpece humaine en troupeaux de bétail, dont chacun a ſon chef qui le garde pour le dévorer.

Certes, ce n'eſt pas dans les écrits des publiciſtes formés à l'école de la religion, que l'on puiſera ces odieuſes notions de la ſouveraineté. Ce n'eſt pas ſur de pareilles maximes que ſont fondées les leçons que donnoient aux fils de nos rois le grand Boſſuet, dans ſa *Politique tirée des Livres ſaints*, l'immortel auteur du *Télémaque*, &

l'éloquent Massillon, dans ces discours admirables où les devoirs des rois sont présentés avec
toute la force de la raison, & toute la hauteur
du caractère évangélique. Grotius & Puffendorf,
que Rousseau semble avoir eu particuliérement
en vue, n'enseignent rien qui puisse justifier un
pareil reproche.

Loin de nous ces basses & perfides adulations.
Nous savons, & nous disons hautement, que les
Souverains & les peuples sont liés par des devoirs réciproques, fondés sur le contrat primordial de l'association politique. Mais, nous disons
en même-temps que telle est la nature de ce
contrat, que bien qu'il produise de part & d'autre une obligation proprement dite, il ne s'en-
suit pas qu'il soit dissous, au moment que le
Souverain cesse d'en remplir les conditions.

Deux raisons puissantes & décisives prouvent
qu'il est irrévocable de sa nature, & que le peuple, à moins, comme on l'a dit ailleurs, que
le contraire ne soit formellement énoncé dans
l'acte d'institution, n'a pas entendu se réserver
une action contre le Souverain.

La premiere de ces raisons est prise de l'intérêt même du peuple qui ne peut être heureux
qu'à l'abri de la paix, & qui presque toujours
souffriroit plus des secousses inséparables de toute
révolution, qu'il ne peut souffrir des abus pas-
sagers d'un mauvais regne. Ce sont les maux
qu'entraîne l'anarchie qui ont fait sentir la nécessité d'une loi commune, & d'un Souverain
dépositaire de la force publique. Or, le droit
dans le peuple de surveiller l'emploi de la force
publique, de contrôler la loi commune, & d'an-
nuller à son gré le pacte social, rameneroit l'anarchie avec toutes ses horreurs.

H 2

La seconde raison est fondée sur ce que, dans le cas même de l'infidélité de l'un des contractans, la résiliation du contrat doit être prononcée, ou par les clauses même du contrat, ou par un juge, & non par la partie qui se prétend lézée, sans quoi il seroit trop facile, sous des prétextes frivoles, d'éluder les engagemens les plus solemnels.

Mais d'abord, nous parlons ici des gouvernemens, où la puissance souveraine n'est pas restreinte par des clauses irritantes, insérées dans la constitution. Dans ces gouvernemens, le Souverain est engagé envers les sujets par une promesse expresse ou tacite qui lie sa conscience, mais qui ne limite pas son autorité, parce qu'en même-temps qu'il s'oblige à bien administrer, il demeure seul juge de ce que demande une bonne administration.

En second lieu, si la résiliation du contrat social n'est pas prononcée textuellement par le contrat même, elle ne peut l'être par aucune puissance humaine. Le Souverain & les sujets ne reconnoissant point de juge commun, il n'est point de tribunal où l'on puisse porter un procès de cette nature, & puisqu'il ne peut être jugé, le procès entre les sujets & le Souverain ne peut exister. Dans toute constitution, où l'autorité du prince n'est pas balancée par une autre autorité légale, le jugement du prince & sa destitution sont rendus impossibles par la constitution elle-même.

Si l'on dit que, par la violation du contrat primordial, le Souverain est supposé abdiquer son droit & rentrer dans l'état de nature par rapport à son peuple ; je réponds que l'intérêt du peuple ne permet pas de supposer cette abdication de la royauté, qui deviendroit pour toute la nation une source intarissable de désordre & de calamités. Un roi qui abdique volontairement & paisiblement ne trouble pas la constitution de son Etat, parce que la loi a nommé d'avance son successeur, & que sa démission ne produit que ce qu'auroit opéré sa mort un peu plus tard. Mais une abdication présumée ne rompt pas seulement les liens qui attachoient les sujets au Souverain, elle rompt aussi tous ceux qui attachent entre elle les différentes parties de l'Etat. Dans cette espèce d'interregne, il n'existe plus de corps politique ou de nation : il ne reste qu'une multitude, un corps acéphale, dont les membres n'ont plus d'union entre eux, du moment qu'ils n'en ont plus avec la tête qui leur distribuoit la vie & le mouvement. Ce n'est pas seulement le Souverain qui rentre dans l'état de nature par rapport à son peuple, comme Locke le suppose, c'est la nation toute entiere qui se plonge dans ce chaos anarchique, dont elle ne sortira qu'après avoir essuyé des maux mille fois plus cruels que ceux qu'elle avoit prétendu éviter, en se révoltant contre son Souverain.

Je veux que la violation du pacte social emporte l'abdication de la souveraineté. Mais où sont les juges revêtus de l'autorité nécessaire pour prononcer l'infraction du pacte social & la vacance du trône ? S'il s'éleve un parti pour accuser le prince, croit-on qu'il ne s'en formera pas pour le défendre ? Voilà donc la guerre civile allumée, & nous retombons dans tous les dangers de la doctrine de l'insurrection.

Il me semble que l'on ne fait pas assez d'attention à la nature du pacte social, lorsqu'on suppose qu'il est annullé par le seul fait de l'infidélité du Souverain. Le pacte qui confere la puissance souveraine ne doit pas être assimilé aux contrats de particulier à particulier, ou de puissance à puissance. Ceux-ci sont des contrats d'égalité, où chacune des parties conservant son indépendance, ne s'engage qu'autant & pour aussi long-temps que l'autre se montre fidelle à ses engagemens. Celui-là est un contrat d'inégalité, par lequel une des parties contractantes se soumet à l'autre. Or, quoique les obligations soient réciproques & égales entre le maître & le sujet, on conçoit que le droit de les faire valoir peut n'être pas le même ; & lorsque le sujet est une multitude qui se défie d'elle-même, & sent le besoin qu'elle a d'être conduite, on conçoit encore mieux qu'elle a pu s'abandonner entiérement à la sagesse & à la loyauté de ses maîtres.

D'ailleurs, il n'est pas de l'essence d'un contrat d'être dissous, par cela seul qu'un des contractans refuse d'en remplir les conditions. Des raisons prises du bien public peuvent l'emporter sur le droit de la partie innocente. Nous en avons un exemple dans le mariage, qui est tellement indissoluble, que l'infidélité de l'un des deux époux ne rend pas à l'autre sa liberté. Le bien des familles, l'ordre public, l'intérêt des mœurs exigeoient que le lien du mariage ne pût jamais être rompu. Des considérations encore plus importantes, parce qu'elles sont d'un intérêt plus général, impriment au Contrat social le même caractere de perpétuité & d'indissolubilité.

Du reste, en disant que les peuples ne se sont réservé aucune action contre le Souverain, je n'ai entendu parler que des constitutions, où cette réserve n'est pas formellement exprimée.

Car, d'ailleurs je ne veux pas nier que le pacte social ne soit susceptible de clauses irritantes ; & de fait, il s'en trouve de cette nature dans plusieurs constitutions.

De savoir si ces constitutions sont meilleures que celles où une nation n'a pas voulu prévoir ou supposer que ses maîtres abuseroient de l'autorité, c'est sur quoi je me garderai bien de prononcer. Les unes & les autres ont leurs avantages & leurs inconvéniens. Dans les premieres, les peuples se sont montrés plus jaloux de leur liberté : dans les autres, ils paroissent avoir mieux senti le prix de la tranquillité publique. Ces deux intérêts ont toujours quelque chose d'opposé ; & comme il est bien difficile de ne pas ôter à l'un ce qu'on donne à l'autre, c'est le caractere national sur-tout qui doit déterminer la pente du gouvernement.

S'il y avoit une nation vive, légere, mobile, impétueuse, susceptible d'enthousiasme, & capable de tous les excès, une nation plus faite pour être gouvernée que pour se gouverner elle-même, ce seroit vers la tranquillité plutôt que vers la liberté, que sa constitution devroit être dirigée. On a dit que le cardinal de Richelieu n'avoit protégé les lettres avec tant d'éclat, que pour donner un aliment à l'activité françoise, & l'empêcher de se tourner vers la politique ; ce seroit une preuve qu'il avoit bien connu le caractere de sa nation, & cette vue seroit digne de la profondeur de son génie.

Dans la démocratie, l'extrême liberté se trouve à côté de l'anarchie : sous le despotisme un calme profond avec la servitude. La monarchie absolue & héréditaire semble moins favorable à la liberté que les gouvernemens limités & les monarchies électives; mais ce désavantage est racheté par une plus grande stabilité. Et, au fond, un gouvernement ferme, & toujours égal prévient les troubles qui détruiroient la liberté. S'il la restreint plus qu'un autre, c'est pour mieux la défendre des attaques de la licence.

Il n'est pas vrai, comme le prétend Rousseau, que le pouvoir absolu soit contraire au droit naturel, & qu'un peuple ne puisse s'y soumettre, sans tomber dans l'esclavage. On n'est point esclave lorsqu'on jouit de la liberté civile. Or, le pouvoir absolu, quand l'usage en est réglé par une constitution, laisse subsister la liberté civile. C'est par-là, que la monarchie même absolue, diffère essentiellement du despotisme. Nous avons un prince, disoit Pline à Trajan, afin qu'il nous préserve d'avoir un maître.

Un peuple qui se soumet à un roi n'aliene pas sa liberté, il ne donne pas, comme le dit Rousseau, les personnes, à condition qu'on prendra aussi les biens; mais il place les biens, les personnes, la liberté sous une sauve-garde inviolable. Il sacrifie volontairement une partie de ses droits naturels, parce qu'il ne peut acheter qu'à ce prix la jouissance paisible de ce qu'il s'en réserve. La liberté n'a jamais plus de charmes que dans la monarchie absolue, sous un roi vertueux :

> *nunquam libertas gratior exstat.*
> *quàm sub rege pio.* (*)

&, sous les princes médiocres, qui sont le plus grand nombre, les abus du régime monarchi-

---

(*) Claudian.

que font plus fupportables que ceux de tout autre gouvernement.

D'ailleurs, fi l'on excepte la démocratie pure,
que Rouffeau lui-même relegue parmi les chi-
meres politiques, fous toutes les formes de gouvernement, il exifte un pouvoir abfolu à l'é-
gard du plus grand nombre des membres de
la fociété. Que ce pouvoir réfide dans une feule
perfonne, dans un fénat, ou dans une affemblée de citoyens, le refte de la nation demeure
privé de la liberté politique, puifque dans les
gouvernemens les plus populaires, le droit de
concourir à la nomination des magiftrats eft
refufé & aux femmes, & aux prolétaires. Ou,
l'on doit convenir que les fujets d'un monarque
abfolu peuvent jouir de la liberté, ou il faut
dire que la plus grande partie du peuple n'eft
pas libre dans les républiques.

Mais ce n'eft pas feulement aux princes abfolus que s'applique ce que j'ai dit jufqu'à préfent de l'inviolabilité de la puiffance fouveraine:
ce principe tutélaire & confervateur de l'ordre
public s'étend à tous les Souverains, quelle que
foit la forme du gouvernement & la conftitution
de l'Etat. Il n'eft pas même étranger à ces gouvernemens limités, où la peine de déchéance,
en certains cas, eft prononcée contre le Souverain; mais alors il faut l'entendre, en ce fens,
qu'il n'eft jamais permis de s'écarter de la charte
conftitutionnelle, & que la nation n'eft pas plus
en droit que le prince ou le magiftrat, de paffer les bornes qui féparent leurs pouvoirs refpectifs. En un mot, la puiffance fouveraine,
telle qu'elle fe trouve établie par le pacte focial,
eft inviolable, parce que le pacte focial eft effentiellement perpétuel & irrévocable. Il y a

néanmoins un gouvernement qui ne peut invoquer le principe de l'inviolabilité. C'est la démocratie, où le souverain & les sujets, n'étant qu'une même personne, il ne peut y avoir entre eux de contrat proprement dit, & où le peuple conserve nécessairement le droit de changer, & même de détruire la constitution qu'il s'est donnée. » En tout état de cause, « dit Rousseau, très-conséquemment à sa théorie démocratique, » un peuple est toujours le maître de » changer ses lois, même les meilleures. Car, » s'il lui plaît de se faire mal à lui-même, qui » est-ce qui a droit de l'en empêcher ? (*)

Je crois avoir prouvé que les peuples ont pu, sans blesser ou leur intérêt, ou le droit de la nature, se donner un souverain irrévocable & indépendant d'eux-mêmes. Il reste à discuter les raisons alléguées à l'appui de l'opinion contraire.

C'est le peuple, disent les publicistes démocrates, qui a institué les Souverains. Or, celui qui institue conserve la supériorité sur celui qui est institué.

Oui, sans doute, celui qui institue conserve la supériorité sur celui qui est institué, lorsqu'il l'établit sur un tiers, en lui communiquant une partie de son autorité; mais non, lorsqu'il le constitue son supérieur & qu'il s'engage à lui obéir. Un pere de famille conserve son autorité sur celui de ses domestiques qu'il met à la tête des autres : mais la femme qui se marie, demeure soumise à une autorité qu'elle a établie elle-même. Une armée qui éliroit son général, ne prétendroit pas apparemment s'être réservé

____

(*) Contrat social.

le droit de lui commander. L'objection pose en principe ce qui est en question.

Au moment où la société s'est formée, le peuple pouvoit ne pas établir une telle forme de gouvernement. Il pouvoit remettre en d'autres mains le pouvoir suprême ; mais en nommant le Souverain, il est devenu sujet. Prétendre que, dans cet état même, il soit au-dessus du Souverain, c'est vouloir qu'en même-temps il obéisse & commande à la même personne. » Soldats, » disoit Valentinien à l'armée qui venoit de l'é- » lire, il dépendoit de vous de ne pas me nom- » mer Empereur. Maintenant que je le suis, » c'est à vous d'obéir, à moi de voir ce qu'il » convient d'ordonner. « On peut appliquer ici ce que dit Séneque, de la Divinité qui, dans le gouvernement du monde, obéit constamment aux lois qu'elle s'est prescrites en le créant : *semel jussit, semper paret.* Le peuple, lors de l'institution de la société, a commandé une fois, pour obéir toujours.

Tout gouvernement, disent encore les écrivains à qui nous répondons, est établi en faveur de ceux qui sont gouvernés, & non en faveur de celui qui gouverne : le Souverain est pour le peuple, & non le peuple pour le Souverain.

Le principe est incontestable; mais il ne prouve pas que le peuple ait quelque jurisdiction sur le Souverain. Les tuteurs sont établis pour le bien des pupilles, & cependant, ou plutôt par cette raison, ils ont autorité sur eux. On dira sans doute, qu'un tuteur infidelle ou incapable peut être destitué, & l'on ne manquera pas d'en conclure, que le peuple a le même droit à l'égard du Souverain; mais la conséquence n'est pas juste. D'abord ce n'est pas le pupille qui desti-

tue le tuteur ; & puis le tuteur reconnoît un supérieur dans la personne du magistrat, & le Souverain ne connoît rien au-dessus de lui.

Comme il ne peut y avoir de progrès à l'infini, il faut bien s'arrêter à une derniere autorité, qui est celle du Souverain. » Les magis-
» trats, dit l'empereur Marc-Aurele, sont les
» juges des particuliers, les princes les juges
» des magistrats, & Dieu le juge des princes. «
» Si quelqu'un de nous s'écarte des regles de la
» justice, disoit Grégoire de Tours au roi Chil-
» péric, vous pouvez le punir. Mais si vous les
» violez vous-même, qui vous reprendra ? Nous
» vous faisons des remontrances, & vous les
» écoutez, si vous le jugez à propos. Si vous les
» rejettez, Dieu seul est votre juge. «

C'est parce que le Souverain est pour le peuple, qu'il doit être indépendant du peuple. Une
autorité qui pourroit être mise en jugement n'auroit pas assez de force pour protéger le peuple
& le défendre contre ses propres passions.

Les publicistes démocrates disent enfin, que le
peuple, n'ayant pas le droit de se détruire lui-
même, ou de se rendre malheureux, n'a pu
transférer un tel droit au Souverain. Or, ce droit
absurde seroit une suite nécessaire de la doctrine qui
proscrit toute résistance contre le gouvernement.

La question n'est pas de savoir, si un Souverain a le droit de rendre son peuple malheureux ou de le détruire. Les tyrans les plus féroces n'ont jamais réclamé un pareil droit : les
plus vils courtisans ne l'ont jamais avoué, si ce
n'est le renard dans la Fable des animaux malades de la peste. Mais il s'agit de savoir, premiérement, si après avoir soumis sa volonté à

celle du Souverain, le peuple eſt en droit de lui
preſcrire la maniere dont il doit gouverner, &
de le punir de ſa déſobéiſſance : ſecondement, ſi
l'intérêt du peuple ne demandoit pas qu'il préférât les inconvéniens d'une mauvaiſe adminiſtration, à ceux qui naîtroient du droit de réſiſtance contre le gouvernement.

Or, je ſoutiens, qu'en vertu du pacte ſocial,
le Souverain n'eſt comptable à perſonne de ſon
adminiſtration, ni ſujet à aucune peine de la part
des hommes. La reſponſabilité ſuppoſe un ſupé-
rieur, & il implique contradiction qu'il y ait
quelqu'un au-deſſus du Souverain. A l'égard de
la peine, il n'exiſte ni tribunal, où le Souverain puiſſe être cité, ni juge pour prononcer,
ni force pour mettre la ſentence à exécution.
Car les tribunaux tiennent leur autorité du Souverain, & la force publique ne peut être miſe
en action que par ſa volonté.

On a quelque peine à concevoir comment un
Souverain peut agir avec droit, lorſqu'il agit
contre l'intérêt de ſon peuple. Cette difficulté
prend ſa ſource dans l'ambiguité du mot *droit*,
auquel répondent deux idées bien diſtinctes. Le
prince qui abuſe de ſon pouvoir, péche contre
le droit, mais ſes actes, tout injuſtes qu'ils ſont,
émanent d'une autorité légitime, inviolable, même dans ſes écarts. Ils ont quelque effet de droit,
c'eſt-à-dire, qu'ils impoſent aux ſujets l'obligation de ne pas réſiſter à force ouverte. C'eſt un
droit, dans le même ſens qu'il eſt dit, que le
Préteur rend juſtice lors même qu'il prononce
une ſentence injuſte. *Pretor jus reddere dicitur, etiam
cùm iniquè decernit.* (*) La ſouveraineté, par ſon

____

(*) Digeſt. L. 1 Tit. 1. L. XI.

essence, est un pouvoir qui, pour valider ses actes n'a pas besoin d'avoir raison.

Il n'y a pas de loi véritable, si elle n'est juste. Mais ce n'est point de la justice, c'est de l'autorité seule du législateur que la loi emprunte toute sa force ; autrement les édits & les ordonnances du prince ne seroient pas distingués des avis des jurisconsultes, qui n'ont de force qu'autant que la raison leur en donne. » Il faut obéir » au prince, comme a la justice, sans quoi, il » n'y a point d'ordre ni de fin dans les affai- » res. « (*) Le bon ordre, le repos de la société, la force des jugemens veulent que l'on reconnoisse dans le Souverain une sorte d'infaillibilité. Tout est ébranlé, tout devient incertain, s'il est permis de demander raison à l'autorité souveraine ; & bien plus encore, s'il est permis de la soumettre aux jugemens, c'est-à-dire, aux caprices de la multitude.

Je dis, en second lieu, que l'intérêt du peuple demandoit qu'il préférât les risques d'une mauvaise administration aux désordres qui naîtroient nécessairement du droit de résistance active, & d'agression contre l'autorité souveraine.

Pourquoi, demandoit le ministre Jurieu, les peuples se sont-ils donné des maîtres si puissans à leur faire du mal ? » C'est, lui répond l'élo- » quent évêque de Meaux, la raison qui a obligé » les peuples les plus libres, lorsqu'il faut les » mener à la guerre, de renoncer à leur liberté, » pour donner à leurs généraux un pouvoir ab- » solu sur eux. On aime mieux hasarder de pé- » rir, même injustement, par les ordres de son

____

(*) Bossuet, Polit. sacrée.

» général, que de s'expoſer par la diviſion à une
» perte aſſurée de la part des ennemis plus unis....
» Un peuple qui a éprouvé les maux, les confu-
» ſions, les horreurs de l'anarchie donne tout
» pour les éviter; & comme il ne peut donner
» de pouvoir ſur lui, qui ne puiſſe tourner con-
» tre lui-même, il aime mieux haſarder d'être
» maltraité quelquefois par un Souverain, que
» de ſe mettre en état d'avoir à ſouffrir ſes pro-
» pres fureurs, s'il ſe réſervoit quelque pouvoir.
» Il ne croit pas, pour cela, donner à ſes Sou-
» verains un pouvoir ſans bornes; car, ſans par-
» ler des bornes de la raiſon & de l'équité, ſi
» les hommes n'y ſont pas ſenſibles, il y a les
» bornes du propre intérêt qu'on ne manque
» guere de voir, & qu'on ne mépriſe jamais
» quand on les voit. «
  » C'eſt ce qui a fait tous les droits des Sou-
» verains, qui ne ſont pas moins les droits de
» leurs peuples que les leurs. Le peuple, forcé
» par ſon beſoin propre à ſe donner un maître,
» ne peut rien faire de mieux que d'intéreſſer à
» ſa conſervation celui qu'il établit ſur ſa tête.
» Lui mettre l'Etat entre les mains, afin qu'il
» le conſerve comme ſon bien propre, c'eſt un
» moyen très-preſſant de l'intéreſſer. Mais, c'eſt
» encore l'engager au bien public par des liens
» plus étroits, que de donner l'empire à ſa fa-
» mille, afin qu'il aime l'Etat comme ſon pro-
» pre héritage, & autant qu'il aime ſes enfans.
» C'eſt même un bien pour le peuple que le
» gouvernement devienne aiſé, qu'il ſe perpétue
» par les mêmes lois qui perpétuent le genre
» humain, & qu'il aille, pour ainſi dire, avec
» la nature. «
  » Ainſi, les peuples où la royauté eſt hérédi-

» taire, en apparence se sont privés d'une fa-
» culté, qui est celle d'élire leurs princes. Mais,
» dans le fond, c'est un bien de plus qu'ils se
» procurent. Le peuple doit regarder comme un
» avantage de trouver son Souverain tout fait,
» & de n'avoir pas, pour ainsi parler, à remon-
» ter un si grand ressort. De cette sorte, ce
» n'est pas toujours abandonnement ou foiblesse
» de se donner des maîtres puissans. C'est sou-
» vent, selon le génie des peuples & la cons-
» titution des Etats, plus de sagesse & de pro-
» fondeur dans les vues. «

» C'est donc une grande erreur de croire qu'on
» ne puisse donner des bornes à la puissance sou-
» veraine, qu'en se réservant sur elle un droit
» souverain. Ce que vous voulez faire foible à
» vous faire du mal, par la condition des cho-
» ses humaines, le devient autant, à propor-
» tion, à vous faire du bien. Et sans borner la
» puissance par la force que vous pouviez réser-
» ver contre elle, le moyen le plus naturel pour
» l'empêcher de vous opprimer, c'est de l'inté-
» resser à votre salut. (*) «

J'ai rapporté ce long passage, non-seulement
pour répondre à la question du ministre Jurieu,
mais encore pour justifier la monarchie absolue
& héréditaire contre les déclamations de tant
d'écrivains inconsidérés, sans néanmoins vouloir
en conclure que ce gouvernement soit, pour tous
les peuples, le meilleur & le plus parfait. Loin
de donner une préférence exclusive à une certaine forme de gouvernement, je voudrois que
chacun demeurât persuadé que le meilleur de tous
les gouvernemens est celui de son pays. Ce pré-

(*) Cinq. avertiss.

jugé

jugé qui tend à conferver la tranquillité publique, vaut bien les prétendues découvertes de
cette philofophie turbulente & féditieufe, qui ne
fait corriger les abus politiques, qu'en détrui-
fant les inftitutions fociales. Je voudrois que les
citoyens de toutes les claffes appriffent à fe dé-
fier de l'efprit de fyftême & d'innovation, à
laiffer au temps & aux événemens le foin d'amener les réformes utiles, graduellement & fans fe-
couffes, & à fentir que leur intérêt leur fait un
devoir de refpecter, de chérir, & d'affermir le
gouvernement établi.

CHAPITRE VII.

Des bornes de la Puiffance fouveraine.

DE ce que les fujets n'ont aucune action contre le Souverain, s'enfuit-il que le Souverain,
affranchi de toute loi, puiffe gouverner felon
fon caprice, & que les fujets doivent une obéiffance aveugle à toutes fes volontés?

Dans un Etat conftitué, le Souverain n'eft
pas un defpote, les fujets ne font pas des efclaves. La puiffance fouveraine, toujours & néceffairement abfolue, trouve fes bornes dans les
lois de la nature & de la religion, dans les lois
civiles, & dans les lois fondamentales de l'E-
tat, dans fon propre intérêt, qu'elle ne peut
féparer de l'intérêt des peuples fans courir à fa
perte.

1°. Le Souverain eft obligé de fléchir fous les
lois de la nature & de la religion : lois facrées,
indépendantes des hommes qui s'allient avec toutes les formes de gouvernement, qui forment le

I

titre primitif de l'autorité, & que le Souverain a plus d'intérêt de respecter que le dernier de ses sujets. Si le prince ordonne quelque chose de contraire au droit naturel ou au droit divin, il agit sans pouvoir. Non-seulement on peut, mais on doit refuser d'obéir.

La maxime des Apôtres, qu'il faut obéir à Dieu plutôt qu'aux hommes, *obedire oportet Deo, magis quàm hominibus*, est d'une vérité évidente. On ne peut conférer à autrui aucun pouvoir sur soi-même, au préjudice d'un maître supérieur. Les hommes, en se soumettant à un Souverain, n'ont ni pu, ni voulu se soustraire à l'empire du Créateur. Il est encore moins permis d'obéir au prince qui commande ce que Dieu défend, qu'il ne seroit permis d'obéir à un officier subalterne, au mépris de la volonté connue du Souverain. Les droits de la conscience sont indépendans de la puissance civile.

Mais, en rendant à Dieu ce qui est à Dieu, il ne faut pas ôter à César ce qui est à César. Après avoir refusé d'obéir à un ordre que l'on ne pourroit exécuter sans crime, il faut, quoi qu'il puisse arriver, ne jamais opposer la force à l'autorité. Telle étoit encore la doctrine des Apôtres, si courageusement suivie par les premiers Chrétiens qui, placés par les ordonnances des empereurs entre l'apostasie & la révolte, ne savoient que mourir. Et cette doctrine, la Religion chrétienne ne l'a consacrée, comme tant d'autres vérités morales auparavant méconnues, que parce qu'elle est fondamentale dans le droit public.

Par la nature du contrat social, l'Etat acquiert sur nous, & sur toutes nos actions, un droit éminent de direction, autant qu'il eſt néceſſaire au maintien de la tranquillité publique. L'Etat peut donc exiger de chacun de ſes membres qu'il renonce au droit de réſiſtance que donne la nature ; & l'on ne peut douter qu'il ne l'exige en effet, quand on conſidere que ce droit de réſiſtance eſt incompatible avec la paix & le bon ordre de la ſociété. Mais, il faut l'avouer, cette ſoumiſſion paſſive à des ordres manifeſtement injuſtes, ne peut être commandée efficacement que par la Religion.

2°. Le prince eſt ſoumis aux lois civiles de l'Etat, parce qu'il eſt le premier citoyen, quoiqu'il ne ſoit pas ſoumis aux peines de la loi, parce qu'il n'y a point de puiſſance coactive contre la puiſſance ſuprême.

Les princes les plus abſolus ſe ſont fait gloire de rendre hommage à cette vérité. Je la trouve établie dans un écrit publié par ordre de Louis XIV : *Traité des droits de la reine très-chrétienne ſur divers Etats de la monarchie d'Eſpagne, 1667.* — » Qu'on ne diſe point que le Souverain n'eſt pas » ſujet aux lois de ſon Etat, puiſque la propoſition contraire eſt une vérité du droit des » gens, que la flatterie a quelquefois attaquée, » mais que les bons princes ont toujours défendue comme une divinité tutélaire de leurs » Etats. Combien eſt-il plus légitime de dire » avec le ſage Platon, que la parfaite félicité » d'un royaume, eſt qu'un prince ſoit obéi de » ſes ſujets, que le prince obéiſſe à la loi, & que » la loi ſoit droite & toujours dirigée au bien » public ? « Dans un lit de juſtice tenu en 1549, le chancelier Olivier diſoit à Henri II, que » la » vraie & ſolide gloire des rois étoit de ſoumettre leur hauteur & majeſté à la juſtice, à

» la rectitude, à l'obſervance de leurs propres
» ordonnances. " Tous les jours, en France,
des particuliers plaidoient contre le roi , & les
magiſtrats n'avoient pas beſoin de courage pour
juger avec impartialité.

Un empereur romain avoit dit qu'il étoit digne
de la majeſté du prince de reconnoître l'empire
de la loi. *Digna vox eſt majeſtatis, legibus alligatum ſe
principem profiteri.*

Ajoutez aux lois civiles les mœurs & le caractere national , l'opinion publique , le ſentiment de l'honneur qui forment une ſeconde barr-
riere , devant laquelle le pouvoir arbitraire eſt
obligé de s'arrêter , même après avoir franchi
celle des lois. Les bons princes affermiſſent eux-
mêmes ces bornes : les mauvais princes craignent
de les ébranler , parce qu'ils n'ignorent pas que,
ſi elles défendent le peuple contre le Souverain,
elles ſont auſſi pour le Souverain un rempart
contre les attentats du peuple.

3°. Le prince , en montant ſur le trône , promet , ou expreſſément , ou tacitement de gouverner ſelon la juſtice. Cette promeſſe générale
n'eſt pas vaine aux yeux d'un prince religieux :
elle lui impoſe une véritable obligation dans
l'ordre moral ; mais on ne peut pas dire qu'elle
limite ſon pouvoir dans l'ordre politique , parce
que , ſi d'ailleurs , la conſtitution remet toute
l'autorité entre ſes mains , c'eſt à lui ſeul qu'il
appartient de prononcer ſur ce que demande
une bonne & juſte adminiſtration.

Un peuple qui auroit voulu partager avec le
prince l'autorité ſouveraine , & ſe réſerver le droit
de lui demander compte de ſon gouvernement,
n'auroit pas manqué de fixer avec préciſion les
limites de ſon pouvoir , & de marquer nommé-

ment les cas où il feroit convaincu de les avoir
outrepaffées. Il ne fe feroit pas contenté de lui
faire promettre qu'il veilleroit au bien de l'Etat,
& ne s'écarteroit jamais des principes de la juftice. Ces termes vagues, que chacun peut inter-
prêter comme il veut, & auxquels le prince le
plus abfolu ne peut s'empêcher de foufcrire, ne
font nullement propres à régler les droits refpectifs des deux parties contractantes. Lors donc
qu'ils fe trouvent énoncés dans le ferment d'inau-
guration, fans fpécification des cas où la juftice
& le bien de l'Etat feroient cenfés compromis,
ils ne peuvent avoir d'autre effet que de rappeler à la confcience du prince le but de l'autorité
fouveraine & l'ufage qu'il en doit faire.

Outre ces promeffes générales qui font de droit,
il peut arriver que le Souverain fe lie volontairement par une promeffe particuliere de gouverner felon certaines lois ou certaines maximes.
C'eft ainfi que plufieurs des fucceffeurs de Philippe-le-Bel s'engagerent à ne faire aucun changement dans les monnoies. Une femblable promeffe ne peut être envifagée que comme une
interprétation de la promeffe générale, & ne
produit pas une obligation d'un autre génre. Le
Souverain qui l'a faite librement n'a pas entendu
donner à fes fujets le droit d'employer la force
pour le contraindre à l'obferver : il n'a engagé
que fon caractere moral & fa réputation. Il en
eft, à cet égard, du prince comme d'un pere
de famille qui, malgré l'inexécution d'une promeffe faite à fes enfans, ne ceffe pas d'être le
chef de la famille & le maître de la maifon. En
général, ces fortes de promeffes, de la part de
ceux qui font conftitués en autorité, ne donnent
qu'un droit imparfait, parce que l'inférieur ne

peut exercer le droit de contrainte à l'égard du supérieur.

4°. Dans les Etats monarchiques, il existe des corps politiques établis pour éclairer la religion du prince, & faire parvenir jusqu'à lui les demandes & les justes doléances de ses sujets. Si la constitution de l'Etat leur attribue le droit d'intervenir dans le gouvernement, leur autorité est la limite de l'autorité du monarque, avec qui ils partagent, en certaines occasions, le droit de souveraineté. Mais dans les monarchies absolues, ces corps n'ont pas une autorité de jurisdiction, à laquelle le Souverain puisse être contraint de déférer. Ils ont le droit de remontrer ; mais *là finit leur ministere* : au prince seul appartient la décision finale.

» S'il en étoit autrement, « dit Charles IX dans un édit dressé par le chancelier de l'Hôpital, l'un des plus grands hommes d'Etat qu'ait eus la France, » l'autorité royale seroit sujette
» aux volontés de ses officiers, ce qui seroit trop
» préjudiciable à la majesté d'un roi de France,
» laquelle est si pleine & si absolue, qu'elle se
» laisse bien modérer aux remontrances d'un sé-
» nat, mais non jamais s'y assujettir. «

Telle étoit bien plus anciennement encore la constitution de la monarchie françoise.

» Le roi, dit Beaumanoir, est souverain par
» dessus tous, & a de son droit le général garde
» du réaulme. Pourquoi il puet (il peut) faire
» liex, (lois) établissemens, comme il li plest
» pour le quemun (commun) profict, & che
» que il établit i doit être tenu. «

» Le roi de France, dit Boutillier, est roi &

» empereur en son royaume, & il puet faire loi
» & édit à son plaisir. «

De l'aveu de l'abbé de Mably, les Etats de 1355,
qui n'étoient nullement disposés à se relâcher de
leurs droits, avouoient, comme un principe incontestable, que le roi seul pouvoit faire des lois.

C'est encore ce que prouve l'ancien style des
édits & ordonnances *de notre certaine science, pleine
puissance & autorité royale. Voulons & nous plaît. Car
tel est notre plaisir* ou notre volonté. Formules que
des légistes ignorans ont tenté de rendre odieu-
ses, & qui n'étoient que des monumens respec-
tables de notre antique constitution.

5°. Enfin, dans tous les gouvernemens constitués, même dans les monarchies absolues, il
existe des lois fondamentales, dont le prince ne
peut jamais s'écarter, & contre lesquelles toute
sa puissance viendroit se briser. Tout ce qu'il
attenteroit, au mépris de ces lois sacrées, seroit
nul de plein droit, parce qu'il y auroit, non pas
simplement abus, mais défaut de pouvoir.

Prenons pour exemple la constitution de la
monarchie françoise. L'ordre de la succession au
trône, fondé sur une coutume plus forte que la
loi même, » parce qu'elle est gravée, comme
» s'exprimoit l'avocat-général Bignon, non dans
» du marbre ou du cuivre, mais dans le cœur
» des François; « la distinction & les privileges
des trois ordres, le Clergé, la Noblesse & le
Tiers-état ; le droit particulier & les capitula-
tions des différentes provinces ; la nécessité du
consentement de la nation pour les impositions
nouvelles ; l'enregistrement ou la publication des
lois par les cours souveraines, au défaut d'une
acceptation faite en Etats-Généraux ; le droit

acquis à tout citoyen de ne pouvoir être jugé
que par les tribunaux établis, & selon des formes reconnues ; l'inamovibilité des offices, sinon
en cas de forfaiture jugée ; l'inaliénabilité des
domaines de la couronne, &c. Telles sont les
lois fondamentales qui composent le droit public
de la France.

Ce n'est point à ces lois premieres & constitutives de l'Etat que s'applique la maxime, *si
veut le roi, si veut la loi ;* mais seulement aux lois
secondaires & d'administration, lesquelles reçoivent toute leur force de l'autorité du roi, lors
même qu'elles sont portées d'après le vœu unanime des trois ordres du royaume. Le roi ne
regne que par la loi, *& n'a puissance de faire toute
chose à son appétit.* En lui déférant la puissance législative pour tout ce qui a rapport au gouvernement, la constitution le soumet à des lois qu'il
n'a pas faites, qui sont l'expression de la volonté
nationale, soit à la naissance de la monarchie,
soit à des époques plus récentes, & qui ne peuvent être abrogées que sur la demande ou du
consentement exprès de la nation convoquée &
assemblée selon les formes antiques & légitimes.
Plus d'une fois nos rois ont déclaré solemnelle-
ment qu'ils étoient dans l'heureuse impuissance
de violer ces lois constitutives.

Mais, s'il arrive que le prince entreprenne
de porter atteinte aux lois fondamentales de
l'Etat, quelle est la nature de la résistance qu'il
est permis de lui opposer ? quel en sera le terme ?

Un prince qui excede son autorité, ne la
perd pas ; & dès-lors, il n'est pas permis de lui
résister à main armée. Les sujets n'ont pas le
droit de guerre contre le Souverain, à qui seul
il appartient de disposer de la force publique. Il

faut donc se borner à la résistance négative ; il faut, en refusant d'obtempérer à des ordres illégaux, conserver le sentiment & l'habitude de la soumission dans tout ce qui n'est pas évidemment contraire à la constitution de l'Etat ; car, pour les cas douteux, l'autorité qui a la possession, doit aussi avoir la provision. Il faut ne jamais oublier que le Souverain est le pere commun ; & comme un fils bien né ne se permet pas de résister à force ouverte aux volontés injustes d'un pere, après avoir épuisé les prieres, les remontrances, les protestations, il ne reste aux sujets que d'attendre le redressement des torts dont ils se plaignent, ou du prince mieux conseillé, ou de son successeur.

C'est par ce mélange de fermeté & de modération, que les parlemens ont souvent arrêté les entreprises de certains rois trop épris du pouvoir arbitraire, & que, sans ébranler l'Etat, ils nous ont conservé jusqu'à ces derniers temps la constitution françoise, sinon dans toute son intégrité, du moins, sans autres altérations que celles qu'amenent presque nécessairement le cours des siecles, le changement des mœurs & l'instabilité des choses humaines.

Si, dans des conjonctures difficiles, & même de nos jours, ces compagnies ont quelquefois dépassé les bornes que les lois du royaume prescrivoient à leur résistance, il ne faut en accuser que les principes de la révolution qui, diversement modifiés selon le génie des temps, suscitèrent les factions des Bourguignons & des Armagnacs, allumerent la guerre de la Ligue, fomenterent les troubles de la Fronde, & qui depuis, à la faveur du philosophisme, se glissoient insensiblement dans l'esprit des jeunes magistrats, & y portoient l'amour des fyftêmes, & le mépris des anciennes maximes.

Mais, encore une fois, fi le prince ne fait fervir la force publique qu'à opprimer fes fujets, s'il difpofe arbitrairement des propriétés, de l'honneur, de la vie des citoyens, fi, en un mot, il gouverne en tyran, faudra-t-il encore fe renfermer dans les bornes d'une réfiftance purement négative ? Ne fera-t-il pas permis, dans ce cas d'une défenfe légitime, de repouffer la force par la force, & de renverfer une autorité dont l'abus feroit fi manifefte & fi intolérable ?

Queftion odieufe, imprudente & inutile ! Ce n'eft pas en Europe, parmi les nations chrétiennes & dans nos gouvernemens modernes, que s'éleveront des Phalaris & des Néron. Les maximes d'une religion qui ne refpire que la douceur & l'humanité, l'efprit général & les mœurs publiques adoucies par les lettres, les relations politiques & commerciales des différens Etats, la diftinction & les droits reconnus des divers ordres de la fociété oppofent une digue infurmontable à ce débordement de la tyrannie. Et en effet, parmi tant de milliers de fouverains, l'hiftoire de l'Europe compte quelques mauvais princes ; mais dans aucun temps, chez aucun peuple, elle ne nous montre une fucceffion de tyrans femblables au plus grand nombre des empereurs romains.

C'eft pour le cours ordinaire, & non pour des cas que l'on ne doit pas prévoir que font faits les principes. *Ex his quæ forté uno aliquo cafu accidere poffunt, jura non conftituuntur.* (*)

Cependant, s'il arrivoit que le Ciel, dans fa

____

(*) Digeft. L. 1. Tit. 3.

colere, plaçât fur le trône un de ces monftres
qui font moins les rois que les bourreaux de
leurs fujets, il refteroit un remede plus légitime
& moins dangereux que la révolte. Ce feroit de
donner à ce prince furieux ou imbécille un tuteur qui gouverneroit en fon nom. Cette mefure,
dont nous avons un exemple dans notre hiftoire,
affureroit la tranquillité publique, & conferve-
roit le refpect dû à la puiffance fouveraine. La
loi qui, dans les monarchies héréditaires, nomme un régent pendant la minorité du roi, s'applique à tous les cas, où le Souverain fe montre incapable de gouverner par lui-même.

Enfin, pour fuivre l'hypothefe jufqu'où elle
peut aller, fuppofons un prince forcené qui fe
déclare ouvertement l'ennemi de fon peuple, &
à qui l'on ne puiffe oppofer la mefure légale de
l'interdiction. Quelle fera, dans ce cas extrême,
la reffource du peuple ?

Je trouve la réponfe à cette queftion dans les
écrits des deux plus célebres défenfeurs de l'autorité royale.

» Si des fujets, dit Boffuet, ne doivent plus
» rien à un roi qui abdique la royauté, ou qui
» abandonne tout-à-fait le gouvernement, que
» penferons-nous d'un roi qui entreprendroit de
» verfer le fang de tous fes fujets, & qui, las
» de maffacrer, en vendroit le refte aux étran-
» gers ? Peut-on renoncer plus ouvertement à
» les avoir pour fujets, ni fe déclarer plus hau-
» tement, non plus le roi & le pere, mais l'en-
» nemi de tout fon peuple. C'eft ce que fit An-
» tiochus à l'égard de tous les Juifs. « (*)
Guillaume Barclai, dans fa Défenfe des rois,

____

(*) Polit. facrée.

demande s'il ne peut exister aucun cas, où il
soit permis au peuple de se soulever contre un
prince qui abuse de son autorité. Il répond que
le peuple ne peut rien contre lui, à moins qu'il
n'ait commis quelque crime qui lui fasse perdre le droit & la qualité de roi. Car alors, il
se dépouille lui-même de sa dignité, & il n'est
plus qu'un homme privé.

Mais, continue Barclai, je ne connois que
deux cas, où un roi, se dégradant lui-même,
perd le titre de son autorité. L'un arrive, lorsqu'un prince entreprend de renverser l'Etat,
comme l'histoire le rapporte de Caligula & de
Néron. Un roi qui forme & manifeste un pareil dessein, abdique par-là même, & perd l'autorité qu'il avoit sur ses sujets, comme un maître perd tout droit sur un esclave qu'il abandonne. L'autre cas arrive, quand un roi soumet
à une puissance étrangere le royaume indépendant qu'il avoit reçu du peuple & de ses ancêtres. En assujettissant, contre son gré, un peuple dont il étoit obligé de défendre l'indépendance, il dénature essentiellement l'autorité qui
lui étoit confiée, il ne confere aucun droit à celui auquel il se soumet, & le peuple, devenu
libre à son égard, peut se gouverner désormais
comme il juge à propos.

Quoi qu'il en soit de cette seconde décision,
que tous les publicistes n'adopteroient pas, s'il
s'agissoit d'un prince qui se veroit contraint par
une guerre malheureuse de se rendre tributaire
ou vassal d'une puissance étrangere, on peut
avouer avec Barclai, qu'un prince perd le droit
& la qualité de roi, lorsque, foulant aux pieds
les lois civiles & les lois constitutives de son
Etat, il se déclare hautement, comme dit Bos-

fuet, non plus le roi & le pere, mais l'ennemi de fon peuple.

L'Etat eft un vaiffeau dont le roi eft le capi-taine & le pilote. Lui feul a droit de comman-der la manœuvre. S'il paroît s'écarter de la rou-te, il faut attendre qu'il y rentre de lui-même : les paffagers peuvent l'avertir de fon erreur, mais non lui arracher le gouvernail. Cependant, s'il eft évident que toutes les manœuvres tendent à faire brifer le vaiffeau contre des rochers, dans ce moment d'un péril imminent & général, le falut public, qui eft la loi fuprême, l'emporte fur la loi de l'obéiffance qui, loin de fauver l'équipage, le feroit périr infailliblement. Ce parti extrême, & toujours infiniment dange-reux, ne peut être juftifié que par cette nécef-fité extrême qui ne connoît point de loi.

Les fautes de l'adminiftration, la diffipation & le défordre des finances, les vexations parti-culieres, en un mot, les paffions & les vices du Souverain ne réduifent pas la fociété entiere à cet état de danger évident, dont on ne puiffe fe garantir qu'en fuppofant le prince déchu de fon autorité. Il eft certain, au contraire, que l'Etat fera continuellement en péril, fi le peuple fe croit autorifé à réprimer par la force tous les abus de la puiffance fouveraine; car de ce pré-texte naîtront des partis & des guerres civiles, plus funeftes que les abus du gouvernement. Il eft de l'intérêt public, & par conféquent, du devoir de tous les citoyens, de fupporter des maux partiels & paffagers, plutôt que de s'ex-pofer aux calamités effroyables qu'entraînent les révolutions & le bouleverfement des Empires.

Du refte, autre chofe font les principes, au-tre chofe eft la marche ordinaire des affaires &

des hommes. En principe, il faut tenir pour
certain, que l'abus de l'autorité n'en détruit pas
le titre, & par conséquent, qu'il n'est jamais
permis de se révolter contre le Souverain. Mais,
d'un autre côté, ne seroit-ce pas trop attendre
de la foiblesse humaine, que d'espérer cette patience & cette soumission imperturbables de la
part de tout un peuple qui se verroit le jouet
d'un maître barbare & insensé ? Est-il vraisem-
blable que les sujets injustement attaqués par la
force qui doit les protéger, conserveront toujours la modération d'une juste défense ? & la
révolte ouverte, sans devenir légitime, ne sera-
t-elle pas la suite presque infaillible d'un abus si
criant de l'autorité ?

Il n'est donc pas vrai, comme on l'a tant
répété, que la doctrine de la soumission à l'autorité ne soit propre qu'à rassurer les mauvais
princes. Les rois n'ignorent pas que les hommes
sont plus souvent déterminés par l'intérêt & la
passion que par les principes. Ils savent qu'un
peuple poussé à bout n'est pas arrêté par des considérations morales, & qu'il ne prend conseil
que de la haine & du désespoir. L'expérience de
tous les temps a prouvé que la puissance outrée
se détruit d'elle-même, *nec unquam satis fida poten-
tia, ubi nimia est*; (*) que l'oppression provoque
la révolte, & que les crimes des rois sont presque toujours punis par les crimes des peuples.

Si le principe de la soumission contient les
peuples sous les rois bons ou médiocres, malgré
les abus inséparables d'une vaste administration,
il est trop foible contre le ressentiment & la
crainte, pour rassurer les mauvais princes. Le
peuple n'est heureux que par la soumission; mais

____

(*) Tacite.

(143)

le prince n'est puissant que par la justice. Et, comme on a vu que le véritable intérêt du peuple est de faire dépendre de sa prosperité, la gloire & la sûreté de ceux qui gouvernent, le véritable intérêt de ceux qui gouvernent est, que le peuple trouve son bonheur dans l'exercice paisible de leur autorité.

Je finis ce chapitre, en observant que les questions délicates & pénibles où m'a conduit le fil des idées sur le droit public, sont absolument étrangeres à ce qui s'est passé dans la Révolution françoise.

Le prétexte éternel de tous les soulevemens, l'oppression du peuple, a manqué à la révolte contre Louis XVI. Chaque année du regne de ce bon prince avoit été marquée par des bienfaits, par des réformes, par des établissemens utiles. Ses fautes même furent dictées par le vœu du peuple, dont il s'étoit fait une loi : la plus grande de toutes, fut d'avoir trop déféré dans le choix de ses ministres, à cette voix publique qui n'est souvent que l'écho d'une cabale. Heureux lui, & son peuple ! si, plus jaloux des droits de sa couronne, qui étoient aussi ceux de la nation, il ne les eût pas sacrifiés l'un après l'autre, au désir de conserver la paix. Heureux ! s'il eût compris qu'un roi doit aimer ses sujets d'un amour sans foiblesse, qu'il n'a pas trop de toute sa puissance pour les protéger, que la force des factieux s'accroît de tout ce que perd l'autorité royale, & qu'un prince se flatte vainement de se replacer sur le trône, après en avoir descendu la premiere marche. *Regum majestatem difficilius à summo fastigio ad medium detrahi, quam à medius ad ima præcipitari.* (*)

____

(*) Tite-Live.

CHAPITRE VIII.

De la Religion, dans ses rapports avec l'ordre social.

JUSQU'A présent nous n'avons envisagé la société civile, que comme une institution humaine; & nous avons reconnu qu'il étoit de l'intérêt des peuples, que l'autorité souveraine fût inviolable. Cette doctrine est une conséquence immédiate du premier & du plus évident des principes politiques : le salut commun est la loi suprême ; *salus populi, suprema lex.* L'inviolabilité du Souverain est moins une prérogative accordée au prince, qu'un droit établi en faveur des sujets.

Voilà ce que nous apprend la raison éclairée par l'histoire de tous les âges, & sur-tout par l'épouvantable leçon que la France donne à l'univers. Mais la Religion, source de tous les droits, & principe de tous les devoirs, répand un nouveau jour sur cette précieuse vérité. Tous nos maux sont nés de l'oubli de ses maximes. L'ordre social s'est dissous parce qu'on l'a séparé de la Religion : ce ne sera qu'en l'y rattachant, qu'on parviendra à le recomposer.

Dieu est l'auteur de la société, puisqu'il a formé l'homme avec ces facultés, ces penchans, ces besoins qui le déterminent invinciblement à rechercher le commerce de ses semblables. Il en est aussi le protecteur. Le monde qu'il a créé par sa puissance, il le gouverne par sa sagesse; & sans doute, il n'a pas abandonné au hasard & soustrait à l'empire de sa providence le seul

des

des êtres terreftres qu'il a rendu capable de moralité, & élevé jufqu'à lui par la connoiffance
& par l'amour.

Dieu eft l'auteur de la fociété en ce fens que
la vie fociale eft une conféquence néceffaire de
la nature de l'homme & de fes facultés. Il n'eft
pas l'auteur immédiat de telle ou telle fociété,
de telle ou telle forme de gouvernement. Il a
laiffé aux nations le droit d'établir le gouvernement qu'elles jugeroient le plus propre à les
rendre heureufes : leur liberté à cet égard, n'eft
reftreinte que par les lois de la nature & de la
Religion. Tout gouvernement qui n'a rien de
contraire aux lois divines eft légitime, & tout
gouvernement légitime eft fous la protection de
Dieu.

La fouveraineté eft de droit humain, parce
qu'elle réfulte immédiatement des conventions
qui ont donné l'exiftence & la forme aux fociétés politiques. Elle eft auffi de droit divin, ajoute
Puffendorff, parce que la droite raifon, qui n'eft
autre chofe que la manifeftation de la volonté
divine, a fait fentir aux hommes la néceffité de
ces conventions. A mefure que le genre humain
s'eft multiplié, les progrès de l'induftrie, l'ac-
croiffement & l'inégale répartition des richeffes,
le conflit des intérêts, l'affoibliffement de l'autorité paternelle, l'oubli des traditions primitives, tout s'eft réuni pour donner aux paffions
une activité plus dangereufe ; & bientôt on com-
prit que, pour faire obferver les devoirs naturels, il falloit les mettre fous la protection d'un
gouvernement civil. L'inftitution de ce gouvernement, & le pouvoir fouverain, fans lequel il
ne peut exifter, entrent néceffairement dans les

K

vues bienfaisantes & conservatrices du Créateur. Il est juste, dit encore Puffendorff, de rapporter à Dieu, non-seulement les établissemens faits immédiatement par son ordre, mais encore ceux que les hommes ont formés eux-mêmes d'après les lumieres de la raison & la connoissance de leurs véritables intérêts.

Dans l'institution des gouvernemens, il faut distinguer ce qui est des peuples, & ce qui est de Dieu. Les peuples conviennent de la forme du gouvernement : ils choisissent la personne en qui doit résider l'autorité souveraine ; mais ce n'est point d'eux, à proprement parler, que vient l'autorité : c'est Dieu qui la confere sur la présentation des peuples, & qui donne l'investiture du pouvoir. Tout pouvoir, toute autorité, toute jurisdiction émane de lui. A quel titre un mortel, commanderoit-il à ses égaux, s'il n'étoit délégué par le roi de l'univers ? quelle seroit la source de ce droit terrible de vie & de mort, que l'Etat exerce sur ses membres, s'il n'étoit fondé sur la concession justement présumée du souverain arbitre de nos destinées ?

Auteur, protecteur, chef suprême de la société, Dieu établit le prince son lieutenant, il lui met le glaive en main pour la défense des bons & l'effroi des méchans : il veut que sa personne soit sacrée : il se réserve à lui seul le droit de le juger. Témoin & garant du pacte social, c'est en sa présence, & par son nom redoutable que le Souverain jure de gouverner, de protéger & de défendre le peuple, & que le peuple jure d'obéir au Souverain.

Par ce serment mutuel, le prince & les sujets s'engagent envers Dieu encore plus étroitement qu'ils ne se lient entr'eux. Leurs droits & leurs

devoirs réciproques prennent un caractere plus
augufte. L'intérêt de la chofe publique fe confond avec l'intérêt éternel du chef & de tous
les membres de l'Etat. La rebellion & la tyrannie ne font plus de fimples crimes de leze-
majefté ou de leze-nation, qui n'offenfent que
les hommes : ce font des facrileges proprement
dits ; la rebellion, parce qu'elle s'attaque à Dieu
même dans la perfonne de fon repréfentant ; la
tyrannie, parce qu'elle fait fervir au mal un
pouvoir qui vient de l'auteur de tout bien. (*)

Toute puiffance vient de Dieu : *non eft poteftas,
nifi à Deo*. Maxime fublime, fur laquelle repofe
tout le fyftême focial, dont les fages de l'antiquité ont fenti le befoin, & entrevu la vérité,
mais qu'il étoit réfervé à la Religion chrétienne
de mettre au-deffus des vains raifonnemens &
des incertitudes de la philofophie !

Une puiffance qui n'auroit d'autre principe
que la volonté des hommes, feroit trop précaire
& trop incertaine. Ceux qui l'auroient donnée
fe croiroient, à chaque moment, en droit de
la retirer. En vain, pour l'affermir, on allégue-
roit le contrat primitif & ce qu'exige la tranquillité publique. Il en coûteroit peu pour rompre des conventions, où l'on ne reconnoîtroit
rien que d'humain, & qui n'auroient pour garans que ceux mêmes qui les auroient faites. Les
factieux ne manqueroient pas de prétextes em-
pruntés de ce qu'ils appelleroient l'intérêt général. Après tout, la révolte feroit une imprudence, & non un crime.

Point de politique fans morale, point de morale fans religion. Si Dieu n'eft pas reconnu pour

______

(*) Boffuet, Polit.

protecteur de la société, & vengeur du pacte social, le peuple & le Souverain, n'ayant point de législateur & de juge commun, ne sont unis que par l'intérêt & les convenances du moment. Sans la garantie de l'Etre suprême, le pacte social n'a rien d'obligatoire. Car toute obligation qui ne remonte pas jusqu'à Dieu, ne pénetre pas jusqu'à la conscience, & ne peut rien contre les passions.

Le monde moral ne peut pas plus se passer de Dieu que le monde physique. La premiere loi sociale, la seule qui, dans tous les cas possibles, concilie l'intérêt personnel avec l'intérêt commun, c'est la volonté de Dieu, en tant qu'elle nous est connue par la raison & par la révélation, qui est le supplément & le perfectionnement de la raison. Or, l'une & l'autre, mais la révélation sur-tout, nous apprend que la puissance souveraine vient de Dieu, *non est potestas, nisi à Deo*, & que quiconque résiste à la puissance légitime, résiste à l'ordre établi par Dieu même : *qui potestati resistit, ordinationi Dei resistit.*

Dans la société politique, comme dans la société naturelle & domestique, toute puissance vient de Dieu, la puissance souveraine, aussi-bien que l'autorité des peres, des maris & des maîtres ; & dans l'une & dans l'autre société, l'autorité doit tendre au bonheur de ceux qui obéissent, car le pere & le maître du genre humain ne la confere qu'à la charge d'exécuter les vues, & de dispenser les bienfaits de sa providence.

Mais ce principe doit s'appliquer, sur-tout, au chef de la société politique, dont les membres originairement égaux , n'ont consenti à obéir que pour être protégés. Le Souverain n'est placé au-dessus de tous que pour voir plus loin, & veiller à la sûreté commune. Le pouvoir suprême dont il est revêtu , l'éclat qui l'environne, l'espece de culte qu'on lui rend, l'onction qui le consacre, tout ce qui semble l'élever au-dessus de la condition humaine, ne lui est donné que pour le bien de ses sujets. Ce n'est pas pour lui , c'est pour eux qu'il est roi. Son peuple n'est pas sa propriété : c'est une partie de la grande famille que le pere commun lui a confiée. S'il ne connoît point de juge sur la terre, sa conscience le cite au tribunal redoutable de ce juge qui a reçu ses sermens , qui entend les cris de l'opprimé , & qui punit les rois , & pour le mal qu'ils ont fait , & pour celui qu'ils ont laissé faire.

» Souvenez-vous , mon fils , disoit Louis-le-
» Gros mourant, à son successeur, que l'autorité
» royale n'est qu'une charge publique , dont
» vous rendrez un compte rigoureux après votre
» mort. (*) «

D'un autre côté, la soumission s'ennoblit, quand elle se rapporte au monarque suprême qui n'a établi les relations passageres de roi , de magistrat, de sujet, que pour nous préparer aux honneurs de cette cité immortelle, où l'on ne connoîtra de distinction que celle de la vertu. Tous les sacrifices que l'Etat peut demander au citoyen , Dieu s'engage à les payer. Il acquitte la société envers la vertu , que les hommes ne savent ni connoître , ni récompenser , & envers le

____

(*) Hénault.

K 3

crime que le secret, le crédit du coupable, ou
la corruption des juges dérobent trop souvent
à la vengeance des lois. Le dévouement à une
mort certaine n'est plus une folie éclatante : c'est
un devoir avoué par la raison, quand la Religion nous montre au-delà du tombeau le prix
du sang versé pour la patrie.

Telle est l'idée que la Religion nous donne
des prérogatives & des devoirs du Souverain.
Dans ce système bienfaisant, tout se rapporte
à l'intérêt des peuples. Le respect, l'obéissance,
la fidélité sont pour les sujets des devoirs religieux, parce que l'autorité souveraine est une
émanation de la puissance divine, & que les
rois, selon la belle expression d'un pere de l'Eglise, sont *la seconde majesté*. Mais aussi, par un juste
retour de l'observation de ces devoirs, dépendent
la prospérité de l'Etat, la paix des familles, le
bonheur de tous les citoyens.

La raison nous fait sentir le besoin d'une autorité, & la nécessité de la soumission : mais que
peuvent ses froides leçons contre l'ambition &
la cupidité ? La saine politique demandoit que
les peuples ne pussent jamais attenter à l'autorité
souveraine ; mais la politique seule ne pouvoit
créer un devoir & lier les consciences. Il falloit
que la Religion attachât au trône de l'Eternel
le premier anneau de la chaîne sociale, qu'elle
montrât aux peuples les rois comme les ministres & les images de la Divinité, qu'elle déployât
tout l'appareil de ses menaces & de ses promes-
ses, pour contenir la passion si naturelle & si
dangereuse de l'indocilité. La Religion seule établit sur une base solide la tranquillité des Empires, en plaçant, comme s'exprime Bossuet, le
trône des rois dans la conscience des sujets, &

en nous forçant de convenir que la rebellion, quel qu'en soit le prétexte & le succès, n'est pas moins contraire à notre intérêt personnel qu'à l'intérêt de la société.

Mais il ne suffit pas de contenir les peuples : il faut que la puissance souveraine elle-même soit soumise à des lois ; & comme on ne peut assujettir aux lois humaines une puissance de laquelle toutes les lois humaines empruntent leur autorité, il n'y avoit que la Religion qui pût commander aux Souverains.

» Quand il seroit inutile, dit Montesquieu, » que les sujets eussent une religion, il ne le » seroit pas que les princes en eussent, & qu'ils » blanchissent d'écume le seul frein que ceux qui » ne craignent pas les lois humaines puissent » avoir. Un prince qui aime la Religion & qui » la craint, est un lion qui cede à la main qui » le flatte ou à la voix qui l'appaise. Celui qui » craint la Religion & qui la hait, est comme » les bêtes sauvages qui mordent la chaîne qui » les empêche de se jeter sur ceux qui passent. » Celui qui n'a point du tout de religion, est » cet animal terrible qui ne sent sa liberté, que » lorsqu'il déchire & qu'il dévore. «

C'est ainsi, qu'unissant par des nœuds indissolubles l'intérêt général & l'intérêt personnel, la Religion résout le grand problême de la politique, qui consiste à faire dépendre du bonheur de tous le bonheur de chaque individu.

Après avoir posé les fondemens de l'ordre social, en imprimant le sceau de la Divinité sur le contrat qui fixe les droits & les devoirs mutuels du peuple & du Souverain, la Religion consacre toutes les lois civiles, en les incorporant dans son propre code : elle affermit les con-

ventions des particuliers, en interposant la garantie de l'Etre suprême ; & dans les causes de
bonne foi, où la preuve juridique manque, elle
en appelle par le serment à ce grand juge qui
voit tout , & que rien ne peut corrompre. La
Religion est le ciment de la société. L'irréligion
isole les hommes, divise les intérêts, & détache
l'un après l'autre tous les liens qui unissent les
citoyens entre eux & avec le Souverain.

Il est impossible de concevoir un système de
morale sans une regle, & sans un motif. La regle, c'est la volonté de Dieu, auteur de l'homme, & arbitre de ses destinées : le motif, c'est
le désir & le besoin du bonheur ; & ce bonheur,
l'expérience de ce qui se passe sur la terre, nous
prouve qu'il n'est promis à la vertu que dans
une autre vie. Tel est le lien qui attache inséparablement la morale à la Religion.

L'athée peut se faire un système de morale. Sa
volonté en sera la regle, le désir du bonheur en
sera le motif. Mais qui m'assurera que sa volonté
ne sera jamais contraire à mon intérêt, & que
son bonheur, c'est-à-dire, son plaisir, son ambition, ses passions, en un mot, ne demande-
ront jamais que je sois malheureux !

J'entends bien pourquoi l'homme qui croit un
Dieu & une autre vie, peut sacrifier à son devoir ses goûts & son intérêt présent. Une grande
récompense l'attend, une grande espérance le
soutient. Mais il m'est impossible de comprendre
par quel motif celui qui renferme dans cette vie
toutes ses craintes & toutes ses espérances, se
déterminera constamment à préférer son devoir
à sa vie, à sa fortune, à ses plaisirs. L'homme

religieux est inconséquent toutes les fois qu'il fait le mal : l'athée toutes les fois qu'il se refuse à un crime que demande l'intérêt ou la passion.

Quand on parviendroit à prouver que l'athéisme n'efface pas entièrement la ligne qui sépare le bien & le mal moral, il faudroit convenir, du moins, qu'il ne laisse subsister entre l'un & l'autre qu'une distinction métaphysique & stérile, puisqu'il dissipe & les craintes du vice , & les espérances de la vertu. Sans les espérances & les terreurs d'une autre vie , la vertu seroit trop malheureuse, le crime seroit trop heureux dans celle-ci. L'homme de bien se trouveroit souvent sans encouragement & sans consolation , & le scélérat jouiroit de la paix de l'ame, le seul bien qui lui manque souvent sur la terre.

Ces philosophes qui nous parlent d'une *morale sociale*, par opposition à la morale religieuse, & qui composent des *Catéchismes universels*, où la Divinité n'entre pour rien, emplissent leurs livres de pompeuses maximes; ils dissertent savamment sur la vertu & sur le vice : ils exposent dans le plus bel ordre du monde tous les devoirs de la vie civile. Ils n'ont oublié qu'un point, c'est de donner un fondement à leur théorie, & des motifs à leurs préceptes.

Il est vrai qu'ils nous parlent sans cesse de la raison & de ses droits imprescriptibles. Mais, qu'est-ce que la raison humaine, séparée de la raison suprême, qui est la source de toute vérité ? Notre raison, c'est nous-mêmes avec nos préjugés , nos passions. Ne reconnoître d'autre loi que la raison, c'est n'en admettre aucune.

Selon ces philosophes, la raison toute seule suffit pour éclairer l'homme sur ses devoirs : son intérêt seul l'éloigne du vice , & le conduit à la

vertu : il n'eſt pas beſoin des peines & des récompenſes d'une autre vie : nous ſommes infailliblement & conſtamment heureux par la vertu,
& le vice ne manque jamais de porter ſa peine
avec lui-même. Hypocriſie & charlataniſme! que
ces philoſophes, devenus tout-à-coup les maîtres
d'une nation, entreprennent de lui donner des
lois & un gouvernement : vous les verrez bientôt démentir cette confiance qu'ils ſembloient
prendre dans la raiſon & dans le caractere de
l'homme. Ils ne ſe repoſeront pas de l'exécution
de leurs lois ſur l'avantage manifeſte que les peuples trouveroient à les obſerver. Ils appelleront
la force à l'appui de leurs décrets, & à la honte
éternelle de la philoſophie, le gouvernement,
dont ils auront banni les eſpérances & les craintes de la Religion, ne ſe ſoutiendra que par la
violence & la terreur.

En effet, la religion & la légiſlation s'aident &
ſe fortifient mutuellement. Si l'on détruit la premiere, il faut remplacer ſon influence par des
lois plus ſéveres, par une police plus active.
Mais quelques efforts que l'on faſſe, une ſociété
d'athées ne ſubſiſtera pas long-temps. Des hommes véritablement & profondément religieux
pourroient vivre ſans établir une ſociété civile;
mais la ſociété civile ne peut ſe maintenir, ſi
les paſſions ne ſont contenues par le frein de
la Religion.

La loi civile ne s'exprime que par des préceptes négatifs, c'eſt-à-dire, qu'elle défend les
actions qui troublent la ſociété. Les préceptes
affirmatifs, ceux qui commandent la vertu n'appartiennent qu'à la Religion. L'une & l'autre
diſent : *tu ne tueras pas* ; la Religion ſeule ajoute :
tu aimeras ton prochain comme toi-même. La loi civile

n'arrête que la main ; la Religion atteint le crime jufques dans l'intention, dans le défir, dans
la penfée. La vertu feule peut trouver grace à
fes yeux : pour être irréprochable aux yeux de la
loi civile, il fuffit de n'être pas un fcélérat.

La fociété ne peut fanctionner fes propres lois
que d'une maniere extrêmement imparfaite : elle
ne fanctionne aucunement la plupart des lois
morales. La Religion, qui montre à la vertu une
récompenfe affurée, & au crime un châtiment
inévitable, fanctionne parfaitement & les lois de
la morale, & les lois de la fociété elle-même.

L'homme religieux eft néceffairement un bon
citoyen. Car l'amour de la patrie, & le refpect
pour fes lois font commandés par la Religion.
L'athée ne fauroit être citoyen : il n'a pas une
patrie, il ne connoît pas de loi. Dans fes principes, toutes les lois font fubordonnées à l'intérêt perfonnel, & chacun demeure juge, en
dernier reffort, de ce qui conftitue fon intérêt.
L'affection prédominante dans le cœur de l'a-
thée, l'affection, à laquelle la raifon même veut
qu'il immole toutes les autres, c'eft l'égoïfme,
& l'égoïfme concentré dans les limites de cette
vie. S'il fe pare de quelques vertus de tempé-
rament & d'oftentation, il ne s'épargnera pas
les crimes utiles, ou plutôt, il n'y aura pour
lui ni crimes, ni vertus. Les actions humaines,
indifférentes en elles-mêmes, ne prendront un
caractere dans fon opinion, que d'après leurs
rapports avec fes goûts, fes paffions & fon intérêt.

Encore une fois, la Religion eft la loi premiere & fondamentale de toute fociété. C'eft
parce qu'ils étoient pénétrés de cette maxime,
que tous les légiflateurs de l'antiquité, les Lycurgue, les Solon, les Zaleucus, les Numa ont

fait intervenir les dieux comme auteurs de leurs
inſtitutions politiques. Ils ſavoient, ces grands
hommes, qu'en morale, ce ſeroit un cercle vicieux de vouloir contenir les poſſions par les
paſſions toutes ſeules, & que le levier politique
ne peut avoir de priſe & d'action ſur la terre,
qu'autant qu'il a ſon point d'appui placé dans
le ciel.

Platon & Cicéron, qui connoiſſoient toute
l'abſurdité du paganiſme, & qui néanmoins y
trouvoient une force réprimante que n'offroient
point les ſyſtêmes des philoſophes, établiſſent
le culte & la crainte des divinités populaires
comme la premiere loi de leur république idéale.
Tant ils étoient perſuadés, qu'il ne peut y avoir
de ſociété bien ordonnée ſans une religion,
quelle qu'elle ſoit, & qu'il n'eſt pas moins difficile, comme dit Plutarque, de fonder un état
ſur l'athéiſme, que de bâtir une ville dans
les airs !

Avec quelle joie, avec quelle reconnoiſſance
les légiſlateurs, & les ſages de l'antiquité auroient accueilli une religion épurée de toutes
ces ſuperſtitions dont leur raiſon s'indignoit, &
qui, trop ſouvent, les forçoient de compoſer
avec le vice ; une religion qui convertit en dogmes populaires toutes les opinions utiles au
genre humain ; qui décide avec autorité tout ce
que la philoſophie met en queſtion ; qui s'appuie
ſur des preuves tellement accommodées à tous
les eſprits, qu'elles convainquent le ſage, & per-
ſuadent l'ignorant : une religion qui renforce tous
les motifs de la vertu, qui reſſerre tous les liens
de la ſociété, & dont tous les préceptes ne tendent qu'à former de tous les hommes un peuple de freres & d'amis.

» Chose admirable ! dit encore Montesquieu,
» la Religion chrétienne qui ne semble avoir
» d'autre objet que la félicité de l'autre vie,
» fait encore notre bonheur dans celle-ci. «

» C'est la Religion chrétienne qui, malgré la
» grandeur de l'empire, & le vice du climat a
» empêché le despotisme de s'établir en Ethio-
» pie, & a porté au milieu de l'Afrique, les
» mœurs de l'Europe & ses lois. «

» Que l'on se mette devant les yeux, d'un
» côté, les massacres continuels des rois & des
» chefs grecs & romains, & de l'autre, la des-
» truction des peuples & des villes par ces mê-
» mes chefs, Timur & Gengis-Kan, qui ont
» dévasté l'Asie ; & nous verrons que nous de-
» vons au Christianisme & dans le gouverne-
» ment, un certain droit public, & dans la
» guerre un certain droit des gens que la na-
» ture humaine ne sauroit assez reconnoître. «

Rousseau convient aussi que » nos gou-
» vernemens modernes doivent incontestable-
» ment au Christianisme leur plus solide auto-
» rité, & leurs révolutions moins sanguinai-
» res. Ce changement, ajoute-t-il, n'est point
» l'ouvrage des lettres ; car, par-tout où elles
» ont brillé, l'humanité n'en a pas été plus res-
» pectée. « Triste & humiliante vérité, dont les
siecles futurs trouveront la preuve écrite en caractères de sang dans les annales de la révolution
françoise !

» Enfin, continue l'auteur de l'*Esprit des lois*,
» des véritables chrétiens seroient des citoyens
» infiniment éclairés sur leurs devoirs, & qui
» auroient un très-grand zèle pour les remplir....
» plus ils croiroient devoir à la Religion, plus
» ils penseroient devoir à la patrie. Les princi-

» pès du Christianisme bien gravés dans le cœur
» seroient infiniment plus forts que ce faux hon-
» neur des monarchies, ces vertus humaines
» des républiques, & cette crainte servile des
» Etats despotiques. «

Pourquoi donc les législateurs de la Révolution ont-ils persécuté avec tant d'acharnement
cette Religion sainte & bienfaisante qui avoit civilisé l'Europe, & à l'ombre de laquelle la
France florissoit depuis tant de siecles? Ils n'ig-
noroient pas que le Christianisme se plie à toutes les formes de gouvernement, & que, dans
les républiques, comme dans les monarchies, il
est le plus sûr garant de la tranquillité publique
& de l'observation des lois. Mais, ils savoient
aussi, que cette religion amie de l'ordre & de
la fidélité, ne sait point se prêter à la rebellion,
& qu'accoutumée, dès son berceau, à respecter
l'autorité légitime, même dans ses persécuteurs,
elle n'abandonneroit pas la cause d'un gouvernement auquel elle étoit attachée par principes,
encore plus que par reconnoissance. Une religion qui place sur la même ligne ce qu'on doit
à Dieu & ce qu'on doit à César, étoit trop incompatible avec les projets des régicides. Pour
attaquer le trône avec succès, il falloit renverser l'autel sur lequel il étoit appuyé.

D'ailleurs, le plan & l'exécution de la Révolution françoise sont, en grande partie l'ouvrage
du *philosophisme*, trop long-temps enhardi par la
foiblesse & l'imprudente sécurité du gouvernement, trop encouragé par la protection sourde
que lui accordoient les ministres sans vues & sans
talens, en échange de la célébrité éphémere que
leur promettoit une secte adulatrice & vénale.

Des littérateurs dépourvus de génie, désespérant

d'atteindre à la gloire des grands écrivains du fiecle de Louis XIV, s'étoient fait un nom par l'audace & la fingularité des paradoxes. Ils étonnoient les ignorans qui prenoient pour des découvertes de vieilles erreurs profcrites chez tous les peuples policés. Ils féduifoient les hommes vicieux, en remuant & flattant les paffions les plus baffes du cœur humain. Ils infpiroient aux femmes le goût du faux favoir & le mépris des vertus modeftes. Ils entraînoient fur-tout la jeuneffe qui, depuis l'extinction d'une fociété que l'Eglife, l'Etat & les lettres ne peuvent affez regretter, étudioit la Religion dans Voltaire, la morale dans Helvétius, le droit public dans Raynal. Cette fecte corruptrice faifoit des progrès rapides dans une nation corrompue; & l'homme d'état, ainfi que l'homme de bien, calculoit avec effroi le dépériffement journalier de la Religion & des mœurs.

D'abord les philofophes n'avoient demandé que la tolérance; ils ne réclamoient que la liberté de penfer, que nos lois ne difputoient à perfonne, & qu'ils affecterent de confondre avec la liberté d'écrire & de dogmatifer publiquement contre la Religion & la police de l'Etat. Mais l'arrogance avec laquelle ils prêchoient leur doctrine, le zele fanatique avec lequel ils la propageoient, leurs manœuvres pour s'emparer exclufivement de l'opinion publique, annonçoient dès-lors à tous les hommes clairvoyans, ce qu'a révélé la Correfpondance imprimée du roi de Pruffe avec d'Alembert & Voltaire, un deffein formé de détruire, par toutes les voies poffibles, la Religion chrétienne.

Il fut aifé de voir, & Rouffeau, qui les con-

noissoit bien, avoit prédit, en termes exprès,
que, si jamais ils devenoient les plus forts, les
philosophes seroient les plus intolérans des hommes. La Révolution en a fait des législateurs,
& aussi-tôt ils ont réduit leurs systêmes en décrets : ils n'ont plus écrit contre le Christianisme, ils l'ont proscrit, & joignant à la cruauté
de Galerius les artifices de Julien, ils ont ou-
vert la plus sanglante & la plus dangereuse persécution que la Religion ait essuyée depuis sa
naissance.

Dans cette lutte à jamais mémorable de la
tyrannie contre la conscience, de la philosophie
contre le Christianisme, le monde a reconnu la
force divine de cette religion qui, selon les pro-
messes & l'expresse prédiction de son fondateur,
sera toujours persécutée & toujours triomphante.
La Foi, qui sembloit s'être endormie dans le
calme d'une longue paix, s'est réveillée sous le
glaive. Le sang des martyrs a coulé, & cette
semence féconde ne sera pas perdue. Le culte
de la Religion catholique a été aboli dans toute
l'étendue de la France. Ses Pontifes & ses Prêtres ont été massacrés, emprisonnés, bannis ou
transportés sur des rivages barbares, ses autels
renversés, ses temples démolis ou indignement
profanés. Ces faux pasteurs, à qui le parjure les
avoit livrés, ont renversé de leurs propres mains
cette église adultere qui trompoit les peuples par
sa ressemblance extérieure avec l'Eglise légitime.
En un mot, la philosophie n'a pas laissé dans
le royaume très-chrétien une seule trace du
Christianisme. Mais au milieu de tant de violences & de scandales, la Religion n'a pas péri.
Elle a perdu son culte & conservé son esprit.
Chassée de ses temples, elle s'est réfugiée dans
les

les cœurs, d'où elle brave la rage des tyrans.
La tempête qui a dépouillé de son feuillage cet
arbre antique, n'a fait qu'affermir ses racines.
La cognée qui a retranché des branches malades
s'est brisée contre le tronc; & la séve, plus concentrée, prépare des rejéttons vigoureux qui rem-
placeront des rameaux flétris que le fer avoit
moissonnés.

> *Per damna, per cades, ab ipso*
> *ducit opes animumque ferro.*

Un jour viendra, qu'avec les seules armes qui
lui sont propres, la patience, la vertu & la vérité, la Religion triomphera de ses persécuteurs,
& brillera d'un nouvel éclat.

En attendant, avec une ferme confiance, le
terme que Dieu a marqué aux épreuves de son
Eglise, examinons quelles seroient pour la France, les suites politiques de l'entiere abolition de
la Religion catholique.

CHAPITRE IX.

Réflexions sur l'abolition du Culte catholique en France.

LA Religion catholique, plus ancienne en
France que la monarchie, étoit la religion dominante par le droit, & la religion nationale par
le fait. Ses lois adoptées, protégées sanctionnées
par les Etats-Généraux, par les Rois, par les
cours de judicature, avoient le caractere & l'autorité des lois de l'Etat. Ses ministres formoient
un ordre dans la constitution politique. Les droits

L

respectifs de la puissance civile & de l'autorité ecclésiastique étoient fixés d'après les saines maximes de l'antiquité ; & l'harmonie qui régnoit entre les deux puissances affermissoit l'un par l'autre l'empire de la loi & celui de la Religion.

Dans une province du royaume, le Luthéranisme, en vertu d'une capitulation constamment respectée, partageoit avec le Catholicisme les droits de religion dominante. Par-tout, le Calvinisme jouissoit de toute la tolérance que demandent les droits de la conscience, & que permettoit le bien de l'Etat. Les édits rigoureux de Louis XIV étoient adoucis par la jurisprudence des Parlemens, & cette secte inquiete étoit contenue sans être persécutée.

La France n'avoit nul besoin de nouvelles lois sur la tolérance religieuse. Elle n'avoit pas besoin sur-tout, de cette maxime de la Déclaration des droits de l'homme, Art. X. » Nul ne » doit être inquiété pour ses opinions, même » religieuses, pourvu que leur manifestation ne » trouble pas l'ordre public établi par la loi. « Maxime captieuse, qui, confondant l'erreur avec la vérité, les nouveautés les plus dangereuses avec le culte de nos peres, ne permettoit l'enseignement & l'exercice de toutes les religions que pour enlever au Catholicisme le caractere de religion dominante & nationale, & préparer les moyens de la mettre en opposition avec *l'ordre public établi par la loi.*

En proclamant la tolérance illimitée de tous les cultes, l'Assemblée constituante méditoit la proscription du culte catholique. Par une marche hypocrite & insidieuse de décrets en décrets, elle en vint à déclarer que la loi ne reconnoissoit plus de religion ; ce qui emportoit de la part de l'Etat, une profession publique d'Athéisme. Cependant, il falloit encore user de quelques ménagemens, & pour dérober au peuple la vue de l'abyme où on le conduisoit par degrés, on voulut bien lui laisser pour quelque temps, les formes extérieures de la Religion, que l'on abandonna à des prêtres parjures, & à des moines apostats.

De-là cette *Constitution civile du Clergé*, production monstrueuse du Jansénisme & de la philosophie, qui ne tenoit par aucun lien à la constitution politique, & que l'on prévoyoit bien devoir s'en détacher un jour.

De-là ce serment tyrannique qui enlevoit aux peuples tous les ministres de la Religion, fidelles à Dieu & au Roi, & ne leur laissoit que ceux qui, en abjurant l'Evangile, s'étoient déclarés les apôtres de la Révolution.

De-là les emprisonnemens, les bannissemens, les massacres de ces prêtres courageux que, dans les principes même des nouvelles constitutions, on n'a jamais pu convaincre d'autre crime que de n'avoir pas voulu mentir à leur conscience.

Nul autre intérêt que le dessein formé d'anéantir la Religion, n'avoit pu inspirer à l'Assemblée constituante l'idée d'une innovation si impolitique. Déjà elle s'étoit emparée de tous les biens de l'Eglise, & cette usurpation criante n'avoit excité aucun mouvement. Le Clergé s'étoit vu dépouillé de ses antiques & légitimes possessions, sans se permettre aucune plainte qui pût troubler l'ordre public.

C'en étoit assez, si l'on n'eût voulu que s'enrichir par un vol sacrilege. Mais l'Assemblée portoit ses vues plus loin. Elle envisageoit la spoliation du Clergé comme un moyen de l'avilir, en le tenant à ses gages, & d'asservir la Religion elle-même, qui, en cessant d'être propriétaire, perdoit de son indépendance. Et déjà, regardant l'Eglise comme une corporation municipale, elle ordonna que ses ministres seroient nommés par des assemblées séculieres, ouvertes à ceux même qui ne professeroient pas sa doctrine. Elle changea de son autorité absolue, la circonscription des paroisses & des dioceses : elle troubla la hiérarchie, en égalant les prêtres aux évêques dans les fonctions du gouvernement, & en rompant les liens qui unissent les évêques au chef suprême de l'Eglise. Avec la constitution civile du Clergé, le schisme fut décrété, & sur les ruines de la Religion catholique, on vit s'élever la religion constitutionnelle qui, n'ayant point sa racine dans les consciences, après s'être soutenue quelque temps, à la faveur de la persécution, succomba sous le mépris des peuples, & consomma l'apostasie en se précipitant dans l'athéisme.

Ainsi, la tolérance accordée à tous les cultes par la Déclaration des droits de l'homme, s'est changée à l'égard de la Religion catholique, en une intolérance barbare, dont les fastes de la tyrannie ne nous ont pas laissé d'exemple ; & la France n'a plus eu de religion du moment que toutes les religions y ont été permises.

Mais, quelque mépris qu'ils affectent pour les opinions religieuses, nos législateurs philosophes ne tarderont pas à s'appercevoir que l'on ne peut pas toujours gouverner les peuples par l'enthousiasme & par la terreur ; qu'un patriotisme exalté par la licence ne tient pas lieu de toutes les vertus domestiques & sociales ; que les mêmes passions qu'ils ont su diriger contre l'ordre public, dans l'effervescence d'une révolution

populaire, se tourneront infailliblement contre
eux, dès que les esprits commenceront à se re-
froidir, & que si, pour désorganiser le royaume, ils ont eu besoin de débarrasser le peuple
du frein de la Religion, il ne sera pas moins
nécessaire de l'y soumettre de nouveau, pour
donner quelque stabilité à leurs institutions.
Rousseau lui-même leur apprendra, » que ja-
» mais Etat ne fut fondé, que la Religion ne
» lui servît de base. « (*)

Un peuple qui perd la religion, perd en même-temps toute idée de morale, de justice &
d'honnêteté. C'est moins par la réflexion que
par le sentiment, moins encore par le sentiment que par l'habitude & l'éducation, que le
peuple de toutes les conditions apprend à connoître & à chérir ses devoirs. Les principes de
morale qui sont des vérités éternelles pour le
sage qui les médite, ne sont, le plus souvent,
que des préjugés pour le vulgaire. La plupart
des hommes incapables de former leurs opinions, n'ont que celles qu'on leur donne. Or, il
est de fait, que le peuple n'est susceptible d'autre
éducation morale que de celle de la Religion : &
il n'est pas moins certain que la Religion seule
peut légitimer ces préjugés salutaires, parce que
son autorité est une raison qui, dans l'esprit des
ignorans, tient lieu de toute autre raison. » Il
» ne faut pas, dit Montagne, laisser au juge-
» ment de chacun la connoissance de son devoir :
» il le lui faut prescrire, non pas le laisser choisir
» à son discours. Autrement, selon l'imbécillité
» & variété de nos raisons & opinions, nous
» nous forgerions enfin des devoirs qui nous
» mettroient à nous manger les uns les autres. «

(*) Contrat social.

L 3

Les tyrans qui oppriment la France cherche-
ront dans l'athéïsme un afyle contre le remords:
c'eft pour eux & pour leurs pareils que ce dogme
affreux fut inventé. Mais enfin, l'intérêt même
des tyrans demande que les efclaves ayent une
religion. Quelle religion ces apoftats mettront-
ils à la place de la Religion catholique?

Sera-ce le déïfme, c'eft-à-dire, ce petit nombre de dogmes communs à toutes les religions
qui, felon nos philofophes, fuffifent à la morale, fans qu'il foit befoin d'y ajouter les dogmes particuliers au Chriftianifme?

Tel étoit le veu de Voltaire & de fa fecte.
Tel eft le projet fouvent annoncé dans la tribune de l'Affemblée nationale. Mais on fe trompe
vifiblement, fi l'on fe flatte qu'un peuple à qui
l'on a fait abjurer le Chriftianifme, continuer
de croire à ces dogmes fondamentaux. On fe
trompe plus groffiérement encore, fi l'on fe perfuade que cette religion prétendue raifonnable
peut avoir fur la multitude l'influence néceffaire
au bon ordre de la fociété.

A Dieu ne plaife que j'entreprenne d'ébranler
la certitude de ces dogmes qui font, en quelque
forte, le fymbole du genre humain. Je fais,
qu'indépendamment de la révélation & des traditions puifées à la naiffance du monde, la raifon nous fournit des preuves de l'exiftence, de
l'unité, des perfections d'un premier être, de fa
providence, de l'immortalité de notre ame, de
la réalité d'une vie future, où la vertu recevra
fa récompenfe, & le crime fon châtiment.

Mais je fais auffi, & l'hiftoire de toutes les
nations, l'exemple de tous les philofophes m'ont
appris que ces vérités folemnelles ont été, ou
prefque méconnues, ou étrangement altérées,

par-tout où la lumiere de l'Evangile n'a pas pénétré ; & que, sur ces points si importans pour
le bonheur de l'homme & pour la vertu, le
Christianisme seul a mis fin aux disputes scan-
daleuses des philosophes, & fixé invariablement
la croyance des peuples.

Il est incontestable que le genre humain doit
à J. C. la connoissance des vrais principes de
la religion naturelle. Quelques philosophes en
avoient entrevu une partie, comme d'autres
avoient soupçonné le mouvement de la terre autour du soleil. C'étoient des conjectures plutôt
que des découvertes : leur doctrine demeura renfermée dans leurs écoles, & ne corrigea point
les erreurs populaires. Celui-là seul est l'inven-
teur d'une vérité qui la prouve & qui la persuade. J. C. a prouvé par ses miracles les vérités
fondamentales de la Religion & de la morale,
comme Copernic & Galilée ont prouvé le mouvement de la terre par les observations & les
calculs astronomiques.

Ce n'est pas par la voie de la philosophie &
du raisonnement, c'est par l'autorité de la révélation que le genre humain, si long-temps partagé entre la superstition & l'impiété, s'est élevé
enfin à la connoissance du vrai Dieu. Détruisez
cette autorité, ne donnez au peuple d'autres maîtres que les philosophes, & bientôt vous verrez
renaître les incertitudes, les systêmes, les erreurs
les plus monstrueuses.

Non, me répondront avec l'auteur d'*Emile*,
quelques philosophes hypocrites ou plus modérés, nous ne voulons pas détruire la révélation,
nous ne voulons que l'épurer, en la dégageant
de ces dogmes incompréhensibles qui blessent la
raison, & de ces institutions positives qui sur-

chargent la morale de devoirs inutiles au bonheur des hommes :

» *Qu'on soit juste , il suffit , le reste est arbitraire.* « (*)

Nous rejettons les mysteres & les rites du Chri-
tianisme , mais nous conservons soigneusement
tous les dogmes , & tous les préceptes naturels
de l'Evangile.

Si je raisonnois en théologien , je demande-
rois à ces réformateurs , de quel droit ils font
un choix parmi des vérités également révélées,
& dès-lors également nécessaires ; & pourquoi ,
méconnoissant le principal objet de la Religion ,
qui est de nous préparer à la vie future, ils la
réduisent à n'être que l'instrument de la politique. Mais , je veux bien moi-même ne l'envisa-
ger que sous ce rapport ; & je soutiens, qu'en
séparant la théologie & la morale naturelle des
dogmes & des préceptes particuliers au Christianisme , on enleve à la Religion toute son influence
sur les mœurs & sur l'ordre public.

La preuve n'en est pas difficile. Du moment
que vous avez appris au peuple à ne plus croire
tout ce que lui enseignoit la Religion , il est évident qu'il ne croira plus rien sur l'autorité seule
de la Religion , & qu'il ne vous restera pour le
convaincre que la voie du raisonnement qui,
en matiere de religion & de morale, n'a jamais
conduit les nations qu'à l'erreur. Le peuple, pour
qui tous les dogmes sont des mysteres , tous les
préceptes une gêne importune, ne respectera pas
plus les dogmes & les préceptes naturels , que
les dogmes & les préceptes révélés. Il les respectera d'autant moins , que vos raisonnemens , com-

____

(*) Voltaire.

battus d'ailleurs par les sophismes de l'athée & du matérialiste, ne seront pour lui qu'une métaphysique inintelligible.

Les dogmes révélés, malgré leur incompréhensibilité, lui donnoient de la Divinité une idée plus sensible & plus touchante que les dogmes naturels. Le Dieu du Christianisme étoit plus présent à son esprit & à son cœur que le Dieu de la philosophie. *L'Etre suprême* est un objet de contemplation : *le bon Dieu*, un objet d'amour. Les préceptes positifs forment nos mœurs & nos habitudes : ils nous préparent à la pratique des devoirs naturels : ils nous rappellent continuellement à la Religion que les affaires & les passions tendent sans cesse à nous faire oublier. De l'observation de ces préceptes naît la piété, & la piété nourrit & conserve la Religion, fait aimer la vertu, apprend à supporter les peines de la vie : que dis-je? elle les convertit en biens : elle agrandit l'ame, la remplit des plus doux sentimens, & la rend capable des actions les plus héroïques.

Une religion abstraite & philosophique ne fixeroit point les esprits, n'attacheroit point les cœurs. Elle n'auroit point d'empire sur l'homme, puisqu'elle ne seroit que la raison de l'homme, c'est-à-dire, l'homme lui-même se créant à son gré un système de doctrine & de morale. Chacun y ajoutant ou en retranchant, selon son caractere, ses goûts & ses idées, elle n'offriroit ni stabilité, ni uniformité, & dégénéreroit pour les uns en impiété, pour les autres en fanatisme ou en superstition. Quand nous accorderions qu'une pareille religion peut suffire à un sage, on sent assez qu'elle ne peut convenir à la multitude; & c'est à la multitude qu'il importe, dans les vues de la politique, de donner une religion.

Il en eſt de la Religion comme des lois. Les lois naturelles ne ſuffiſent pas toutes ſeules pour maintenir l'ordre parmi les hommes. Il a fallu y ajouter les lois poſitives, ſans leſquelles les lois naturelles ne ſeroient ni aſſez connues, ni aſſez reſpectées. Il faut auſſi que les dogmes & les préceptes de la religion naturelle ſoient fixés, promulgués & conſacrés par une religion poſitive. S'il n'y avoit pas une religion poſitive & des lois civiles, les peuples ne connoîtroient ni lois, ni religion.

Pour ſoumettre le peuple à vos opinions, & lui donner ce que vous appelez une religion ſociale, emprunterez-vous le langage de l'autorité, le ſeul qui ſoit à la portée du peuple?

Mais, qui êtes-vous, pour que l'on vous en croie ſur votre parole? Le peuple croyoit à ſes prêtres, parce que ſes prêtres lui parloient au nom du ciel, & que leur miſſion étoit appuyée, non-ſeulement ſur les préjugés de l'éducation, mais encore ſur l'autorité de l'Egliſe, c'eſt-à-dire, ſur le témoignage d'une ſociété répandue dans tout l'univers, qui atteſte les faits authentiques & les dogmes divins que ſes fondateurs lui ont tranſmis par une ſucceſſion non interrompue, & qui, pour enſeigner conſtamment la vérité, n'a beſoin que de dire aujourd'hui ce qu'elle diſoit hier. Autorité la plus impoſante qui puiſſe exiſter, & dont il ſemble que l'infaillibilité tiendroit à la nature des choſes, quand elle ne ſeroit pas fondée ſur la promeſſe de celui à qui *toute puiſſance a été donnée dans le ciel & ſur la terre!*

Mais vous, qui prétendez dicter des lois à la penſée, où ſont vos titres? quelle eſt votre miſſion? la raiſon, répondez-vous, & la vérité. Autant en ont dit les ſophiſtes & les impoſteurs de tous les temps. Dans ce ſiecle même, ſi fier de ſa philoſophie, ces dogmes précieux que vous voulez conſerver ont eu pour adverſaires des philoſophes, qui prétendoient bien auſſi n'enſeigner que la vérité, & ne ſuivre que la raiſon. Et puis, il vous ſied bien d'invoquer la raiſon! Vous qui ne l'avez déifiée que pour conſacrer ſous ſon nom des turpitudes dont les peuples idolâtres auroient rougi, que pour aſſocier à ſon culte le culte de Marat!

Suppoſons néanmoins, contre l'expérience de tous les peuples, que la raiſon ait aſſez d'empire ſur la multitude, pour maintenir dans une nation la croyance des dogmes fondamentaux de la morale. Suppoſons, qu'à la place du Chriſtianiſme, il puiſſe s'établir une religion philoſophique, où ſe retrouvent tous les principes qui intéreſſent eſſentiellement l'ordre ſocial, il reſte à ſavoir quelle ſera l'influence d'une telle religion ſur les mœurs publiques.

D'abord, il faut poſer comme une vérité conſtante, qu'une religion, quelle qu'elle ſoit, ne peut ſubſiſter ſans un culte extérieur. C'eſt par la Religion que le peuple tient à la morale, c'eſt par le culte qu'il tient à la Religion. La Religion conſiſte bien plus dans le ſentiment que dans l'opinion : elle appartient plus au cœur qu'à l'eſprit. Or, le ſentiment a beſoin de ſe produire & d'éclater par des actes extérieurs. Une grande partie des inſtitutions eſt fondée ſur ce principe. Le culte eſt donc l'expreſſion naturelle & néceſſaire des ſentimens religieux. C'eſt encore un moyen puiſſant de réveiller ces ſentimens dans la plupart des hommes, ſur qui des idées intellectuelles & morales auroient peu de priſe, ſi on ne les leur préſentoit ſous des images ſenſibles.

Enfin, si la Religion, comme on ne peut en douter, est le plus sûr garant de la probité des hommes, il importe à la confiance générale que chacun puisse avoir quelque assurance des principes de ceux avec qui il traite. Or, le culte religieux est une profession publique des principes de la morale.

De tous les cultes connus, il n'en est point de plus propre que le culte catholique, soit à conserver les dogmes, & à nourrir les sentimens religieux, soit à leur donner toute l'énergie que demande l'intérêt de la société.

Dans ces temples embellis des chefs-d'œuvre de tous les arts, dans ces fêtes majestueuses qui retracent les époques consolantes de la Religion, dans ces jours consacrés au repos & à la piété, le peuple oublioit ses peines & sa misere. C'étoit en se délassant de ses travaux qu'il s'instruisoit, qu'il s'animoit à la vertu. Tout se réunissoit pour parler à ses sens, à son cœur, à son esprit. Le sang d'un Dieu qui couloit sur l'autel : cette table, où le pauvre étoit admis à côté des grands de la terre, & qui n'étoit ouverte qu'à l'innocence ou au repentir : cette chaire, où siégeoit la vérité, où se proclamoient les oracles du Ciel : ces bains régénérateurs, témoins du serment par lequel on s'étoit voué à la vertu en entrant dans le monde : ces tribunaux où l'on avoit porté l'aveu, & obtenu le pardon de ses fautes : ces cérémonies pompeuses & emblématiques qui soutenoient l'attention, & fournissoient un aliment à la piété : ces cantiques sublimes & touchans qui exprimoient si bien la grandeur & la bonté de Dieu, notre foiblesse & nos besoins : tout prêtoit à la vertu des leçons, des motifs & des sentimens. Malheur à l'homme froid, au philosophe insensible qui, sous le hautain prétexte de ramener tout à la raison, voyoit sans émotion cet auguste appareil, & sortoit de ces assemblées saintes, sans en remporter le désir de devenir meilleur !

Outre ces rites journaliers, la Religion catholique en a d'autres qui sont appropriés à toutes les grandes époques de la vie humaine, qui sanctifient la naissance de l'homme, qui fortifient sa jeunesse, qui bénissent & consacrent l'union conjugale, qui soutiennent la foiblesse de la nature défaillante, & font luire l'espérance au milieu des ombres de la mort. Non contente d'accompagner ses enfans jusqu'au tombeau, cette religion tendre & affectueuse suit les ames fidelles dans le séjour qui leur est assigné par la justice ou par la miséricorde divine ; & priant pour les uns, implorant les prieres des autres, elle unit les vivans & les morts, la terre & le ciel par les liens de la charité : elle prolonge jusques dans les régions de l'éternité les rapports, les devoirs, les bienfaits de la société humaine.

L'histoire de la révolution dira par quelles manœuvres infernales on est parvenu à détacher le peuple d'une religion consolatrice dont il aimoit le culte, dont il respectoit les ministres, & comment la violence a consommé ce qu'avoient préparé l'hypocrisie & la séduction. Elle dira encore que, si les premieres attaques des conjurés ont été dirigées contre la Religion, c'est la Religion qui, la premiere sortant de ses ruines, a ranimé l'espoir & le courage des amis de la royauté. La foible & perfide tolérance que les persécuteurs s'étoient vu contraints de lui accorder avoit suffi pour faire éclater dans toute la France un vœu qui a glacé d'effroi l'impiété & la rebellion. Le peuple, éclairé par le malheur, fent tout le prix de la Religion qu'il s'eft laiffé ravir. Il la redemanderoit à grands cris, fi fa voix n'étoit encore étouffée par la terreur. Des lois atroces fufpendent à peine le retour à ces fentimens religieux qui font un befoin pour tous les hommes, & que tant de calamités ont encore rendus plus néceffaires aux innombrables victimes de la Révolution.

Des fpectacles licencieux, des faturnales patriotiques peuvent bien étourdir & diftraire la multitude, mais non la confoler, & lui apprendre à fupporter fes maux. Le peuple feroit athée par conviction, qu'il feroit religieux par fentiment. Il faudra bien enfin lui donner une religion, & cette religion, quoique l'on faffe, ne pourra fe paffer d'un culte extérieur & public.

Or, il eft impoffible qu'après avoir aboli le Chriftianifme, les légiflateurs de la France établiffent un culte qui réuniffe la nation, & l'attache invariablement aux principes religieux qu'ils auront cru devoir conferver.

Les pratiques du culte n'étant point fondées fur des raifons prifes de la Nature, ne peuvent être déterminées que par des réglemens pofitifs, auxquels la puiffance civile ne peut imprimer le caractere de fainteté, & l'autorité dont ils auroient befoin pour fe concilier le refpect & la foumiffion du peuple. Il n'appartient qu'à Dieu de nous prefcrire la forme de l'hommage qu'il exige, & de régler les conditions fous lefquelles il daigne traiter avec nous.

De-là l'opinion répandue chez tous les peuples de l'univers, que la Religion étoit defcendue du Ciel. Opinion dérivée, fans doute des traditions primitives, dont le fonds s'eft con-

ſervé dans toutes les nations, & juſtifiée d'ailleurs par les idées que nous donne la raiſon de
la foibleſſe de l'homme & de la bonté de Dieu.
Opinion qui, pour les Hébreux & pour les Chrétiens, s'eſt changée en conviction, à la vue des
prodiges & des preuves de tout genre qui conſ-
tatent la miſſion de Moïſe, & la divinité de Je-
ſus-Chriſt.

Cette opinion ſuppoſée, l'on conçoit facilement que les peuples ſe ſoumettent & s'attachent
invariablement aux pratiques extérieures du culte
religieux. Mais ſi on ne leur préſente qu'un cé-
rémonial inſtitué par des hommes, la Religion
ne ſera pour eux qu'un réglement de police :
ſes lois ne ſeront que des lois civiles ; & dès-
lors l'Etat ne retirera plus aucun avantage de
ſon influence ſur les eſprits. Une religion qui
emprunte de la puiſſance civile toute ſon autorité, ne prête aucune force à la puiſſance civile.
Le reſſort de la Religion ſe briſe dans la main
du légiſlateur imprudent qui veut le tendre &
le diriger à ſon gré.

Une autre raiſon qui ne permet pas d'abandonner à la puiſſance civile l'inſtitution du culte
religieux, c'eſt que l'enſeignement de la morale
en eſt une partie eſſentielle, & que cet enſeignement demande un miniſtere dont la miſſion &
l'autorité ſoient indépendantes de la puiſſance
civile. A ne l'enviſager même que dans l'ordre
politique, la morale n'eſt utile qu'autant qu'elle
eſt vraie, invariable, & revêtue d'une autorité
qui commande à la conſcience. Or, la morale
n'a plus aucun de ces caracteres, s'il appartient
à la puiſſance civile d'en fixer les principes &
d'en régler l'enſeignement.

La vraie morale eſt celle qui eſt fondée ſur

la nature de l'homme, sur ses rapports avec Dieu & avec les autres hommes. Loin de devoir son autorité aux lois civiles, les lois civiles ne sont justes, qu'autant qu'elles ne renferment rien de contraire à ses principes. Il existe des regles de morale antérieures aux lois civiles, & supérieures non-seulement aux caprices & à l'intérêt des particuliers, mais encore aux délibérations, & à l'intérêt politique des nations; des principes éternels qui proscrivent le brigandage & l'assassinat, lors même qu'ils sont justifiés & décrétés par la loi civile. Or, la morale n'auroit plus rien de certain, si elle n'avoit pour fondemens immuables la raison & la volonté de Dieu, manifestée par la Religion. Elle n'auroit rien de constant, elle ne seroit plus le lien du genre humain & la loi des législateurs, si chaque peuple se croyoit en droit de la plier à son système politique. Elle ne parleroit pas à la conscience, elle n'ajouteroit rien à la force obligatoire des lois civiles, & ne suppléeroit pas à leur impuissance, si elle n'étoit elle-même qu'une branche de la législation.

On ne peut trop le répéter, parce que le fait est constant, & qu'une preuve de fait l'emporte sur tous les raisonnemens. Le genre humain, les philosophes eux-mêmes sont redevables au Christianisme d'une connoissance plus distincte, plus étendue, plus certaine de la morale & de la religion naturelle. C'est de l'Evangile, comme Rousseau l'a très-bien observé, que les principes de religion & de morale ont passé dans nos livres modernes, si supérieurs, à cet égard, aux plus belles productions de l'antiquité. » Je » ne sais pourquoi, dit-il, dans ses *Lettres de la*
» *Montagne,*

» *Montagne*, l'on veut attribuer aux progrès de
» la philofophie la belle morale de nos livres.
» Cette morale, tirée de l'Evangile, étoit chré-
» tienne avant d'être philofophique. «

Mais cette morale fi pure, fi fublime, fi touchante dans la bouche de J. C. & dans les écrits
de fes Apôtres perdroit toute fa force, fi on la
féparoit des dogmes & des faits dont elle emprunte fes motifs. Retranchez du Chriftianifme
ce qu'il a de furnaturel & de divin, ce n'eft
plus qu'un fyftême plus parfait fans doute, que
le Platonifme ou le Stoïcifme, mais non moins
expofé aux attaques des philofophes, & également incapable d'éclairer & de gouverner la
multitude.

Je fais que les vérités morales font plus anciennes que l'Evangile, & que des compilateurs
laborieux, en raffemblant les maximes éparfes
dans tous les écrivains de l'antiquité, en ont
compofé une efpece de code qui renferme la
plupart des devoirs de l'homme & du citoyen.
Mais la rédaction tardive de ce code eft elle-
même un des fruits du Chriftianifme. Ces vérités ifolées & perdues dans une foule d'erreurs
n'étoient que des étincelles trop foibles pour
percer les ténebres de la fuperftition & les nua-
ges de la philofophie. Le peuple n'en étoit pas
éclairé, & quand elles auroient porté la lumiere jufqu'à lui, à quel titre les philofophes
euffent-ils prétendu le foumettre à leurs déci-
fions? Avant l'Evangile, les vérités morales
étoient donc généralement méconnues. Elles feroient bientôt oubliées, fi l'on s'accoutumoit à
ne regarder l'Evangile que comme un livre philofophique.

Mais enfin, direz-vous, ces vérités font con-

M

nues, même des enfans, & déformais il est impossible qu'elles se perdent.

Et moi, je dis qu'elles se perdront infailliblement, dès qu'elles auront cessé de faire corps avec le Christianisme. La raison dispute, la religion commande. Le peuple qui est fait pour obéir & non pour disputer, ne peut s'instruire qu'à l'école de la Religion. Les découvertes des géometres, des astronomes & des physiciens se conservent indépendamment du nom & de l'autorité des inventeurs, parce que, une fois éclairée sur ces objets, la raison n'a pas à craindre que les passions viennent lui disputer des vérités qui ne les contrarient pas. Mais quand il s'agit des vérités morales, les passions font continuellement effort contre la raison ; & dans ce combat inégal, la raison succomberoit infailliblement, si l'autorité de la Religion ne venoit à son secours.

C'est par l'autorité seule que J. C. a converti le monde. Sa doctrine, ses vertus, sa mort l'eussent placé parmi les sages, au-dessus de Socrate ; mais ce sont ses miracles qui lui ont soumis les peuples. L'esprit humain, si long-temps indocile à la voix de la raison, a plié sous le poids des faits. La raison a reconnu qu'elle ne pouvoit commander aux passions, si elle n'obéissoit elle-même à la Religion. La Religion toute seule a fait dans le monde entier, & parmi les nations les plus barbares, ce que n'avoit pu faire la philosophie dans les plus beaux jours de la Grece, sur un petit nombre de disciples choisis.

Cet empire de la Religion sur les mœurs publiques se soutient après tant de siecles par l'enseignement irréfragable de l'Eglise. Un gouvernement qui, par des gradations sagement ménagées, ramene tout à l'unité, imprime à cet enseignement le triple caractere de la certitude, de l'invariabilité, de l'autorité.

Les dogmes de la Religion, les principes de la morale sont fixés irrévocablement : l'Eglise elle-même ne peut y apporter aucun changement. Toute innovation dans la doctrine lui est interdite, & par ses principes, & par sa constitution. Par ses principes qui la rappellent sans cesse à l'antiquité, à l'universalité, à l'uniformité : *quod semper, quod ubique, quod ab omnibus.* Par sa constitution qui reconnoît un tribunal souverain, où toutes les inventions humaines sont déférées & proscrites sans appel. Les oracles de ce tribunal, où siege le premier pasteur de chaque église particuliere, fixent & éclairent la foi des plus ignorans. La voix d'un simple curé qui parle au nom & sous l'autorité de son évêque, est la voix de toute l'Eglise ; & la voix de l'Eglise est celle de J. C. qui, en lui ordonnant *d'enseigner toutes les nations,* lui a promis *d'être avec elle jusqu'à la consommation des siecles.*

Que ce ministere est beau ! qu'il est bien assorti au caractere & aux besoins du peuple qui, dans l'ordre de la Religion, comme dans l'ordre de la société, demande à être conduit par l'autorité ! Quand on ne verroit dans les ministres de l'Eglise catholique que des *officiers de morale,* comme on affecte depuis quelque temps de les appeler, combien ceux qui gouvernent devroient chérir une institution si propre à faire respecter leur autorité, si utile à la vertu, si favorable à la tranquillité publique !

La morale ne peut être enseignée que par les prêtres, parce que sans la Religion, la morale n'a plus ni principes, ni motifs. Rien de plus abſurde & de plus puéril que l'idée de confier ce miniſtere aux officiers municipaux , & aux vieillards des communes , à des hommes ſouvent ignorans , quelquefois ſcandaleuſement vicieux , qui n'auront d'autorité que celle de leur caractere perſonnel , qui ne s'accorderont ni entre eux , ni avec eux-mêmes , & dont les vaines déclamations & les foibles raiſonnemens ne feront qu'accoutumer le peuple à diſputer éternellement ſur des vérités néceſſaires que la Religion lui apprenoit à croire.

Dans la bizarre inſtitution du *Décadi*, l'impéritie de nos légiſlateurs , & la petiteſſe de leurs vues ne ſe montrent pas moins que leur haine fanatique contre le Chriſtianiſme. Les fêtes chrétiennes avoient contribué plus qu'on ne peut dire à civiliſer les nations de l'Europe. Dans les temps de l'anarchie féodale , elles ſuſpendoient par des trêves fréquentes les guerres particulieres que la puiſſance civile ne pouvoit réprimer. Elles rapprochoient , à des époques marquées , les habitans de divers cantons diviſés par des animoſités invétérées ; & les raſſemblémens qui ſe formoient , en ces occaſions , contribuerent infiniment au progrès du commerce & à la ſplendeur des villes , dont nos barbares ancêtres dédaignoient le ſéjour. Dans les temps plus modernes , les fêtes chrétiennes adouciſſoient les mœurs des habitans de la campagne. Elles donnoient au peuple des idées d'ordre & de décence : elles écartoient , par des pratiques & des ſentimens de religion , le danger de l'oiſiveté parmi des hommes groſſiers , naturellement portés à chercher le plaiſir dans la débauche. Dans ſes réjouiſſances , comme dans ſes peines , le peuple a beſoin de ſavoir qu'il eſt ſous l'œil de la Divinité.

Ces fêtes républicaines, que nos philofophes imitateurs ont empruntées de l'ancienne Grece, ne conviennent ni à nos mœurs, ni à nos idées, ni à notre climat. Elles manquent effentiellement d'intérêt, parce qu'elles ne tiennent pas, comme chez les Grecs, à la Religion. Auffi, dans leur nouveauté même, elles n'ont amufé que la plus vile populace, & déjà elles trouveroient à peine des fpectateurs, fi la tyrannie n'en avoit pas fait des lois, & fi, au défaut de l'amour, la crainte n'amenoit pas des adorateurs aux pieds de l'idole de la République.

Mais en même-temps qu'elle force le peuple françois à célébrer des fêtes qui ne lui rappellent que des forfaits, la tyrannie directoriale lui interdit celles dont la confcience lui fait un devoir, & qui feules, au milieu de tant de malheurs, pouvoient foutenir fon courage, & lui faire goûter quelque confolation. Le calendrier républicain, conftamment repouffé par l'habitude & par l'opinion publique, s'établit par la violence ; & chez un peuple qui fe dit libre & fouverain, dans un pays où la liberté de confcience eft proclamée comme loi fondamentale, le Chrétien eft forcé de donner au travail les jours que fa religion confacre au repos & à la priere.

Combien eft aveugle le fanatifme de l'irréligion ! Pour effacer jufqu'au dernier veftige de la foi de leurs peres, les légiflateurs de la révolution aboliffent un calendrier, qui, au mérite de l'exactitude aftronomique, joignoit l'avantage inappréciable d'être commun à toutes les nations de l'Europe ; & au rifque évident de porter la confufion dans l'hiftoire & dans les tranfactions du commerce, ils imaginent une maniere de

compter les temps, & [...] des
mois qui ne peuvent convenir [...] climat
aux productions de la France [...] les séparent, en quelque sorte, de [toutes les nations]
civilisées.

L'abolition du culte catholique [en France]
emporte l'abolition de tout culte, de toute religion, de toute morale. Il ne faut pas confondre
cette proscription du catholicisme avec la révolution qui s'est faite au seizieme siecle dans
quelques Etats de l'Europe. Luther, Zuingle,
Calvin, ont porté à l'antique doctrine de l'Eglise
des atteintes mortelles; mais ils ont respecté les
principes fondamentaux du Christianisme. Dans
toutes les communions protestantes, l'Evangile
a continué d'être révéré comme un livre divin.
La Religion catholique a été proscrite dans quelques pays, & le Christianisme s'y est maintenu
avec les vérités morales qui intéressent essentiellement l'ordre politique.

Mais en France, ce n'est pas à l'Eglise catholique seulement, c'est au Christianisme qu'on
a déclaré la guerre; & avec le Christianisme
tomberont tous les principes religieux & moraux
car le Christianisme peut bien succéder à une
autre religion, mais nulle autre religion ne peut
succéder au Christianisme, parce que nulle autre religion ne présente des preuves plus solides
& des caracteres de divinité plus éclatans. En
vain, comme je l'ai déjà dit, l'on s'efforceroit
de remplacer la religion révélée par le déisme,
le *théophilantropisme* ou la religion naturelle, une
doctrine qui n'a ni principes arrêtés, ni culte,
ni ministres, ni autorité, ne deviendra jamais
une religion populaire.

C'étoit par le Christianisme que le peuple ro-

noit à ces premiers principes que la philosophie n'a jamais su ni établir, ni défendre. Il croyoit en Dieu, à la vertu, à une autre vie, parce qu'il croyoit en J. C. & en son Eglise. Il n'abjurera le Christianisme que pour se plonger sans remords dans la plus grossiere immoralité. Il sera plus corrompu sans être plus éclairé. Au-lieu de croire par habitude des dogmes qui le contenoient dans le devoir, il adoptera sur parole, & sans les comprendre, des opinions qui laissent un libre cours à tous les vices. Encore trouvoit-il au fond de son cœur, & dans la voix de sa conscience, la preuve de ces principes, ou si l'on veut, de ces préjugés conservateurs de la vertu & de l'ordre social ; tandis que ces opinions immorales & désastreuses, toujours en opposition avec les sentimens de la nature & l'intérêt du genre humain, ne trouvent d'appui que dans le vœu & l'intérêt momentané des passions.

» Moins la Religion sera réprimante, dit Mon- » tesquieu, plus les lois civiles doivent répri- » mer. « Donc, moins le gouvernement, moins les lois civiles seront réprimantes, plus la Religion doit l'être. La France démocratique peut encore moins se passer de religion que la France monarchique. Elle en aura d'autant plus besoin, que plusieurs de ses lois, la loi du divorce nommément, tendent visiblement à corrompre la morale publique, & que leur funeste influence ne peut être corrigée que par les lois séveres de la Religion catholique.

Si après la perte des mœurs publiques, il restoit encore quelque chose, que l'on pût déplorer, je citerois ces magnifiques établissemens que la charité chrétienne avoit multipliés dans toutes les villes du royaume, en faveur des ma-

lades & des indigens , & dont les fonds ont
été engloutis dans le naufrage des propriétés ecclé-
siastiques.

Je nommerois ces instituts, dont les membres
se dévouoient au soulagement de l'humanité souf-
frante , & à qui une populace ingrate & stupide
a fait un crime de cette Religion, dans laquelle
ils puisoient les motifs d'une bienfaisance au-
dessus de la nature.

Je parlerois des sciences & des arts qui doivent tant au Christianisme, & particuliérement
à l'ordre ecclésiastique qui, dans les siecles de
l'ignorance & de la barbarie , nous a conservé
ces langues & ces monumens , dont l'étude a
créé le goût, éclairé la raison, & développé le
génie parmi les nations de l'Europe.

Je rappellerois les immenses travaux , & les
brillans succès du Clergé de France dans tous
les genres de littérature. Je ferois voir que c'est
aux espérances que présentoit l'Eglise à l'éducation qu'elle donnoit , aux instituteurs qu'elle
formoit, que la France est redevable de la plupart des écrivains qui l'ont illustrée.

Je dirois enfin qu'en France, comme en Italie, les beaux arts, l'architecture, la peinture ,
la sculpture, la musique ont reçu du culte catholique leurs premiers & leurs plus puissans encou-
ragemens.

Mais, que serviroit de faire entendre les cris
des malheureux aux amis d'une révolution qui
doit tous ses succès à la cupidité, à l'ingratitu-
de, à l'égoïsme, à l'oubli profond de tous les
sentimens de l'humanité ?

Quels regrets en faveur des sciences & des
beaux arts pourrois-je inspirer à des législateurs
dénués de goût, d'élévation, de sensibilité qui,

se rabaissant au niveau de la populace, impriment à leurs institutions, le caractere de l'abjection, & bannissent du commerce de la société les égards, la décence, la politesse que les étrangers venoient étudier parmi nous?

Que dirois-je à un peuple enivré de l'égalité, qui ne pardonne pas plus la supériorité des lumieres & des talens, que celle du rang & des richesses; qui ne connoît plus d'autre gloire que celle de la guerre, d'autre moyen de prospérité que le brigandage; qui se console des horreurs de la famine par les excès de la licence, qui détruit dans ses villes les monumens du génie & de la bienfaisance de ses ancêtres, & croit se régénérer, en joignant à la corruption de ses anciennes mœurs, l'ignorance & la férocité des Vandales.

CHAPITRE X.

De la Tolérance.

QUEL étrange contraste nous offrent les principes du gouvernement françois, & l'état de la France depuis la Révolution! d'une part la liberté la plus étendue, de l'autre, l'oppression la plus cruelle : un code qui consacre toutes les prétentions de la licence, une administration qui se joue de tous les droits de la nature.

La Déclaration des droits de l'homme portoit que *nul ne doit être inquiété pour ses opinions religieuses* ; & cette liberté indéfinie accordée à tous les cultes est devenue le signal de la plus atroce persécution contre la religion nationale.

C'est ainsi que la liberté politique avoit amené

la fervitude civile, que l'égalité des droits avoit anéanti la propriété & la fûreté individuelle, que la fouveraineté du peuple avoit enfanté l'anarchie. C'eft ainfi encore, qu'avec la liberté de la preffe, on a vu s'établir une inquifition qui punit de mort les écrits, les difcours, les propos, jufqu'à la penfée.

Ces contradictions ne doivent pas nous étonner. Une légiflation trop molle ne laiffe à ceux qui gouvernent que les reffources de la tyrannie. Quand la multitude n'eft pas contenue par les lois, il faut qu'elle foit enchaînée par fes conducteurs.

On diftingue deux fortes de *tolérance* ; la *tolérance théologique* ou *eccléfiaftique*, & *la tolérance civile*. L'une envifage les cultes dans leur rapport avec la vie future ; l'autre ne les confidere que dans leur rapport avec l'ordre focial. Le théologien examine une religion, pour favoir fi elle eft vraie ou fauffe, fi elle vient de Dieu ou des hommes : le Souverain, pour favoir fi elle eft conforme ou contraire à l'intérêt & aux lois de l'Etat.

S'il exifte une religion qui prétende remonter jufqu'à Dieu, & qui juftifie fon origine par des preuves auxquelles la raifon ne puiffe fe refufer, il faut tenir pour certain tout ce qu'elle enfeigne, & fi elle enfeigne que l'on ne peut être fauvé que par la croyance de fes dogmes & la profeffion de fon culte, l'intolérance théologique fait partie de fa doctrine.

Cette intolérance eft un des caractères du Chriftianifme, & parmi les communions chrétiennes, de l'Eglife catholique, pour qui la maxime, *hors de l'Eglife point de falut*, eft un dogme fondamental. Non que l'on foit coupable précifément, pour être hors de l'Eglife , mais parce que c'eft dans l'Eglife feule que fe trouvent les moyens de falut.

Dans un ouvrage où la Religion n'eft confidérée que fous des rapports politiques, il ne doit pas être queftion des preuves fur lefquelles eft appuyée cette maxime de l'Eglife catholique. Mais on ne peut fe difpenfer de répondre à ceux qui la préfentent comme un dogme infocial, fait pour armer les peuples les uns contre les autres , & pour troubler la tranquillité des gouvernemens.

L'intolérance eccléfiaftique ne tend ni à divifer les peuples, ni à troubler l'ordre focial. Il eft notoire que le Chriftianifme eft plus propre qu'aucun autre fyftéme philofophique ou religieux à réunir tous les hommes par les liens d'une charité univerfelle. Une religion qui nous apprend que tous les hommes font freres, qui nous ordonne d'aimer notre prochain comme nous-mêmes , & nous montre notre prochain dans le Samaritain, comme dans le Juif & le Chrétien, qui nous fait un devoir rigoureux de la foumiffion aux princes légitimes même hétérodoxes & perfécuteurs, qui ne veut conquérir que par la perfuafion , & ne fait fe défendre que par la patience ; une pareille religion eft bien éloignée de fournir des motifs , & même des prétextes de guerre.

Il feroit trop injufte de rejetter fur elle les guerres faites en fon nom , mais contre fon efprit, contre fes préceptes les plus exprès, contre les maximes & les exemples des plus beaux fiecles du Chriftianifme. Et même dans ces guerres, où l'on faifoit intervenir la Religion , les chefs de parti, comme l'obferve Bayle, en parlant de la Ligue & des Huguenots , n'étoient remués que par des intérêts politiques. Tant que les héréfies n'attaquerent que les dogmes fpécu- latifs, les difputes fe traiterent dans les conci- les, & les divifions de l'Eglife ne troublerent pas la paix des Empires. Mais lorfque la fédi- tion & l'ufurpation fe joignirent à l'erreur; lorf- que les novateurs femerent des doctrines qui ten- doient à changer l'état politique des nations, ou lorfqu'ils attaquerent à main armée le culte & les poffeffions de l'Eglife, alors on vit l'Europe dé- chirée par des guerres atroces, où le parti le plus jufte n'oublia que trop fouvent les maximes de la religion qu'il défendoit.

Montefquieu, Mably, Robertfon, Raynal même & Gibbon, tous les publiciftes ont reconnu que l'Europe doit aux principes & à l'efprit du Chriftianifme, non-feulement la douceur & la ftabilité de fes gouvernemens, mais encore ce droit des gens qui a rendu les guerres moins fréquentes, moins opiniâtres & moins défaftreu- fes. Rouffeau l'avoit dit en termes exprès dans *l'Emile.* Mais, dans le *Contrat focial,* il peint le Chriftianifme comme une religion de difcorde. » Ceux, dit-il, qui diftinguent l'intolérance ci- » vile & l'intolérance théologique, fe trompent à » mon avis. Il eft impoffible de vivre en paix avec » des gens qu'on croit damnés. Ne pas les haïr, » feroit haïr Dieu qui les punit. Il faut abfolu- » ment qu'on les ramene ou qu'on les tourmente. »

D'abord, la Religion ne nous ordonne pas de croire que nous vivons avec des *damnés.* En nous apprenant à juger les *doctrines,* elle nous dé- fend de juger les *perfonnes.* Elle nous ordonne, non-feulement de défirer, mais encore d'efpérer le falut de nos freres, d'adorer les jugemens de Dieu fur ceux qui périffent, & de croire que

nul ne fera puni pour des erreurs invincibles ;
enfin, de travailler à notre falut, en faifant du
bien à tous, même aux infidelles, à l'exemple
de *notre Pere célefte qui fait luire fon foleil fur les bons
& fur les méchans*. La Religion catholique enfeigne
que hors de l'Eglife point de falut ; mais elle
nous apprend auffi, qu'on peut appartenir à l'E-
glife fans être dans fa communion extérieure ;
& tous les théologiens, après St. Auguftin, re-
connoiffent que l'Eglife a des enfans cachés dans
les fectes féparées de l'unité.

Dans le commerce de la vie, les hommes ne
peuvent fe demander compte de leurs opinions
qu'autant qu'elles intéreffent l'ordre focial ; ils
doivent laiffer à Dieu le jugement de tout ce
qui fe rapporte uniquement à l'ordre furnaturel.
Il ne faut qu'une mefure ordinaire de raifon &
de juftice pour fe fentir porté à eftimer & à
chérir ceux en qui l'on découvre les vertus &
les qualités morales, quels que foient leurs fentimens fur le fait de la Religion.

Qu'il eft peu digne d'un philofophe d'impū-
ter à une religion qui ne refpire qu'indulgence
& charité, les écarts d'un zele atrabilaire qui
n'eft jamais que le partage de ces caracteres vio-
lens, que le Chriftianifme même ne peut adou-
cir ! Mais d'ailleurs, comment Rouffeau n'a-t-il
pas vu, que ce trait lancé contre le Chriftianifme frappe également la religion naturelle qui
ne peut admettre une autre vie, fans dévouer
à la damnation ceux qui violent fes préceptes ?
C'eft avec la même inconféquence que les pro-
teftans accufent l'Eglife catholique de cruauté,
eux qui excluent du falut, au moins les Païens,
les Mahométans, & tous ceux qui ne croient
pas en Jefus-Chrift.

L'intolérance ecclésiastique est un dogme qui appartient à toutes les religions. Les unes la restreignent, les autres l'étendent davantage; & pour décider sur ce point, il faut en venir à l'examen des religions elles-mêmes. Gardons-nous de prononcer sur les jugemens de Dieu, au gré des affections humaines : tenons-nous invariablement à ce qu'il a daigné nous en révéler; & croyons fermement, que dans le séjour des vengeances divines, les peines seront tellement mesurées, que nul ne souffrira plus qu'il n'aura mérité, & qu'au grand jour de la manifestation, les réprouvés eux-mêmes reconnoîtront la justice de l'arrêt qui les condamnera.

L'intolérance ecclésiastique ne deviendroit dangereuse, qu'autant qu'elle se trouveroit unie à des dogmes incompatibles avec l'ordre public. Mais la Religion catholique, dont il s'agit ici particuliérement, n'enseigne rien qui, dans les principes de tout gouvernement légitime, ne tende à resserrer les liens de la société civile.

Il est vrai que l'Eglise catholique s'attribue une autorité suprême, indépendante de toute puissance humaine; & de-là les philosophes ont conclu que l'Eglise étoit la rivale & l'ennemie naturelle de l'Etat.

Ce n'est pas ici le lieu de prouver que l'Eglise ne sauroit se passer d'une autorité, sans laquelle nulle société ne peut ni se former, ni se maintenir; que cette autorité doit être souveraine en son genre, & indépendante de la puissance civile, parce que la Religion, comme la vérité & la vertu n'étant faite pour tous les temps, pour tous les pays, pour tous les gouvernemens, ne doit pas être asservie aux formes souvent opposées, & toujours variables des diverses constitutions politiques; que destinée à sanctifier les hommes, même sous les gouvernemens qui la méconnoissent ou la persécutent, elle ne peut emprunter ses lois & sa police de ces gouvernemens ennemis; enfin, qu'ayant reçu de Jesus-Christ sa foi, sa morale, son ministere, c'est de lui seul qu'elle tient l'autorité nécessaire pour gouverner les consciences, & maintenir la pureté & l'unité de son enseignement.

Mais, en supposant comme on le doit, cette autorité de l'Eglise souveraine dans son ressort, & pleinement indépendante de la puissance civile, je dirai qu'elle ne peut jamais en devenir l'ennemie ou la rivale, parce qu'elle en est essentiellement distincte, & par son but & par les objets qui lui sont soumis, & par les moyens qu'elle emploie pour se faire obéir.

La puissance civile a pour but la paix & la prospérité de la société politique. La puissance ecclésiastique, étrangere aux intérêts temporels, conduit l'homme au bonheur d'une autre vie. La premiere exerce son empire sur les propriétés, sur les personnes & sur les actions, pour les diriger vers le bien général de l'Etat. La seconde ne commande qu'à la conscience. Les propriétés ne sont point de sa jurisdiction. Elle n'a droit sur les actions, que pour défendre les crimes qui troubleroient le repos de la société, pour commander, au nom de Dieu, tout ce que la loi civile commande au nom du prince, ou pour prescrire des actes religieux qui n'ont jamais rien de contraire aux devoirs du citoyen. L'une se fait obéir par la contrainte, l'autre ne connoît que la voix de la persuasion : toutes ses peines sont purement spirituelles, & n'atteignent ni la vie, ni la liberté, ni les biens. Car

je ne parle ici que de cette jurisdiction propre
& essentielle que l'Eglise tient de son divin fondateur, & qu'il ne faut pas confondre avec cette
jurisdiction accessoire & empruntée qu'elle tient
de la libéralité & de la sage politique des Souverains.

En deux mots, l'autorité ecclésiastique & l'autorité séculiere sont deux puissances hétérogenes
qui ne peuvent jamais se rencontrer, à moins
que la loi civile ne commande expressément ce
que la Religion défend. Mais alors la loi civile
seroit injuste & contraire, non-seulement aux
droits de la conscience, mais encore au véritable intérêt de la société, lequel est inséparable du respect pour la Religion.

Je sais que l'ignorance & l'ambition ont souvent déplacé les bornes qui séparent les deux
puissances. Mais ces bornes sacrées sont posées
dans l'Evangile même, où Jesus-Christ déclare
que son royaume n'est pas de ce monde, & qu'il
n'a pas le pouvoir de partager un héritage entre deux freres. Elles ont été reconnues par
toute l'antiquité ecclésiastique; & dans le siecle
dernier, l'église gallicane les avoit raffermies iné-
branlablement.

Pour juger la Religion catholique, l'équité
demande que l'on consulte ses principes, & non
l'abus qu'en ont fait les passions humaines. Or,
dans les principes de la Doctrine catholique,
l'autorité de l'Eglise ne se trouve jamais en opposition avec l'autorité d'un gouvernement légitime; & sous toutes les formes de gouvernement, la puissance ecclésiastique seconde les vues,
& fortifie l'action de la puissance civile, en imprimant aux lois politiques le caractere & la
sanction des lois religieuses.

Quelques

Quelques publicistes proscrivent la Religion catholique, parce qu'elle borne l'autorité du Souverain. D'un autre côté la foule des incrédules prétend qu'elle est le plus ferme appui de la tyrannie. Pour nous, faisant droit sur ces reproches contradictoires, nous en conclurons que la Religion catholique est également favorable à la liberté des peuples & à l'autorité des Souverains, non-seulement par sa morale, dont la pratique, assureroit infailliblement la prospérité des empires, mais encore par sa constitution qui, l'élevant au-dessus des institutions humaines, apprend aux princes les plus absolus, qu'il est un ordre de choses auquel toute leur puissance ne peut atteindre. Par-tout où l'on reconnoît une religion publique, il faut admettre une autorité spirituelle ; & quand l'institution divine, quand l'universalité, qui est un des caracteres de la vraie religion, ne placeroit pas cette autorité hors de la société civile, la liberté des peuples demanderoit qu'elle ne fût pas inséparablement unié avec la puissance séculiere.

L'auteur de l'*Esprit des lois* prétend que la Religion catholique convient mieux à une monarchie, & que la religion protestante s'accommode mieux d'une république.

Je ne vois pas sur quoi porte cette opinion. Elle se trouve contredite par l'Etat politique & religieux de l'Europe, & si nous examinons la chose dans le principe, il est certain que la doctrine & le gouvernement de l'Eglise étant étrangers au gouvernement politique, la Religion catholique se prête indifféremment à toutes les formes de gouvernement, pourvu qu'elles soient légitimes dans leur institution, ou qu'elles le foient devenues par la prefcription, & par l'acquiefcement des peuples.

Tout ce que l'on peut accorder à M. de Montefquieu, c'eft que parmi les communions proteftantes, le Calvinifme incline plus vers la république que vers la monarchie : la preuve en exifte, non-feulement dans la conftitution même des églifes réformées, mais encore dans ce qu'ont fait ou tenté les Calviniftes à Geneve, en Hollande, en Angleterre & en France. L'exemple de la Suiffe, où la démocratie dominoit dans les cantons Catholiques, & l'ariftocratie dans les cantons évangéliques ou calviniftes, ne dément pas cette obfervation. L'influence des principes religieux a été vaincue par d'autres caufes plus puiffantes, telles que l'étendue, la richeffe, la population qui font à l'avantage des cantons évangéliques, & qui s'accommodent plus difficilement de la démocratie. Lucerne, l'un des plus confidérables, étoit catholique & ariftocratique.

Ce que j'ai dit de l'intolérance eccléfiaftique fuffit pour juftifier le Chriftianifme, & l'Eglife catholique en particulier, contre des reproches qui ne font fondés que fur une fauffe interprétation de fa doctrine. Cette intolérance eft un des caracteres effentiels de la vraie religion, avec qui l'erreur n'eft pas moins incompatible que le crime, & qui nous donne des moyens auffi faciles & auffi certains pour diftinguer la vérité, que pour connoître les devoirs de la morale.

Mais, fi la Religion profcrit les erreurs parce qu'elle eft vérité, elle nous apprend à fupporter les errans parce qu'elle eft charité. Loin d'armer contre eux la puiffance féculiere, elle refferre l'intolérance civile dans les bornes que lui prescrivent les regles d'une sage administration.

La puissance civile n'envisage la Religion que dans ses rapports avec l'intérêt de la société. Elle s'occupe moins de la vérité des dogmes, que de leur influence politique. Mais quoique la vérité d'une doctrine & son utilité politique soient deux choses distinctes, il faut néanmoins reconnoître, premiérement, que la vraie religion ne peut jamais être opposée au bien de la société; secondement, que tout culte, dont les dogmes & la morale seroient propres à porter le trouble ou la corruption dans l'Etat ou dans les familles, n'est pas le culte véritable. Car, Dieu qui est le protecteur de la société politique, comme il est l'auteur de la Religion, ne peut vouloir que les devoirs de la Religion soient en opposition avec les intérêts de la société. Les vertus civiles & morales sont une partie essentielle du culte religieux.

De là naissent deux conséquences incontestables; l'une, que la puissance civile n'a jamais le droit de proscrire la véritable religion, parce qu'il ne sauroit y avoir de droit contre la vérité; l'autre, qu'une religion fausse n'a jamais un droit véritable à la protection de l'Etat, parce que l'erreur ne peut jamais fonder un droit proprement dit.

Mais d'un autre côté, la connoissance & l'intime conviction de la vérité n'autorisent point à persécuter les errans. L'erreur n'est criminelle que lorsqu'elle est jointe à la mauvaise foi : & celui-là seul peut juger de la bonne ou de la mauvaise foi qui sonde les replis de la conscience.

De plus, l'autorité du Souverain ne s'étend pas directement sur la Religion, qui n'est pas

le but primitif & principal de l'inftitution des
fociétés civiles.

Troifiemement, la force publique, dont le
Souverain eft dépofitaire, ne peut être d'aucun
ufage en cette matiere; car la force ne perfuade
pas, & fans la perfuafion il n'y a pas de religion. *Nec religionis eft cogere religionem, quæ fponté
fufcipi debeat, non vi, cùm & hoftiæ ab animo volenti
expoftulentur.* (*)

Enfin, attribuer à la vraie religion le droit de
contrainte & de perfécution, ce feroit inviter
toutes les fectes à le revendiquer; car il n'en eft
aucune qui ne fe vante de poffeder exclufivement la vraie religion.

Cependant, comme les principes religieux ont
une grande influence fur les mœurs publiques,
le Souverain peut & doit prendre connoiffance
des religions qui s'établiffent dans fes Etats. Il
eft, en matiere de religion, des opinions que le
Souverain doit profcrire; il en eft qu'il doit protéger; il en eft qu'il peut abandonner à la confcience des citoyens.

Toute opinion qui tend à ébranler les fondemens de la morale & de la fociété, eft un délit
puniffable. » L'exiftence de la Divinité puiffante,
» intelligente, bienfaifante, prévoyante & pour-
» voyante, la vie à venir, le bonheur des juf-
» tes, le châtiment des méchans, la fainteté du
» contrat focial & des lois; voilà, dit Rouffeau,
» des dogmes fans lefquels il eft impoffible
» d'être bon citoyen ni fujet fidelle. Sans pou-
» voir obliger perfonne à les croire, le Sou-
» verain peut bannir de l'Etat quiconque ne
» les croit pas. Il peut le bannir, non comme

____

(*) Tertullien.

» impie, mais comme insociable, comme incapa-
» ble d'aimer sincérement les lois, & d'immoler,
» au besoin, sa vie à son devoir. (*) « Il peut
décerner des peines & même des peines capitales
contre ceux qui les attaquent publiquement, soit
par des écrits, soit par des discours. Outre qu'il
est impossible de présumer la bonne foi dans
l'athéisme, cette excuse ne peut disculper aux
yeux de la loi, des erreurs manifestement contraires à l'intérêt & au bon ordre de la société.
Pour ce qui est des opinions que les religions
particulieres surajoutent à ces dogmes fondamentaux, que l'on peut appeler aussi les dogmes civils, le Souverain n'a droit de les proscrire,
sous des peines afflictives, qu'autant qu'elles troubleroient l'ordre public ou qu'elles mettroient en
danger la religion de l'Etat, sans la remplacer
par quelque chose de meilleur.

Je dis la religion de l'Etat; car il est nécessaire que, dans tout état policé, il y ait une
religion dominante, reconnue & protégée par
la loi.

Il le faut, parce que l'Etat est une personne
morale qui a des besoins, des intérêts, des dangers qui l'avertissent sans cesse de recourir à la
Divinité.

Il le faut, parce qu'un état ne peut subsister
sans une morale publique, & que la morale publique ne peut avoir de meilleur fondement
qu'une religion commune.

Il le faut, parce que s'il n'y avoit pas une
religion dominante dans l'Etat, la plupart des
citoyens n'auroient aucune religion, & l'athéisme social propageroit rapidement l'athéisme in-
dividuel.

____

(*) Contrat social.

D'ailleurs, la Religion, comme on a vu dans le chapitre précédent, demande un culte solemnel, des temples, des ministres; & par-là elle se trouve liée avec l'ordre public. Pour que les devoirs civils ne soient jamais contrariés par les devoirs religieux, il est indispensable, que les deux autorités s'entendent & agissent de concert, ce qui n'arriveroit point, si la Religion ne formoit pas un établissement public, reconnu & protégé par la loi.

Enfin, l'Etat à qui il importe souverainement que tous les citoyens soient pénétrés des principes & des sentimens de la Religion, doit faire les fonds nécessaires pour les dépenses du culte divin, à moins qu'il ne soit assez heureux pour trouver ces fonds tout faits, & assurés à perpétuité par la pieuse libéralité des générations précédentes. S'il falloit que chaque citoyen, après avoir acquitté les charges publiques, s'imposât encore pour l'entretien des temples & la subsistance des ministres, les établissemens religieux manqueroient de solidité, & il seroit à craindre que la Religion ne devînt odieuse au peuple qui, au-lieu des consolations & des instructions que sa misere & son ignorance lui rendent si nécessaires, n'y verroit peut-être qu'un impôt onéreux, dont il seroit continuellement tenté de s'affranchir.

Le Souverain doit à la religion dominante toute la protection que réclame une partie si essentielle de l'ordre public, toute la faveur qui peut s'accorder avec les droits de la conscience. Il ne peut forcer ses sujets à la croire ou à la pratiquer, parce que la Religion est le fruit de la persuasion, & que la persuasion ne s'opere pas par la violence; mais il peut, il doit réprimer

les novateurs qui , sans justifier d'une mission
divine, dogmatiseroient publiquement contre la
religion de l'Etat. Il doit punir ceux qui l'in-
sultent , & troublent l'exercice de son culte, ceux
qui refusent de se conformer aux réglemens de
police établis par les lois en faveur de la Religion.

Il peut même , selon ce que demandent les
circonstances & le caractere des peuples, refuser à ceux qui ne professent pas la religion de
l'Etat certains avantages politiques, sans néanmoins attenter jamais au droit de propriété, &
à la liberté civile, que la loi garantit à tous les
citoyens. Si l'unité de religion dans un état est
un bien politique, comme on n'en sauroit douter , le Souverain, que je suppose d'ailleurs persuadé, d'après un mûr & suffisant examen, que
la religion dominante est la vraie, doit s'effor-
cer d'y amener ses sujets par toutes les voies
possibles, hors la persécution & l'injustice.

Enfin , pour renfermer en un mot tous les
droits & tous les devoirs du Souverain à l'égard
de la religion dominante , il peut & il doit
faire pour elle tout ce qu'il feroit pour les mœurs
& pour la vertu ; parce que la Religion est le
plus solide fondement, & le garant le plus sûr
de la vertu & des mœurs publiques.

La Religion & le gouvernement sont deux puissances distinctes & séparées , mais qui doivent
s'unir étroitement pour leur propre intérêt, &
pour l'intérêt des peuples dont le bonheur leur
est confié. Quelque différence qu'il y ait dans
leur but immédiat & dans leurs moyens , ces
deux puissances se prêtent mutuellement une force
auxiliaire qui seconde merveilleusement leur action
naturelle. La Religion réprime les passions qui

tendroient à détruire l'autorité fouveraine : l'autorité fouveraine doit , à fon tour , réprimer l'impiété , & punir tous les actes extérieurs qui blefferoient le refpect dû à la Religion , ou tendroient à diminuer fon influence bienfaifante. Le gouvernement doit protéger la Religion , comme la Religion défend le gouvernement. Les ennemis de l'une font toujours les ennemis de l'autre:

> » les rois n'ont plus de trône , où Dieu n'a plus de temple. «

Cette protection déclarée , que le Souverain doit à la religion de l'Etat , n'eft pas incompatible avec une fage tolérance qui refpecte la liberté des confciences , & fe garde bien de punir , comme des crimes d'Etat , des opinions erronées , où l'ordre public n'eft pas intéreffé. Le devoir du prince à l'égard de la Religion eft rempli , lorfqu'il a fait fervir au triomphe de la vérité tous les moyens de perfuafion & d'encouragement que le pouvoir fuprême lui met en main.

Un zele perfécuteur n'eft pas moins contraire à l'efprit & aux maximes du Chriftianifme , qu'aux principes de la politique & aux droits de la confcience.

» Vous ne favez pas à quel efprit vous appar-
» tenez. « *Nefcitis cujus fpiritûs eftis* ; c'eft-à-dire, vous ne connoiffez pas l'efprit de ma religion, difoit J. C. à ces deux Apôtres qui vouloient faire defcendre le feu du ciel fur une ville qui avoit refufé de les recevoir. » Le fils de l'homme
» n'eft pas venu pour perdre les ames , mais pour
» les fauver. « C'eft par l'inftruction & par des miracles de bienfaifance , jamais par des miracles de terreur & de punition , que notre divin Maître a établi fa doctrine. Il pouvoit armer des

légion d'anges contre ses ennemis, & il est mort
en priant pour ses bourreaux.

Tous les Peres de l'Eglise ont enseigné hautement qu'il n'étoit pas permis d'user de violence en matiere de religion. On a vu plus haut
ce que pensoit Tertullien. Origene, Lactance,
St. Athanase ne s'expriment pas avec moins de
force ; & ce qu'ont enseigné ces saints docteurs
dans un temps où l'Eglise étoit persécutée par
les Païens & par les Ariens, ceux qui leur ont
succédé l'ont appliqué à l'Eglise elle-même victorieuse & triomphante, sous les empereurs chrétiens. Sulpice Sévere blâme les deux évêques
Idace & Ithace, de s'être adressés aux juges sé-
culiers pour faire chasser des villes les Priscil-
lianistes. St. Martin prioit l'empereur Maxime
d'épargner le sang de ces hérétiques ; & quand
ils eurent été exécutés, St. Ambroise & St. Martin refuserent de communiquer avec Ithace, qui
s'étoit fait leur accusateur.

St. Augustin écrit à un proconsul d'Afrique,
pour le prier de ne pas faire punir de mort les
Donatistes & les Circoncellions, & il finit sa
lettre par ces paroles remarquables : » Quelque
» grand que soit le mal qu'on veut faire quit-
» ter, & le bien qu'on veut faire embrasser,
» c'est un travail plus onéreux qu'utile d'y con-
» traindre au-lieu d'instruire. «

» C'est par la douceur & les exhortations,
» écrivoit le Pape St. Grégoire-le-Grand, à un
» évêque de Terracine qui persécutoit les Juifs,
» qu'il faut appeler les infidelles au Christianis-
» me ; il ne faut pas les en éloigner par les me-
» naces & la terreur. « Et dans une lettre aux
évêques d'Arles & de Marseille, parlant encore
des Juifs : » Il faut, dit-il, se contenter de les

» prêcher & de les instruire, pour les éclairer
» & les convertir. « Dans un concile de Tolede,
tenu en 633, il est dit » que désormais on ne
» contraindra point les Juifs à professer la foi
» qui doit être embrassée volontairement & par
» persuasion. «

Le roi Ethelbert, converti par Augustin,
l'apôtre de l'Angleterre, eût bien voulu que
tous ses sujets se fissent chrétiens; » mais, ajoute
» le vénérable Bede, il ne contraignoit person-
» ne, parce qu'il avoit appris des missionnaires
» romains, que le service de J. C. doit être
» volontaire. «

» Nous pouvons exhorter tous les Chrétiens
» à l'union, dit l'empereur Constantin Pogo-
» nat, écrivant au Pape Domnus, mais nous ne
» voulons contraindre personne. «

Je sais que ces principes ont souvent été mé-
connus, sur-tout dans les siecles d'ignorance,
& que les passions humaines se mêlant à la Religion, ont enfanté le faux zele, & l'intolérance
civile. Je conviens aussi que les princes ont souvent abusé du droit incontestable qu'ils avoient
de protéger l'Eglise, & qu'au-lieu de se borner, comme ils le devoient, à réprimer les
attentats de l'hérésie, ils se sont permis quelquefois des violences qu'il est impossible de justifier.
Enfin, j'avoue que parmi les ministres de l'Eglise, il s'est rencontré de ces *enfans du tonnerre*, qui
sembloient avoir totalement oublié *à quel esprit
ils appartenoient*. Mais la doctrine de l'Eglise n'a
jamais varié; & pour en citer un témoin non
suspect, le Jésuite Mariana, en parlant d'un édit
d'Emanuël, roi de Portugal, qui ordonnoit que
les enfans des Juifs seroient enlevés à leurs parens & baptisés, dit expressément, que rien n'est

plus contraire aux lois & aux coutumes de l'E-
glife que cet étrange décret : *Infolens decretum , à
legibus & inftitutis chriftianis abhorrens maximè.*

Jufqu'où s'étendent les droits de la confcience
erronée ? Quelles font, à cet égard, les bornes
de la tolérance civile ?

La confcience eft un fanctuaire, où nulle puiffance humaine n'eft en droit de pénétrer : Dieu
feul eft juge des penfées. Mais fi une confcience
erronée fe produit au dehors par des difcours,
des écrits ou des actes dangereux, la loi, fans
bleffer l'inviolabilité de la penfée, peut la réprimer par des peines proportionnées au délit.

Dans la Déclaration des droits de l'homme,
article XI, l'affemblée conftituante s'exprimoit
en ces termes : » La libre communication des
» penfées & des opinions eft un des droits les
» plus précieux de l'homme. Tout citoyen peut
» donc parler, écrire, imprimer librement, fauf
» à répondre de l'abus de cette liberté dans les
» cas déterminés par la loi. «

Il étoit difficile d'accumuler, en moins de
mots, un plus grand nombre d'idées fauffes &
incohérentes. La libre communication des opinions n'eft pas un droit plus précieux que celui
d'ufer de toute autre faculté naturelle ; & ce
droit, comme tous les autres, doit être limité
par les lois de la juftice naturelle & civile. La
liberté des mouvemens eft certainement un des
droits les plus précieux de l'homme, & cependant on n'a pas encore vu de légiflateur établir,
comme un des axiômes de fa conftitution, que
tout citoyen peut librement faire tous les mouvemens, c'eft-à-dire, toutes les actions qu'il vou-
dra. La derniere phrafe de cet article XI détruit
les deux premieres. Car, pourquoi qualifier de

droit précieux une faculté dont on reconnoît que le citoyen peut abuſer ? Et que devient cette liberté de parler, d'écrire & d'imprimer, s'il faut en répondre dans les cas déterminés par la loi ?

Un gouvernement ſage ſe gardera bien de laiſſer à la preſſe une liberté effrénée. Il connoît trop la légéreté, l'ignorance, la crédulité du peuple, pour l'abandonner à cette tourbe de ſophiſtes & de diſcoureurs qui ſe font un jeu cruel de confondre l'erreur & la vérité, le vice & la vertu. Il regardera ſon peuple comme des enfans ſans expérience, qu'un pere éclairé doit tenir éloignés de tout ce qui peut les corrompre ; & il ne permettra pas plus l'enſeignement public & indiſtinct de toute opinion, que la vente & l'emploi de tous les poiſons.

L'intérêt des ſciences ne demande pas cette liberté illimitée de la preſſe. Il reſte au génie & à la raiſon un champ aſſez vaſte, même en leur interdiſant toute incurſion contre la Religion & le gouvernement. Les ſyſtêmes de l'impiété & de l'anarchie n'ont pas reculé les bornes des connoiſſances humaines. Que l'on place d'un côté Bacon, Deſcartes, Galilée, Paſcal, Mallebranche, Locke, Newton, Leibnitz, Boyle, Addiſſon ; & de l'autre, Spinoſa, Tyndal, Woolſton, Bolingbrocke, la Mettrie, Helvétius, Diderot, & que l'on me diſe où ſont les vrais philoſophes. Buffon en ſeroit-il moins le peintre de la nature, ſi l'on arrachoit de ſon livre quelques feuillets, où la ſaine phyſique n'eſt gueres plus reſpe¢tée que la Religion ? Eſt-ce par ſes paradoxes & ſes fréquentes contradictions, plutôt que par ſa profonde ſenſibilité, & par la magie de ſon ſtyle, que Rouſſeau s'eſt placé à la tête des écrivains de ſon ſiecle ? Et ce Vol-

taire, qui a dû à l'extrême licence de sa plume
sa prodigieuse renommée, ne sera-t-il pas exclu
par la postérité de la classe des philosophes? Ne
tiendroit-il pas dans la littérature un rang encore
plus distingué, si la plupart de ses écrits n'étoient
pas déshonorés par les calomnies, les menson-
ges, les invectives que lui dictoit sa haine jalouse
contre Jésus-Christ?

Je placerai ici une observation que les gens
de lettres, ceux du moins qui se sentent quelque
talent, ne devroient jamais perdre de vue. Si,
dans un siecle frivole, raisonneur & corrompu,
les productions licencieuses sont applaudies, ce
succès n'est que pour un temps & pour un pays.
La masse du genre humain en revient toujours
à la raison & à la vertu. Rien n'est beau, durable & universel que le vrai. Les chefs-d'œuvre
anciens ou modernes qui forment la bibliotheque
commune de toutes les nations, ne doivent rien
à la licence des opinions : la Religion, la morale, les lois y sont respectées. Observation con-
solante pour l'humanité, & honorable pour les
lettres, qui prouve que le goût n'est pas étranger à la vertu, & me persuade que ces livres
philosophiques, si vantés de nos jours, ou ne pas-
seront pas à la postérité, ou n'en obtiendront
que l'indignation & le mépris.

La tolérance civile ne doit s'étendre ni aux
dogmes éversifs de l'ordre social, ni aux cultes
qui troubleroient la tranquillité de l'Etat. Mais
parmi les cultes qui different de la religion dominante, il faut encore distinguer ceux qui com-
mencent à se montrer, & ceux que l'on trouve
établis.

S'il s'eleve une secte nouvelle qui divise les
esprits, le prince ne doit rien négliger pour

l'étouffer dès sa naissance. Il est en droit d'imposer silence aux prédicans, & de les punir,
sinon comme hétérodoxes, au moins comme
perturbateurs du repos public. » Respectez &
» maintenez l'ancienne religion, disoit Mécene
» à Auguste; réprimez & punissez les novateurs.
» Quiconque introduit un nouveau culte, ouvre
» la porte à de nouvelles lois, d'où naissent
» bientôt les cabales, les factions, les conspi-
» rations. « (*) Le sénat de Rome tenoit pour
maxime, qu'il ne falloit rien innover dans la
Religion, & il punissoit avec rigueur tous ceux
qui tendoient d'introduire dans la république les
superstitions étrangeres.

Cette regle souffre une exception que les empereurs romains eurent le malheur de ne pas reconnoître. C'est lorsque la nouvelle religion s'annonce par des caracteres manifestes de divinité.
Car le prince n'a pas de droit contre la vérité,
& quand Dieu parle, toute puissance humaine
doit céder. De son côté, la véritable religion
instruit ceux qu'elle éclaire à respecter l'autorité
du prince, lors même qu'il en abuse. La maxime
des Apôtres, qu'il faut obéir à Dieu plutôt
qu'aux hommes, ne peut jamais troubler la paix
de l'Etat, parce que l'obéissance due à Dieu,
laisse subsister tous les droits du Souverain, &
que dans le cas même où le Souverain comman-
deroit ce que Dieu défend, la Religion ordonne
de mourir plutôt que de se révolter contre l'autorité légitime.

Si le prince trouve dans l'Etat des sectes toutes
formées, dont la doctrine & les pratiques n'ayent
rien de contraire aux principes d'un sage gou-

____

(*) Dion.

vernement, il ne peut, même fous le prétexte de l'intérêt de la vérité & du falut éternel, employer la violence pour ramener les diffidens à fa religion. Il doit non-feulement tolérer comme Souverain ces cultes qu'il condamne comme particulier, mais encore les faire jouir de tous les avantages que le temps, des traités ou des conceffions légales auroient pu leur affurer. Un prince qui a le bonheur de connoître la véritable religion, ne peut s'empêcher de défirer avec ardeur que tous fes fujets partagent avec lui un fi précieux avantage ; mais il ne doit pas oublier que le zele d'un Souverain n'a pas les mêmes regles que le zele d'un miffionnaire.

Dans certains Etats on voit plufieurs religions qui, étant également autorifées par la loi, ont un culte public, & font dominantes à l'égard de celles dont le culte n'eft que toléré. Quelle que foit la religion que profeffe le Souverain, il doit aux autres de les protéger, parce qu'elles font partie de l'ordre public, & de ne jamais permettre qu'elles fe troublent mutuellement, ou qu'elles employent, pour fe faire des profélytes, d'autre voie que celle de l'enfeignement & de la perfuafion.

Tels font, dans cette matiere auffi délicate qu'importante, les principes qui m'ont paru dictés par la politique, & avoués par la Religion, & que je crois vrais d'autant plus volontiers, qu'ils font également éloignés de cette intolérance fanatique & barbare,

» *Qui prenant le faux zele & l'intérêt pour guides,*
» *Ne fert un Dieu de paix que par des homicides ;*

& de cette indifférence facrilege qui tolere toutes les religions, parce qu'elle les méprife toutes.

Cette indifférence, ce mépris pour la Religion, est un des caractères de la législation françoise qui, ne reconnoissant point de religion nationale & dominante, laisse une égale liberté à
tous les cultes, les place tous hors de la constitution, & rompt l'alliance qui, chez tous les
peuples & dans tous les temps, a subsisté entre
la Religion & la politique.

Mais, si la législation françoise se montre in-
différente à l'égard de toutes les religions, sous
ce masque de l'impartialité, les législateurs ca-
choient une haine implacable & féroce envers
la religion dans laquelle ils avoient été nourris,
& dont la voix importune réclamoit trop hautement contre leurs attentats. On n'avoit pas
encore vu un système de persécution conçu avec
tant de scélératesse, exécuté avec tant de barbarie. Les auteurs de ce plan infernal commencerent par mettre la Religion catholique hors
de la loi, en attendant qu'ils pussent la persécuter au nom de la loi. Au mépris des titres les
plus sacrés, & par la violation la plus impudente
du droit de propriété, ils s'emparerent de tous
ses biens au nom de la nation, à qui ils n'avoient
jamais appartenu, qu'ils dispensoient de l'impôt
qu'eût nécessité le service public de la Religion,
& qui n'a cessé d'en profiter que du moment
où ils sont sortis des mains du Clergé. Par une
nouvelle injustice non moins criante, on donna
à ces décrets spoliateurs un effet rétroactif, en
dépouillant les possesseurs, & les réduisant à
l'état précaire de pensionnaires ou de salariés.
Bientôt après, pour consommer leur brigandage,
les législateurs qui s'étoient constitués débiteurs,
firent dépendre le paiement de cette misérable
indemnité d'une condition que repoussoient également

lement l'honneur & la conscience; & le refus d'un parjure les acquitta envers tout ce qu'il y avoit d'honnête parmi leurs créanciers. Enfin, pour n'avoir pas sous les yeux ces intéressantes victimes, dont les services, les vertus & la misere pouvoient émouvoir & ramener à la justice un peuple indignement abusé, un nouveau décret rélégua chez l'étranger, ou renferma dans des cachots tous les prêtres qui avoient échappé aux massacres exécutés ou projettés dans plusieurs villes du royaume.

En vain la nation a manifesté son vœu pour le rétablissement de la Religion catholique & le rappel de ses ministres. Ce vœu, long-temps éludé par des décrets artificieux, étoit enfin devenu une loi, lorsque par une de ces révolutions qui se succedent périodiquement dans la République françoise, une seule nuit a renversé la liberté publique, la représentation nationale, la constitution & les espérances des gens de bien. Une nouvelle persécution s'est élevée, plus cruelle & plus générale que les précédentes; mais le Christianisme se fortifie sous les coups de la persécution. En lui déclarant une guerre à outrance, les tyrans régicides n'ont fait que l'attacher de plus en plus à la cause de la monarchie; cette religion impérissable triomphera de la république françoise, comme elle a triomphé de l'Empire romain, & les lys refleuriront à l'abri de la croix.

O

CHAPITRE XI.

De la Constitution décrétée en 1791.

A la vue de ces révolutions périodiques qui, en cinq ans, ont déjà donné trois constitutions à la France, des observateurs superficiels croiront reconnoître l'inconstance & la légéreté de la nation. Mais si l'on veut remonter à la premiere cause de ces troubles toujours renaissans, on la trouvera, non dans le caractere national qui, au contraire, ne montra jamais tant d'énergie & d'obstination, mais dans les principes funestes qui ont donné le premier branle aux esprits, dans la Déclaration des droits de l'homme, dans la Constitution rédigée par la premiere assemblée nationale :

> *Hoc fonte derivata clades*
> *in patriam populosque fluxit.*

Cette constitution annoncée avec tant de faste, accueillie avec tant d'enthousiasme, confirmée par tant de sermens, s'est écroulée d'elle-même. Elle a péri par un vice de conformation. Il est aussi inutile qu'il seroit fastidieux de l'examiner dans ses détails. Mais comme elle conserve encore des partisans & des admirateurs non-seulement en France, parmi ceux à qui elle livroit les riches dépouilles du Clergé & de la Noblesse, mais encore dans les pays étrangers, où elle est peu connue, je ne puis me dispenser de jetter un coup d'œil sur son origine, sur ses principes & sur ses résultats.

Considérée dans son origine, la Constitution

de 1791 est criminelle, parce qu'elle est le fruit de la révolte ; elle est nulle parce qu'elle est l'ouvrage d'hommes sans mission, sans caractere, sans autorité. Ce sont les Etats-Généraux convoqués en 1789 qui ont fait la constitution décrétée en 1791. Or, les Etats-Généraux n'avoient pas les pouvoirs nécessaires pour donner à la France une nouvelle constitution.

Les pouvoirs des Etats-Généraux étoient déterminés par l'antique constitution du royaume, & par le vœu des provinces, exprimé dans les cahiers que chaque assemblée bailliagere avoit remis à ses députés, sons la religion du serment. Ouvrons ces cahiers qui, malgré les innovations introduites par M. Necker dans la composition de ces assemblées, & principalement dans celles du Clergé, renferment la volonté libre de toute la France : nous trouverons dans le plus grand nombre des abus dénoncés, des réformes proposées, des améliorations indiquées ; mais tons les principes de la monarchie françoise reconnus & consacrés de nouveau par un acquiescement solemnel de la nation, la distinction des trois ordres de l'Etat, le respect pour la religion de nos peres, le maintien des parlemens & des autres tribunaux, la division des provinces, & la conservation de leurs coutumes & de leurs privileges, la garantie des droits & des propriétés, nulle autre innovation que l'offre faite par les deux premiers ordres de partager avec le troisieme, les impositions & les charges publiques.

Ces cahiers étoient pour les députés, non une simple instruction, mais une loi impérieuse, dont ils ne pouvoient s'écarter, sans perdre le droit de représenter les provinces & les ordres qui les

avoient délégués. Du moment où ces mandataires infidelles & parjures se sont proclamés législ-
lateurs, ils ont cessé d'avoir un caractere public.
Les Etats-Généraux ont fini, & avec eux la
mission des députés, le jour qu'ils se sont dits
Assemblée nationale. Ils n'avoient de titre que dans
la convocation faite par le roi, & dans les élections des bailliages. Or, l'assemblée convoquée
par le roi, & formée par les élections des bailliages, n'étoit point une assemblée nationale :
c'étoit une assemblée générale des trois ordres de
l'Etat.

L'Assemblée nationale elle-même étoit si per-
suadée qu'elle excédoit ses pouvoirs, que pour
prévenir le reproche d'incompétence, elle crut
devoir se déclarer *Assemblée constituante*. Comme si,
pour acquérir un nouveau droit, & se mettre
au-dessus de leurs commettans, il suffisoit à des
mandataires de se donner une nouvelle dénomination! comme si une assemblée même constituante pouvoit changer la constitution de son
pays, je ne dis pas sans le consentement exprès,
mais contre la volonté clairement manifestée de
toute la nation! C'est un axiôme du droit & de
la raison, qu'il n'est pas de plus grand défaut
que le défaut de pouvoir : *non est major defectus quàm
potestatis*. Or, l'Assemblée nationale n'a jamais
eu le pouvoir d'altérer la constitution de la monarchie. Elle ne l'avoit pas au moment où elle
étoit formée en Etats-Généraux. Elle n'a pu se
l'attribuer depuis, qu'en supposant qu'elle avoit
le droit de s'en investir elle-même : supposition
trop absurde pour mériter d'être combattue sé-
rieusement.

Un raisonnement aussi simple, aussi concluant
auroit dû, ce semble, ouvrir les yeux à toute

la France. Mais déjà l'Assemblée nationale avoit
su s'environner d'une force contre laquelle le
raisonnement ne pouvoit rien. Toutes les passions, tous les petits intérêts, s'étoient ralliés
autour d'elle : la vanité du bourgeois, la crédulité du petit peuple, l'avarice des capitalistes, le
demi savoir, & la profonde corruption des gens
de lettres, l'esprit séditieux d'une secte aigrie par
ses anciens revers, & enhardie par les espérances que venoit de lui donner un édit impolitique, le presbytéranisme soutenu par une autre
secte qui, pour sortir du mépris où elle étoit
tombée, n'aspiroit qu'à donner de l'éclat à sa
révolte contre l'Eglise ; enfin, l'amour de la nouveauté, & cette inquiétude d'esprit si commune
dans une nation frivole, plus faite pour sentir
que pour raisonner.

De tous ces élémens rassemblés, & savamment
combinés par des mains scélérates, il s'étoit formé
une opinion populaire que les factieux ne man-
quèrent pas de présenter comme le vœu national. Dès-lors la liberté fut bannie de la France.
L'insurrection fut mise à la place de la délibération. Les hommes éclairés & vertueux se tu-
rent ou ne furent pas écoutés. Les questions politiques étoient débattues dans les carrefours &
dans les atteliers. Le nombre & la force décidè-
rent de la chose publique. Dans toute l'étendue
du royaume, comme dans l'Assemblée nationale, les voix furent comptées par têtes ; & la majorité factieuse de l'Assemblée n'eut pas de peine
à faire sanctionner ses décrets par la majorité
ignorante de la nation.

Pour couvrir la nullité originelle de la constitution, & l'incompétence radicale de ses auteurs, on ne manquera pas de citer ces adresses

innombrables qui venoient, à point nommé, de
toutes les municipalités du royaume, ou pro-
voquer ou ratifier les décrets de l'Assemblée nationale. Deux réflexions décisives démontrent que
ces adhésions ne doivent être comptées pour rien.

1°. Cette manière d'émettre le vœu national
étoit illégale, inconstitutionnelle, essentiellement
nulle. La nation, composée des trois ordres,
s'étoit représentée par ses députés ; il ne lui restoit que d'attendre l'exécution des mandats qu'elle
leur avoit donnés ; ou si elle jugeoit à propos de
leur faire passer de nouvelles instructions, il falloit que, de l'agrément du roi, elle se réunît
de nouveau en assemblées bailliagères. L'Assemblée nationale, qui tenoit ses pouvoirs & son
être de ces assemblées meres, & qui redoutoit
leur surveillance, s'étoit hâtée de les proscrire.
Par ce parricide politique, elle s'étoit affran-
chie de toute responsabilité envers ses commettans ; mais, en même-temps, elle avoit anéanti
le seul titre qui pût légitimer ses opérations. Ces
attroupemens de bourgeois, d'ouvriers, de paysans, qui succéderent aux assemblées bailliage-
res, n'avoient pas plus le droit de voter sur les
décrets de l'Assemblée nationale, qu'ils n'avoient
le droit de représenter la nation essentiellement
composée du Clergé, de la Noblesse & du Tiers-
état. Ils ne tenoient leurs pouvoirs prétendus
que de l'Assemblée nationale. Ils n'existoient que
par elle, & d'après ses décrets. C'étoit un cercle
puéril, que de prétendre valider les actes de l'Assemblée nationale, par l'adhésion des *assemblées
primaires.*

2°. Personne n'ignore les intrigues, les manœuvres, les violences qui ont présidé à la rédaction de ces adresses adulatoires. La plupart,

fabriquées dans les bureaux de l'Assemblée nationale, étoient colportées par des députés qui, cachant leur mission sous l'ombre d'un congé, parcouroient les villes & les campagnes, promettant, menaçant, séduisant & semant l'or à pleines mains. Des émissaires soudoyés travailloient la populace : l'adresse retournoit à l'Assemblée, couverte de noms inconnus, & toute une ville apprenoit, par la voie des journaux, qu'elle avoit voté une adhésion unanime à tous les décrets faits & à faire par l'Assemblée nationale. Il en est de ce vœu de toute la France en faveur de la constitution, comme de cet hommage solemnel rendu à la sagesse de nos législateurs, par quelques misérables des faubourgs de Paris, payés pour se revêtir des costumes, & se dire les ambassadeurs de tous les peuples de l'univers.

Osera-t-on nous alléguer encore le serment prêté par la France entiere, de maintenir & de défendre la constitution de 1791 ? Certes, il seroit bien étrange que les auteurs de la constitution en appellassent à la religion du serment, eux qui, dès leur premier pas dans la carriere législative, ont foulé aux pieds le serment solemnel qu'ils avoient prêté à leurs commettans : eux qui ont rompu le lien du serment, en détruisant dans l'esprit des peuples les principes sacrés d'où il emprunte toute sa force : eux enfin qui ont proscrit par un nouveau serment cette constitution qu'ils avoient tant de fois juré de défendre jusqu'à la derniere goutte de leur sang.

Mais, pour répondre à ceux qui ne se font pas un jeu sacrilege des sermens & des parjures, je dis que le serment de maintenir la constitution de 1791 est nul, & n'a jamais produit ni droit, ni obligation, parce qu'il a été commandé par la terreur ou infpiré par la féduction. Il eft nul, parce qu'il n'avoit pas d'objet préfent & déterminé, & que la conftitution n'exiftoit pas, que toute la France avoit juré de la maintenir. Il eft nul & criminel, parce qu'il étoit contraire à la fidélité que tout François devoit à fon roi & à l'ancienne conftitution du royaume. On ne le juftifie point, en difant que la nouvelle conftitution avoit été acceptée par le roi. D'abord, il n'étoit pas au pouvoir du roi de confentir & de légitimer l'abolition des deux premiers ordres de l'Etat, & le renverfement de la monarchie ; & puis cette acceptation extorquée d'un roi prifonnier a été révoquée par une déclaration publique, au premier moment où il s'eft cru libre.

Difons le vrai. Ces fermens fi fcandaleufement multipliés, & qui fe détruifoient l'un l'autre, ne prouvent dans ceux qui les dictoient, que l'abus de la force, & dans ceux qui les répétoient, que l'enthoufiafme, l'inconfidération, la foibleffe & la peur. Ajoutons que, du ferment de maintenir une conftitution populaire, il ne peut naître un engagement proprement dit. Toute promeffe fuppofe deux perfonnes, dont l'une acquiert un droit, & l'autre contracte une obligation. Ici, le peuple promet à lui-même, & fa promeffe ne le lie qu'autant qu'il le veut.

On dira peut-être, que par ce ferment chacun s'engage envers tous. Mais, puifque tous ont la liberté de renoncer à l'engagement qu'ils ont pris, pourquoi ne me feroit-il pas permis d'abord d'y renoncer pour ce qui me concerne, & de travailler enfuite à infpirer aux autres la volonté d'y renoncer comme moi ? Il y a bien de la différence entre ces fermens populaires & le fer-

ment qui lioit les François à l'autorité royale.
Celui-ci donnoit un droit réel à une personne
& à une famille certaine. Ceux-là ne conferent
aucun droit qui puisse être réclamé par d'autres
que ceux qui les ont faits.

La constitution de 1791, nulle dans son origine, n'a donc pas été ratifiée par le consentement de la nation. Dans l'état actuel des choses,
elle a contre elle toutes les voix qui lui avoient
donné une existence éphémere. Et, s'il faut compter pour quelque chose le suffrage d'une populace
stupide & féroce, les constitutionnaires sont encore condamnés à ce tribunal qu'ils ont eu l'imprudence d'élever, & dont ils ont consacré les
arrêts tant qu'ils ont su les dicter.

Voyons maintenant ce qu'il faut penser de
la constitution de 1791, considérée dans ses
principes.

Par les principes de la constitution, je n'entends pas seulement la liberté, l'égalité, la souveraineté du peuple, le droit d'insurrection, en
un mot, la Déclaration des droits de l'homme.
Sur ce code de sédition & d'anarchie, il étoit
impossible, comme je l'ai prouvé dans les premiers chapitres, d'asseoir un gouvernement régulier & solide. Mais, outre ce vice fondamental, la constitution portoit dans son sein les principes d'une dissolution inévitable & prochaine.
Je me borne à citer pour exemples deux dispositions capitales, l'une sur l'autorité du roi, l'autre sur le pouvoir & sur les droits du peuple.

La constitution reconnoît le roi comme partie
essentielle & intégrante du gouvernement françois. C'est en lui seul que réside le pouvoir exécutif. Il est le chef suprême de l'armée & des
tribunaux, le représentant héréditaire de la na-

tion, & en cette qualité, membre nécessaire du corps législatif, dont les décrets n'ont force de loi, qu'après avoir été revêtus de sa sanction. Sa personne est inviolable. La responsabilité n'atteint que ses ministres. Telle est la part que l'assemblée constituante, après avoir détrôné le roi de France, daignoit faire au roi *des François*. Mais on peut lui reprocher d'avoir fait pour son roi constitutionnel, trop ou trop peu : trop, si elle a voulu que la constitution subsistât, trop peu, si elle a voulu conserver le gouvernement monarchique.

Quoique l'assemblée constituante eût déclaré souvent, & de la maniere la plus solemnelle, que le gouvernement françois étoit monarchique, il étoit aisé de voir que les principes & l'esprit de la constitution inclinoient à la démocratie ; & toutes les formes prescrites pour les élections étoient évidemment assorties au gouvernement populaire. Or, dans un gouvernement de cette nature, la royauté, avec toutes les prérogatives que lui attribuoit la constitution, n'étoit non-seulement un hors d'œuvre, mais un principe toujours subsistant de divisions intestines. Le roi & l'assemblée législative formoient dans l'Etat deux puissances rivales qui, ne rencontrant aucun pouvoir intermédiaire qui les balançât & les tint en équilibre, n'auroient cessé de se combattre, jusqu'à ce que l'entiere destruction de l'une ou de l'autre nous eût conduits ou à la démocratie, ou à un despotisme d'autant plus absolu, que l'autorité du monarque n'auroit pas été tempérée, comme dans notre ancienne constitution, par les privileges des deux premiers ordres, & par ces corporations puissantes, dont les maximes & l'esprit héréditaire opposoient une résistance insurmontable aux volontés arbitraires du Souverain.

Mais, en établissant cette lutte perpétuelle entre le pouvoir législatif & le pouvoir exécutif, l'Assemblée nationale s'étoit ménagé une victoire certaine & facile.

Des dispositions particulieres enlevoient au roi toutes les parties de l'administration que l'idée générale de la constitution sembloit lui confier exclusivement. L'Assemblée qui avoit divisé les pouvoirs, pour dépouiller le monarque du pouvoir législatif, les réunit de nouveau pour lui ôter encore le pouvoir exécutif. Chaque jour étoit marqué par quelque nouvelle usurpation du corps législatif, & telle étoit, dans le fait, la constitution de la nouvelle monarchie, que le roi ne jouissoit pas même des droits de citoyen. Spectateur oisif de tout ce qui se faisoit en son nom, il étoit sur son trône, comme les Dieux d'Epicure rélégués dans le ciel & étrangers à la terre.

La nécessité de la sanction royale avoit été décrétée. C'étoit l'unique barriere élevée par la constitution contre le despotisme d'une assemblée qui réunissoit tous les pouvoirs. Mais à quoi se réduisoit le droit de consentir ou de refuser dans un roi prisonnier, pour qui chaque refus étoit suivi d'une émeute, à qui chaque émeute retraçoit l'image sanglante de ses gardes massacrés à ses pieds? Et s'il avoit le courage de rejetter, au péril de sa tête, des décrets impolitiques ou barbares, l'Assemblée qui disposoit souverainement des finances, de l'armée, de l'opinion, ne pouvoit-elle pas enlever au roi constitutionnel l'usage d'une prérogative qu'elle ne lui avoit accordée que pour légitimer ses attentats? La volonté du peuple, dans les principes de la cons-

titution, n'est-elle pas la loi suprême? & la volonté du peuple n'a-t-elle pas toujours été dans
les mains des factieux qui dirigeoient les mouvemens de la populace, & dictoient les délibérations de l'Assemblée?

D'une part, les hommes éclairés ne voyoient
dans la constitution qu'un alliage d'élémens inas-
sociables, qu'un mélange incohérent des formes
de la monarchie avec l'esprit de la démocratie.
D'un autre côté, la masse du peuple se plaignoit
hautement de ne pas y trouver toute la liberté
dont on l'avoit flattée.

La constitution établissoit deux classes de citoyens. Les *citoyens actifs*, qui seuls concouroient
activement & passivement aux élections, les *citoyens inactifs* qui, à proprement parler, n'étoient
que sujets, & ne jouissoient pas du droit de cité.
Ces deux classes étoient séparées par la quotité
de l'imposition ; & quoique les décrets eussent
étendu la classe des citoyens actifs beaucoup
plus qu'il ne convenoit à la bonne administration & à la tranquillité de l'Etat, on ne comprenoit pas pourquoi, dans les principes de la
constitution, tout François, sans distinction de
propriétaires & de non propriétaires, n'étoit pas
reconnu pour citoyen. Comment, après avoir
posé la maxime fondamentale que tous les hommes naissent & demeurent égaux en droits, des
représentans du peuple souverain osèrent-ils prononcer que la plus grande partie du peuple n'auroit aucune part à l'exercice de la souveraineté?
Etoit-ce la peine d'abolir ce qu'on appeloit l'aristocratie de la naissance, pour y substituer l'aristocratie des richesses?

Une pareille disposition ne pouvoit subsister.
Les démagogues forcenés, les chefs de la fac-

tion républicaine jetterent le masque, se montrerent au grand jour, & s'armerent des principes de la constitution, pour combattre avec avantage les constitutionnaires. Envain la seconde législature avoit pris pour devise : *la constitution, toute la constitution, rien que la constitution.* Elle se vit entraînée par le torrent populaire. Toute distinction entre les riches & les pauvres fut abolie. *La constitution* rayée du serment national, fit place *à la liberté & à l'égalité* républicaine. Un parjure avoit élevé la constitution, un parjure la renversa quelques mois après ; & cette classe de propriétaires avides & imprévoyans qui avoient applaudi à la ruine du Clergé & de la Noblesse, la bourgeoisie se vit, à son tour, maîtrisée par la populace qui, au même titre du nombre & de la force, envahit tous les pouvoirs & toutes les propriétés.

C'est ainsi que, par une marche naturelle & nécessaire, la République en 1792 a pris naissance dans la constitution de 1791, qu'elle s'est nourrie de son esprit, défendue par ses maximes, affermie par ses moyens. La constitution est coupable, non-seulement des crimes qui l'ont établie, mais encore de ceux qui l'ont renversée, & de cet épouvantable enchaînement d'horreurs, dont il ne se trouve pas d'exemple dans l'histoire des temps les plus malheureux, & des nations les plus barbares.

Cependant, si nous voulons écouter ses partisans, la constitution ne respire que l'ordre, la liberté, la sûreté personnelle, le respect pour les propriétés. La France eût toujours été paisible & florissante, si l'on eût suivi ses dispositions, si les décrets eussent été ponctuellement exécutés. Les pillages, les incendies, les massacres sont les crimes des factieux qui ont renversé la constitution & proclamé l'anarchie, sous le nom de République.

Vaine & misérable apologie! d'abord, je demanderai aux auteurs de la constitution si, en prenant sur eux la commission hardie de donner à la France de nouvelles lois, & un nouveau gouvernement, ils ne sont pas devenus responsables de toutes les suites d'une entreprise si téméraire. Avant de porter le marteau sur l'antique édifice, où nous reposions, il falloit en avoir construit un autre tout prêt à nous recevoir : il falloit du moins empêcher que nous ne fussions écrasés sous les décombres. Dans les réformes politiques, une théorie éblouissante est l'ouvrage d'un écolier. L'homme d'état est celui qui sait prévoir & calculer tous les obstacles que l'intérêt, l'esprit de corps, les préjugés, les passions de tout genre peuvent opposer au plan le plus sage & le mieux concerté. On se moqueroit d'un artiste qui, dans la construction d'une grande machine, ne voudroit suivre que les principes abstraits de la géométrie, sans égard aux frottemens, & à la résistance des milieux. En mettant leurs conceptions à la place des institutions de nos peres, les réformateurs s'obligeoient non-seulement à nous donner des lois meilleures, mais encore à les faire exécuter.

» Il est bien aisé d'accuser d'imperfections une
» police; car toutes choses mortelles en sont
» pleines. Il est bien aisé d'engendrer à un peu-
» ple le mépris de ses anciennes observances.
» Jamais homme n'entreprint cela, qui n'en vînt
» à bout. Mais d'y rétablir un meilleur état,
» en la place de celui qu'on a ruiné; à ceci
» plusieurs se sont morfondus de ceux qui l'a-

» voient entreprins. « (*) Pour fe dire législateurs, il ne fuffifoit pas aux légiftes & aux beaux
efprits de l'affemblée conftituante de faire des
décrets; il falloit favoir les accommoder tellement à toutes les circonftances phyfiques, morales & politiques, que la nation trouvât fon
intérêt à les obferver. Tout fyftême de législation qui ne foutient pas cette épreuve, eft le
produit d'une préfomptueufe & criminelle impéritie.

Or, la Conftitution de 1791 n'a jamais été
obfervée : elle n'étoit déjà plus, qu'on la faifoit
encore. Il n'en faut pas davantage, la conftitution eft jugée. Qu'ai-je befoin d'entendre ces
difcoureurs qui s'offrent à me démontrer qu'elle
eft plus parfaite que notre ancien gouvernement?
Un mot répond à tous les raifonnemens. Le
gouvernement françois, tout barbare que vous
le dites, a fubfifté avec gloire pendant quatorze
fiecles : votre fublime conftitution n'a pu fe foutenir pendant quatorze mois.

C'étoit déjà, pour l'affemblée conftituante, un
crime impardonnable que d'avoir facrifié le bonheur & la tranquillité de l'Etat à fa vanité, à
fon ambition, à l'incertitude des événemens.
Mais, ce qui la dévoue à l'exécration de la poftérité, c'eft que tous les forfaits commis depuis
le moment fatal, où elle s'eft emparée du gouvernail, ne font que l'imitation fidelle de fes
manœuvres, l'application de fes maximes, le
développement des germes d'anarchie, d'irréligion & d'immoralité qu'elle avoit femés dans fa
conftitution.

Eft-il befoin de prouver que l'affemblée conf-

____

(*) Montagne.

tituante a donné le premier exemple de la rebellion, qu'elle a provoqué, encouragé, récompensé le pillage des châteaux, la révolte des vaſſaux, l'inſubordination des troupes, & toutes les fureurs de la populace contre les victimes que lui déſignoient ſes émiſſaires? N'étoitce pas encore les membres de l'aſſemblée conſtituante qui ſe relayoient pour venir périodiquement échauffer le patriotiſme, & ſouffler le feu de la ſédition dans les provinces? Ah! ſi jamais les lois reprennent leur empire dans notre malheureuſe patrie, qu'il ſera facile de démêler les inſtigateurs de tant de forfaits, parmi cette foule de miſérables, ſéduits ou entraînés, qui n'en ont été que les aveugles inſtrumens!

Quelle effroyable reſponſabilité peſe ſur l'aſſemblée conſtituante! c'eſt à elle qu'on demandera compte de tout le ſang qui a coulé depuis l'aſſaſſinat impuni de MM. de Fleſſelles & de Launay, juſqu'à ces maſſacres de ſeptembre, où l'on ne ſait ce qu'on doit déteſter le plus, ou de la barbarie des Marſeillois qui les ont exécutés, ou de la lâcheté des Pariſiens qui les ont ſoufferts; juſqu'à ces proſcriptions qu'un Marat, un Robeſpierre ordonnoient conſtitutionnellement, au nom du peuple libre & ſouverain; juſqu'à ces infâmes expéditions où le ſoldat égorgeoit de ſang-froid, & avec l'appareil dériſoire des formes juridiques, des ennemis déſarmés, des prêtres, des vieillards, des femmes & des enfans.

C'eſt encore ſur l'aſſemblée conſtituante que retombera le ſang de Louis, d'Antoinette & de la vertueuſe, de la céleſte Eliſabeth. C'eſt elle qui a livré ces auguſtes victimes, qui a dreſſé

l'échafaud,

l'échafaud, qui a dicté l'arrêt. La Convention nationale n'a fourni que les bourreaux :

Illa necis caufam præbuit, ifta manum. (*)

Les conftitutionnaires s'efforcent vainement de tromper leurs remords, & d'échapper à l'opprobre qui les pourfuit, en rejettant fur les Jacobins tous les crimes qui ont fouillé l'hiftoire de la Révolution. Outre qu'ils en avoient donné l'exemple, il eft notoire que ce font leurs manœuvres & leurs décrets qui ont éteint dans la maffe du peuple le refpect pour la Religion, & les fentimens de la juftice & de l'humanité. Ce font eux qui ont démufelé le tigre, & qui répondront de fes ravages. Toute la différence qui fe trouve entre les Conftitutionnaires & les Jacobins, c'eft qu'à la vue des ruines qui s'amonceloient fous leurs pas, les premiers ont voulu s'arrêter & mettre un terme à la dévaftation, au-lieu que les Jacobins, plus intrépides dans le crime, & plus conféquens, ont fuivi jufqu'à la fin les principes & la marche de la révolution.

La Déclaration des droits de l'homme avoit pofé les fondemens de la République : la conftitution en renfermoit le germe que les Jacobins ont laiffé mûrir & fu développer. Si le peuple eft fouverain, il pouvoit retirer à fes repréfentans l'autorité précaire qu'il leur avoit déléguée : il pouvoit, ou fe nommer d'autres miniftres ou gouverner par lui-même. Après avoir détruit la monarchie, il avoit le droit incontestable de renverfer la conftitution. Tout gouvernement devenoit légitime, du moment qu'il l'adoptoit.

______

(*) Ovide.

Nulle dans son origine, vicieuse dans sa composition, atroce dans ses résultats, la Constitution de 1791 n'étoit qu'un premier pas vers
l'anarchie républicaine qui a mis le comble aux
crimes & aux malheurs de la France.

CHAPITRE XII.

De la République françoise.

TANDIS que la première Assemblée nationale
élevoit sur les ruine de la monarchie le pom-
peux & frêle édifice de la constitution, une autre faction plus scélérate & plus habile, posoit
dans l'obscurité les fondemens de la République.

Au premier signal d'une révolution, on avoit
vu se former dans toutes les villes, dans toutes
les bourgades du royaume, des *Clubs* ou *Sociétés
patriotiques*, vil ramas de tout ce qu'il y avoit en
France d'intrigans, de factieux, d'hommes flétris, perdus de dettes & de débauches. D'abord
méprisés par les honnêtes gens, mais soutenus
par l'Assemblée nationale, dont ils secondoient
puissamment les opérations, en préparant les
insurrections & les crimes dont elle avoit besoin, les clubs ne tarderent pas à se faire re-
douter. Ils disposerent de l'opinion & des bras
de la populace, que l'appât du pillage & de
l'impunité avoit rangée sous leurs drapeaux : ils
distribuerent à leurs affiliés toutes les places de
la nouvelle administration : ils couvrirent le
royaume d'espions, de délateurs, d'assassins.
Après avoir mis la France sous le joug de l'Assemblée nationale, ils asservirent l'assemblée elle-
même ; ils lui dictoient insolemment ses décrets :

ils précipitoient ou suspendoient à leur gré la marche de la révolution. Promoteurs forcenés de la constitution, tant qu'ils la jugerent nécessaire, pour achever de détruire la monarchie, ils renverserent cet échafaudage de démolition, lorsqu'ils virent le terrein nettoyé, applani, & propre à recevoir les fondations de cette anarchie systématique, qui devoit mettre en leurs mains toute la puissance & toutes les richesses de la nation.

» Ceux qui donnent le branle à un Etat sont
» volontiers les premiers absorbés en sa ruine.
» Le fruit du trouble ne demeure gueres à celui
» qui l'a ému : il bat, & brouille l'eau pour
» d'autres pêcheurs. (*) « La Constitution de 1791 avoit immolé le Clergé & la Noblesse à la cupidité & à la vanité du Tiers-Etat. Excitée & conduite par les Jacobins, la populace voulut aussi faire sa révolution; & quelques semaines après le décret solemnel qui vouoit à la haine publique, quiconque proposeroit le gouvernement républicain, la république fut décrétée & proclamée dans toute la France.

Une république fondée sur les notions de la souveraineté du peuple & de l'égalité ne pouvoit être qu'une démocratie. D'ailleurs c'étoit la multitude qui créoit la république françoise, & la multitude, ou plutôt ceux qui se tenoient assurés de régner en son nom, n'eussent jamais consenti au partage, encore moins à l'abandon du pouvoir.

Mais dans une république de trente à quarante mille lieues carrées, où l'on comptoit vingt-cinq millions d'hommes, il étoit impossible que

____

(*) Montagne.

le peuple exerçât par lui-même les fonctions de la souveraineté. Il fallut donc adopter le gouvernement représentatif, & confier à un petit nombre de citoyens tous les pouvoirs de la nation.

C'étoit mettre l'oligarchie à la place de la royauté : c'étoit anéantir la liberté politique par l'acte même qui sembloit la créer. Car, ainsi que l'observe Rousseau, » à l'instant qu'un peuple se donne des représentans, il n'est plus » libre, il n'est plus, (*) « Ces délégués du peuple une fois investis de l'autorité, sauront bien empêcher qu'elle ne leur échappe, ou du moins, ils trouveront les moyens de se soustraire à toute responsabité. Sous un gouvernement représentatif, le peuple n'est libre & souverain qu'au moment où il nomme ses représentans. Et encore à quoi se réduit, pour l'immense majorité des citoyens, cet exercice de la souveraineté? à nommer aveuglément, & sous l'influence d'une faction dominante, les tyrans qui doivent l'opprimer. Dans une nation corrompue, les élections populaires ne produisent que des choix détestables. Le sort donneroit des résultats moins mauvais ; car on ne peut ni le séduire ni l'acheter.

La république françoise est un monstre en politique. Deux obstacles invincibles s'opposeront toujours à l'établissement & à la solidité d'un pareil gouvernement, la vaste étendue, l'immense population de la France, & le caractere de la nation.

» Tout bien examiné, dit encore l'auteur du » *Contrat social*, je ne vois pas qu'il soit désor- » mais possible au souverain, c'est-à-dire au peu-

---

(*) Contrat social.

» ple, de conserver parmi nous l'exercice de
» ſes droits, ſi la cité n'eſt très-petite. «

De l'aveu forcé du légiſlateur de la révolution françoiſe, le gouvernement populaire ne
peut avoir lieu dans une cité de vingt-cinq millions d'habitans. Nous avons vu, dans le premier chapitre, que, par la nature des choſes, la
démocratie ne pouvoit convenir qu'à un petit
Etat, & toute l'hiſtoire vient à l'appui de ce
principe. Les anciennes républiques de la Grèce,
de l'Italie, de la Sicile égaloient à peine nos
villes du ſecond & du troiſième ordre. Toutes
les républiques modernes ont peu d'étendue, en
comparaiſon de la France, & les démocratiques moins encore que les ariſtocratiques. Celles-
ci ſe rapprochant davantage de la monarchie,
ont un gouvernement plus ferme, plus actif, plus
conſtant dans ſes vues, & peuvent embraſſer un
plus vaſte territoire. La démocratie pure, telle
que l'établit la Conſtitution de 1793, ne con-
viendroit pas même à la petite république de
St. Marin.

Les orateurs de la tribune nationale n'ont pas
manqué d'orner leurs déclamations du langage
& des ſentimens de l'ancienne Rome, & les Pariſiens éblouis ſe ſont crus des Romains. Mais
l'exemple de Rome, d'ailleurs étranger à la république françoiſe, puiſque ſon gouvernement
étoit mêlé d'ariſtocratie, eſt lui-même une preuve
bien ſenſible, qu'un grand Etat ne peut ſubſiſter long-temps avec le gouvernement républicain. La République romaine, après ſes conquêtes en Afrique, en Grèce & en Aſie, demeura
renfermée dans l'Italie : des proconſuls gouver-
noient deſpotiquement les provinces. La liberté,
comme le remarque Monteſquieu, étoit dans le

((230))

centre, & la tyrannie aux extrémités. Sous ce rapport, la France d'aujourd'hui ressemble à l'ancienne Rome. La République françoise est dans Paris, le reste de la France est sujet.

Auguste, devenu monarque, parut avoir quelque envie de rétablir la république. Cette magnanimité apparente eut peut-être été plus funeste aux Romains que les cruautés du triumvirat. Rome petite, pauvre & vertueuse, avoit fondé la république. Rome puissante, opulente & corrompue, ne pouvoit être sauvée que par le gouvernement d'un seul. *Discordantis patriæ non aliud remedium, quàm si ab uno regeretur..... Omnem potestatem ad unum conferri pacis interfuit.* (*) La France, qui veut passer du régime monarchique au régime républicain, se trouve dans des circonstances toutes semblables à celles qui forcerent les Romains de chercher un asyle dans la royauté.

Les cantons helvétiques, les provinces-unies des Pays-Bas, les Etats-unis de l'Amérique-septentrionale n'ont eu garde de se constituer en *république une & indivisible.* Ils demeurerent partagés en petits Etats, indépendans quant à l'administration intérieure, & formerent des républiques fédératives, dont tous les membres, comme dans la ligue achéenne & dans l'empire germanique, se trouvoient réunis par un intérêt commun, & séparés par des constitutions différentes. C'étoit aussi le plan des Calvinistes qui, sous Henri IV & sous Louis XIII, méditoient le démembrement de la monarchie françoise. Moins savans que nos philosophes révolutionnaires dans l'art de renverser les gouvernemens, ils entendoient mieux de les reconstruire,

____

(*) Tacito.

Non-seulement la France est trop vaste, mais elle est peuplée de nations trop différentes, pour que l'on puisse en former une seule république. Ce gouvernement suppose dans tous les citoyens des mœurs, des habitudes, des intérêts semblables, une jurisprudence commune. Toute diversité, à quelqu'un de ces égards, seroit incompatible avec l'égalité républicaine.

Or, jamais on ne réduira la France à cette uniformité. L'empire françois s'est accru successivement par des conquêtes, par des successions, ou par des unions volontaires. Chaque province, avant son accession à la couronne, avoit sa jurisprudence fondée sur d'anciens usages, sur le caractere des peuples, sur la nature du climat & des productions territoriales. La justice & la politique de nos rois avoient constamment respecté ces habitudes locales en les soumettant toutefois aux lois générales que demandoit l'unité du gouvernement. Ces prétendus despotes n'avoient pas entrepris de forcer la nature & les opinions, pour donner aux peuples du Nord les mœurs du Midi ; & plus d'une fois, on les a vu renoncer aux projets de réforme les plus spécieux, pour ne pas porter atteinte aux droits particuliers & aux coutumes de certaines provinces.

Le niveau révolutionnaire a fait disparoître, en un instant, ces inégalités produites par l'action lente des siecles & du climat. Toute la France, subjuguée par la terreur, a reçu la loi que lui ont dicté ses tyrans. Mais cet asservissement ne sera pas éternel. La violence est plus propre à renforcer qu'à détruire des habitudes anciennes & populaires : les causes physiques & morales reprendront leur empire, quand la

terreur aura perdu le sien ; & l'on peut prédire
hardiment que cet assemblage forcé de municipalités, de districts & de départemens, la république *une & indivisible* sera déchirée en une multitude de petites républiques indépendantes, &
bientôt ennemies, à moins que les provinces,
éclairées enfin sur leurs véritables intérêts, ne
secouent le joug d'une capitale qui les dévore,
& ne se réunissent par un soulevement géné-
reux, contre les tyrans qui leur ont enlevé leur
gouvernement, leur religion, leurs coutumes,
leurs privileges, & jusqu'à leur nom.

Mais, si la nature, la justice & la saine politique ne permettoient pas que l'on soumît toute
la France à cette rigoureuse & minutieuse uniformité, combien est-il plus insensé de prétendre
y assujettir des peuples séparés de la France par
d'anciennes habitudes politiques, par la diversité de la langue, par une opposition marquée
de mœurs & de caractere, que le juste ressentiment de tant d'injures ne peut manquer de convertir en haine nationale ? Les Romains, qui
savoient encore mieux conserver que conquérir,
avoient pour maxime fondamentale de laisser aux
nations vaincues leur religion, leurs mœurs &
leurs coutumes. Ils ne se seroient jamais cru assez puissans pour entreprendre de faire couler
sous les mêmes lois municipales la Garonne &
l'Escaut. On ne trouve dans l'antiquité qu'un
exemple d'un semblable projet, & il est donné par
un prince dont la mémoire est abhorrée. » Le
» roi Antiochus, dit l'auteur du Livre des Ma-
» chabées, publia un édit, pour ordonner qu'il
» n'y eût dans tout son royaume, qu'un seul
» peuple, & que chacun renonçât à sa loi. «
Scripsit rex Antiochus omni regno suo, ut esset omnis

populus unus, & relinqueret unusquisque legem suam.

Quelle que soit la forme du gouvernement, la société ne peut se maintenir que par l'observation des lois. La vertu est donc le premier ressort de tout gouvernement. Montesquieu, qui donne aux républiques *la vertu* & aux monarchies *l'honneur* pour principes, n'a pas vu que ce sentiment factice qu'il appelle honneur, & dont il a puisé l'idée dans le caractere françois, n'est qu'un principe secondaire qui, séparé de la vertu, comme il arrive souvent, est plus nuisible qu'utile à la société. Cependant, il est vrai de dire, & Montesquieu prouve très-bien que, si l'on entend par vertu politique la frugalité, la modération & l'amour de la patrie, le gouvernement républicain demande, plus que tout autre, de la vertu, & dans ceux qui gouvernent, & dans ceux qui sont gouvernés.

A ce titre seul, le gouvernement républicain ne peut convenir à la France. Nous étions, sans contredit, le peuple le plus civilisé, & par cette raison peut-être, le plus corrompu de l'Europe. C'est dans nos vices, dans notre luxe, dans la licence des opinions, & par-dessus tout, dans l'égoïsme philosophique, ce poison froid qui tue toutes les affections sociales, qu'un observateur trouvera les vraies causes de notre révolution. La nation étoit trop vicieuse, pour supporter même la forme de gouvernement qui demande le moins de vertu; & l'on se persuaderoit qu'elle puisse être contenue par le gouvernement démocratique, celui de tous qui en demande le plus!

Il est facile, même à des scélérats, de parler le langage de la vertu. Un peuple hébété par la terreur, peut se courber sous le joug, & jurer obéissance aux tyrans qu'il déteste. Mais l'amour

des lois, le dévouement à la patrie, le définté-
reffement, l'efprit de frugalité n'entreront jamais
dans le caractere d'une nation qui a perdu fes
mœurs. Il n'eft point de lois, point de conftitution, point de fermens qui puiffent lui donner
ces vertus, fi utiles dans tous les gouvernemens,
fi néceffaires dans une république. Les conver-
fions font rares parmi les individus : je n'en connois point d'exemple parmi les nations.

Le peuple de Rome ne demandoit à Néron
& à Domitien que du pain & des fpectacles,
panem & circenfes. La populace de Paris, fous le
regne de Robefpierre, vouloit du pain, des fpectacles & du fang. Aujourd'hui les habitans de
la capitale ne connoiffent que deux fentimens,
le plaifir & la peur. Qu'importe la chofe publique à un peuple dégénéré, pourvu qu'on le nour-
riffe & qu'on l'amufe? Que lui importe la liberté, fi elle eft autre chofe que licence & impunité?

C'eft une maxime fondamentale en politique,
que le gouvernement doit avoir d'autant plus de
force, que les mœurs, la Religion, l'efprit public en ont moins. Or, dans l'état actuel de la
France, l'influence de la Religion, des mœurs
& de l'efprit public eft nulle pour le gouvernement. Car je n'appelle pas efprit public cet enthoufiafme féroce que la licence & le brigandage
ont allumé, & que le fentiment du malheur
refroidit tous les jours. Il eft donc néceffaire que
la République françoife retrouve, dans la force
du gouvernement, ce qui lui manque du côté de
l'opinion. Mais d'abord la démocratie eft, de
fa nature, le plus foible des gouvernemens, &
la démocratie françoife, par le vice de fes principes, la plus foible de toutes les démocraties.

Jamais il n'y eut moins de proportion entre la force du commandement & celle de la réſiſtance. Mais ſi, aux termes de la conſtitution, le gouvernement eſt trop foible, ceux qui gouvernent ſauront le fortifier, en y tranſportant l'eſprit & les moyens du deſpotiſme. Quand la vertu ne forme pas des citoyens, la crainte fait des eſclaves. Pour une nation corrompue, il n'eſt pas de régime plus oppreſſif que le gouvernement républicain, parce que les formes de la liberté ne ſervent qu'à légitimer la tyrannie. Dans de pareilles circonſtances, il n'y a point d'autre remede contre le deſpotiſme de l'anarchie, que le gouvernement d'un ſeul.

C'eſt parce que les mœurs vont toujours dépériſſant, ſur-tout chez les nations riches, commerçantes & induſtrieuſes, que l'on a vu conſtamment les gouvernemens ſe reſſerrer de plus en plus, c'eſt-à-dire, paſſer du grand nombre au petit, de la démocratie à l'ariſtocratie, de l'ariſtocratie à la royauté. » C'eſt-là, comme » l'obſerve très-bien Rouſſeau, leur inclinaiſon » naturelle. Si le gouvernement rétrogradoit du » petit nombre au grand, on pourroit dire qu'il » ſe relâche ; mais ce progrès inverſe eſt impoſ- » ſible. En effet, jamais le gouvernement ne » change de forme, que quand ſon reſſort uſé » le laiſſe trop affoibli pour pouvoir conſerver » la ſienne. Et s'il ſe relâchoit encore en s'éten- » dant, ſa force deviendroit tout-à-fait nulle, » & il ſubſiſteroit encore moins. Il faut donc » remonter & reſſerrer le reſſort à meſure qu'il » cede, autrement l'Etat qu'il ſoutient tomberoit » en ruines. « (*)

_____

(*) Contrat ſocial.

Pour donner quelque solidité à la république, il eût fallu changer les mœurs & l'esprit de la nation. Nos législateurs l'ont compris, & c'est à ce but que tendent toutes leurs opérations & tous leurs décrets. Mais plus ils redoublent d'efforts pour hâter cette révolution, plus le succès en devient difficile. Lorsque, par l'action réunie de toutes les causes physiques & morales, pendant treize à quatorze cents ans, il s'est formé dans une nation un caractere & un esprit public, c'est une entreprise extravagante que de vouloir, tout-à-coup, donner à cette nation un autre esprit & un autre caractere. Des lois faites aujourd'hui ne seront point d'accord avec les mœurs, les maximes & les opinions d'un peuple qui, depuis une longue suite de siecles, a été gouverné par des lois toutes différentes. Si les lois nouvelles sont meilleures que les anciennes, elles ne s'établiront jamais d'une maniere solide & durable, parce qu'elles rencontreront de mauvaises mœurs & de fausses opinions qu'il leur sera impossible de corriger subitement. Si elles sont vicieuses ou moins bonnes que les précédentes, elles acheveront de perdre les mœurs & l'opinion.

C'est ainsi que les décrets sur l'émancipation des mineurs & sur le divorce, ont porté dans les familles l'insubordination & la licence qui avoient renversé l'Etat. Nos législateurs, qui n'attendoient leur succès que de la violence ou de la corruption, étoient bien éloignés de sentir l'utilité politique de l'autorité maritale & du pouvoir paternel : magistratures importantes que la société emprunte de la nature, qui préparent dans les vertus domestiques le germe de toutes les vertus sociales, & dont l'influence est d'autant plus puissante, qu'elle se fait moins sentir.

C'eſt ainſi qu'en s'emparant, d'abord par des décrets artificieux, & bientôt après de vive for- ce, des biens du Clergé, de la Nobleſſe & des émigrés; qu'en décorant du nom de patriotiſme & de vertus civiques l'eſpionnage, la délation, l'aſſaſſinat, on eſt parvenu à brouiller, à perver- tir dans l'eſprit du peuple toutes les idées, tous les ſentimens de la juſtice, de l'honneur & de l'humanité.

A l'époque de la révolution, nos mœurs étoient mauvaiſes, mais nos lois étoient bonnes. La ré- volution, conçue & nourrie dans le crime, s'eſt fait un code aſſorti à ſon caractere, & les mœurs ſont devenues atroces.

Je ne veux pas dire que, dans ce tas immenſe de décrets rendus par les différentes légiſlatures, il ne puiſſe ſe rencontrer quelque loi utile, digne d'être un jour recueillie par une adminiſtration légitime. Mais quand les bonnes lois ſeroient auſſi nombreuſes dans le code révolutionnaire qu'elles y ſont rares, je dis plus, quand ce code ne renfermeroit que des lois bonnes en elles- mêmes, il eût été de la ſageſſe de ne pas le publier tout entier à la fois. Toute révolution générale & ſubite ne peut opérer que le boule- verſement de l'Etat, parce qu'elle contrarie la nature qui ne ſait point ſe prêter à cette marche bruſque & précipitée. Toute nouveauté, par elle- même, eſt un trouble dans l'ordre politique. Un ſage légiſlateur n'en introduit que rarement, & autant qu'il eſt poſſible, il les lie à quelqu'une des anciennes inſtitutions. Renverſer un gou- vernement pour réformer quelques abus, c'eſt brûler une ville pour en redreſſer les rues.

» Quand tous les avantages d'un nouveau plan » ſeroient inconteſtables, c'eſt encore Rouſſeau

» qui parle : quel homme de fens oferoit chan-
» ger les vieilles maximes, tenter d'abolir les
» vieilles coutumes, & donner une autre forme
» à l'Etat que celle où l'a fucceffivement amené
» une durée de treize cents ans ? Que le gou-
» vernement actuel foit encore le même, ou
» que, durant tant de fiecles, il ait infenfible-
» ment changé de nature, il eft également im-
» prudent d'y toucher. Si c'eft le même, il faut
» le refpecter : s'il a dégénéré, c'eft par la force
» du temps & des chofes, & la fageffe humaine
» n'y peut rien. « (*)

Novateurs téméraires! qui par vos vœux ou
par vos écrits, appelez les révolutions dans votre patrie, méditez ce paffage d'un philofophe
que l'amour du paradoxe a fouvent égaré, & que
la fupériorité de fa raifon ramene prefque toujours dans le bon chemin.

Quel peuple, quel moment les philofophes,
devenus légiflateurs, ont choifi pour faire l'effai
de leur théorie ! La France étoit un corps ufé
par l'abus de fes forces, mais qui confervoit encore des reftes de fa premiere vigueur, & qu'un
régime fage auroit rétabli. Des empiriques ont
entrepris de le régénérer, & n'ont fu qu'imiter
ces filles de la Fable qui, pour rajeunir leur pere, l'égorgerent & dépecerent fon cadavre. Des
politiques préfomptueux & fans expérience ont
tranfporté dans une nation parvenue au dernier
terme de la civilifation, un code qui convien-
droit à peine à des hordes fauvages que l'on
voudroit tirer de leurs forêts. Ils ont ôté aux
François ce qui leur reftoit de principes moraux, pour les amener à une forme de gouver-

____

(*) Polyfynodie.

nement qui exige les mœurs les plus austeres. D'un peuple de Sybarites, ils ont fait un peuple de Cannibales ; & ce n'est qu'en propageant & en systématisant la corruption, qu'ils l'ont préparé à une liberté que toute la vertu des Spartiates eût à peine supportée.

C'étoit au milieu d'une guerre, dont ils n'avoient acheté les succès que par l'épuisement & la dépopulation de leur pays : c'étoit lorsque toute la France, comme une ville assiégée, se voyoit en proie aux horreurs de la famine, lorsque toutes les passions étoient exaltées, tous les esprits exaspérés, que la Convention nationale méditoit froidement la formation d'un gouvernement, qui suppose plus qu'aucun autre l'accord de tous les intérêts, le concert de toutes les volontés ! Opposons-leur encore une fois l'autorité de leur oracle. » Les usurpateurs, dit Rousseau, amenent ou choisissent toujours ces temps de troubles, pour faire passer, à la faveur de l'effroi public, des lois destructives que le peuple n'adopteroit jamais de sang-froid. Le choix du moment de l'institution est un des caracteres les plus sûrs, par lesquels on peut distinguer l'œuvre du législateur de celle du tyran. (*) «

Pendant ses trois premieres années, la République françoise n'a eu d'autre constitution que celle de 1793, code anarchique sorti de l'antre des Jacobins, & à peine suffisant pour établir, dans une bande de voleurs, quelque ordre pour le partage du butin. Comment donc la République a-t-elle pu subsister trois années entieres, sans lois & sans gouvernement régulier ? C'est parce que l'enthousiasme prévenoit, parce que

----

(*) Contrat social.

la terreur comprimoit les regrets, les jaloufies &
les mécontentemens. Ces deux fentimens, la terreur fur-tout, font les principes confervateurs
de la République. Ils l'ont foutenue lorfqu'elle
n'avoit point de conftitution, & s'ils viennent à
s'éteindre, le moment où l'on proclamera la conftitution républicaine, le moment, du moins, où
ceux qui fe trouveront à la tête des affaires,
voudront la faire obferver exactement, fera l'époque de la chûte de la République. Car une conftitution, quelque populaire qu'on la fuppofe,
doit tendre au rétabliffement de l'ordre, & l'on
fait que le peuple ne s'eft affectionné à la République, qu'à raifon de la licence & de l'impunité qu'il s'en promettoit. La Conftitution de 1791
eft tombée par morceaux, dès que l'on a effayé
de la mettre en action. Le même fort attend la
conftitution républicaine.

La Convention nationale ne l'ignoroit pas ; &
ce n'eft pas fans de puiffantes raifons qu'elle a
différé jufqu'à l'époque de fa diffolution d'abor-
der le grand ouvrage de l'organifation de la République. Pendant près de trois ans, elle n'a fait
que des lois de circonftances : elle a rendu décrets fur décrets, pour expliquer comment, &
fous quels prétextes, elle fe réfervoit le droit
d'attenter aux propriétés, à la liberté, à la vie
des citoyens : elle a donné des formes juridiques
à l'affaffinat : elle a rédigé un code qui eût inf-
truit Sylla & les Triumvirs à mettre dans leurs
profcriptions plus de rafinement & non moins
de cruauté ; qui eût appris à Tibere l'art d'en-
courager les délateurs, & de rendre toute une
nation complice ou victime de la tyrannie. Tant
qu'a duré le regne de la Convention & de fes
lois révolutionnaires, ce qu'on nommoit la Ré-

publique

publique n'étoit qu'une anarchie sanguinaire, où,
dans l'espace de quelques mois, la France a perdu
par le glaive & par les formes de la loi, plus
d'hommes qu'elle n'avoit vu périr de criminels
depuis la fondation de la monarchie.

Toutes ces horreurs font l'ouvrage de la Convention qui s'est vainement efforcée de les rejetter sur la mémoire de Robespierre. Si après la
mort de cet abominable scélérat, la soif du sang
non assouvie, ce n'est point à la justice, à
l'humanité de la Convention qu'il faut l'attribuer, mais à sa politique & au danger où elle
se trouvoit elle-même. Tant que la tyrannie &
la cruauté ne s'appesantirent que sur l'opulence
& sur la vertu, la Convention les seconda de
tout son pouvoir. Elle préparoit les crimes de
Robespierre, par les rapports de son comité de
salut public, & quand elle ne les exécutoit pas
par ses commissaires, elle les approuvoit par
son silence. Mais, lorsqu'à son tour elle se vit
menacée, lorsque plusieurs de ses membres ap-
prirent que leurs noms se lisoient sur les listes
de proscription, la Convention se divisa, le dictateur fut assassiné, & la faction dominante an-
nonça, comme un acte de justice, le supplice d'un
monstre qu'elle n'avoit immolé qu'à sa propre
sûreté.

Sous Robespierre, la Convention avoit tout
écrasé par la terreur. Pour justifier sa mort, &
populariser la nouvelle révolution, il fallut dé-
tendre le ressort de la tyrannie, qui, aussi bien,
n'auroit pas tardé à se rompre. Semblable à un
accusé que l'on a retiré de la question pour le
replonger dans son cachot, la France, abâtardie
par la servitude & par la crainte, sut gré à ses
bourreaux d'avoir suspendu ses tourmens, elle

se crut presque libre, parce que le despotisme avoit pris des formes moins atroces.

Et tel étoit le sentiment profond des horreurs auxquelles on croyoit échapper, qu'en voyant encore la Religion éplorée redemander en vain ses ministres & ses autels, en voyant le patrimoine de l'Eglise & des familles, les dépouilles des temples & des châteaux entre les mains des brigands, en voyant renouveller contre ses proches, contre ses amis, ces lois atroces qui punissent de mort une démarche que l'honneur commandoit, que rendoit nécessaire le soin de sa propre sûreté, que justifient tous les principes du droit naturel & du droit public, on se félicitoit de vivre sous le regne de la justice & de la modération. *O homines ad servitutem paratos!* (*)

» Quel étoit, se demande Montesquieu parlant des décemvirs, ce systême de tyrannie, » produit par des gens qui n'avoient obtenu le » pouvoir politique & militaire que par la con» noissance des affaires civiles, & qui, dans les » circonstances de ces temps-là, avoient besoin » au-dedans de la lâcheté des citoyens, pour » qu'ils se laissassent gouverner, & de leur cou» rage au-dehors pour les défendre » (**)

Il est impossible de ne pas être frappé de ce rapprochement des décemvirs de Rome & de l'Assemblée de Paris. Mais il y a cette différence, que Virginie trouva des vengeurs dans un peuple qui s'indignoit encore plus du crime que de la tyrannie; & le sang de Louis XVI, & de tant d'autres martyrs de l'honneur & de la religion, n'a obtenu des François que des larmes secrettes & des regrets impuissans.

____

(*) Tacite. (**) Grand. des Rom.

On a vu quels obstacles la nature oppose à
l'établissement du gouvernement républicain dans
un pays tel que la France, & par quels moyens
odieux la Convention, sous le nom & les formes d'une république, a su usurper & retenir
l'autorité souveraine. Ceci me conduit à une derniere réflexion : c'est que, de tous les gouvernemens, il n'en est point où l'abus du pouvoir
entraîne plus d'excès & de vexations que dans
les républiques. Tous les gouvernemens peuvent
dégénérer en tyrannie ; le gouvernement républicain aussi facilement qu'aucun autre. Mais la tyrannie la plus oppressive, la plus irrémédiable est
celle de la multitude, ou des compagnies qui
prétendent gouverner en son nom. Les besoins
& les fantaisies d'un despote ont des bornes : son
intérêt le ramene souvent à la justice & à l'humanité ; un mauvais regne en laisse espérer un
moins fâcheux. Mais dans une assemblée de sept
cents tyrans, les passions sont insatiables ; la pi-
tié, la honte, des remords, ne se font point sentir ; les haines particulieres embrassent toutes les
familles ; l'esprit de la tyrannie ne meurt jamais.
L'opposition des intérêts enfante des guerres civiles ; leur réunion renforce & aggrave l'oppression.

Sous Pisistrate, les Athéniens ne regrettoient
que leur liberté ; mais sous les trente tyrans,
chacun craignoit pour sa vie. Lorsque Cromwel
eut cassé le parlement républicain, d'Angleterre
respira, parce qu'elle passoit du joug d'une multitude de tyrans sous celui d'un seul. Si la France, au contraire, a vu les fureurs de la tyrannie se rallentir après le supplice de Robespierre,
c'est d'abord parce que cet homme atroce &
dépourvu de génie n'avoit pas su, à l'exemple

de César, d'Auguste & de Cromwel, se faire
pardonner son usurpation par le contraste de la
clémence avec les horreurs qui avoient précédé.
C'est parce que, trop foible par lui-même, il ne
pouvoit aspirer à la dictature perpétuelle qu'en
se faisant le chef, ou plutôt l'instrument de la
faction sanguinaire des Jacobins : c'est enfin,
parce que ses complices, devenus ses assassins,
se hâterent de détourner sur sa mémoire toutes
les haines, toutes les vengeances que tant de
forfaits appeloient sur leurs têtes.

Mais la modération dont ils se paroient, la
justice dont ils empruntoient le langage, n'étoient
point dans leurs cœurs. La politique même leur
interdisoit tout retour à l'humanité : ce sceptre
de fer qu'ils venoient d'arracher à Robespierre,
faisoit toute leur sûreté ; ils étoient perdus s'ils
avoient osé être justes. La Convention avilie &
détestée ne devoit qu'à la crainte & à la stupeur
ce qui lui restoit de puissance. Il falloit qu'elle
opprimât ou qu'elle pérît. Forcée de se dissoudre, elle n'eut pas le courage & la grandeur d'ame
de Sylla qui, en abdiquant la dictature, se livra
désarmé au ressentiment des Romains. Elle avoit
compris qu'il étoit temps d'abolir la constitution
monstrueuse qu'elle avoit publiée en 1793 ; mais
elle sentit encore mieux, que si les François demandoient une constitution moins anarchique,
sa propre sûreté exigeoit qu'elle ne laissât pas
échapper les rênes du gouvernement. Elle réso-
lut donc de ne se séparer qu'après avoir fait
adopter à la France une constitution qui pût
assurer la perpétuité de son regne.

Quelques semaines suffirent pour ce grand ouvrage. Un code volumineux, fabriqué à la hâte
par les métaphysiciens de la Convention, fut

décret de confiance & fans difcuffion. Un fecond décret ordonna impérieufement au peuple
libre & fouverain, de choifir dans la Convention même les deux tiers de fes repréfentans. Des
troupes campées fous les murs de la capitale; les
armées répandues aux frontieres de la République, proclamerent le nouveau code au bruit du
canon. Le peuple réuni en affemblées primaires,
répéta avec effroi le ferment de le maintenir;
& pour la troifieme fois, l'enthoufiafme & la
peur donnerent une conftitution aux François.

CHAPITRE XIII.
De La Conftitution de 1795.

JE ne m'engagerai pas dans l'examen de la
conftitution décrétée au mois de feptembre 1795.
Je me borne à quelques réflexions fur ce qui la
diftingue des conftitutions de 1791 & de 1793.

Les deux premieres n'avoient pour préambule que la *Déclaration des droits de l'homme & du
citoyen* : la troifieme y ajoute une *Déclaration des
devoirs*; remede foible & tardif contre la licence
& contre l'abus inévitable des principes erronés
de la Déclaration des droits : compilation in-
complette & mal digérée de maximes vraies,
mais triviales, dont les honnêtes gens n'ont nul
befoin, que les méchans font accoutumés à fou-
ler aux pieds, & qui certes, n'emprunteront pas
de pareils légiflateurs une autorité bien impofante.

» Tous les devoirs de l'homme & du citoyen,
» dit l'article II, dérivent de ces deux principes
» gravés par la nature dans tous les cœurs : ne
» faites pas à autrui ce que vous ne voudriez

» pas.qu'on vous fît. Faites conftamment aux
» autres le bien que vous voudriez en recevoir. «

Ces deux maximes, admirables & pleines de raifon dans l'Evangile, d'où nos légiflateurs les ont tirées, ne font, dans leur bouche, que des phrafes infignifiantes. Sans la Religion qu'ils ont profcrite, où eft le motif qui puiffe raifonnablement me déterminer à préférer le bien d'autrui à ma propre fatisfaction ? En vain la nature a gravé dans nos cœurs ces principes de juftice, fi la Religion ne les fanctionne. L'homme n'eft remué que par fon intérêt, & il n'y a que la Religion qui lie conftamment & inféparablement notre intérêt à celui des autres. Le refte de cette homélie politique eft du même genre. C'eft la vertu prêchée par l'athéifme. Ces grands hommes d'état ne comprendront-ils pas enfin, que les lois humaines peuvent bien quelquefois punir le crime ; mais qu'elles ne peuvent atteindre le vice, encore moins commander la vertu, & qu'il ne peut y avoir pour l'homme & pour le citoyen, d'autre *Déclaration des devoirs* que *les Commandemens de Dieu*.

La Déclaration des droits, dans la nouvelle conftitution, eft moins vicieufe & moins anarchique que celle des deux conftitutions précédentes.

L'article I dit bien que » les droits de l'homme » en fociété, font la liberté & l'égalité. « Il falloit laiffer au peuple ces deux mots qui ont fait la révolution ; mais le fens en eft modifié & reftreint par les articles qui fuivent.

Selon l'article VI, » la loi eft la volonté » générale, exprimée par la majorité ou des » citoyens, ou de leurs repréfentans. » Mais, par l'article VIII de la conftitution, celui-là

seul est citoyen qui paye une contribution di-
recte, foncière ou personnelle. Ainsi, tout François n'est pas citoyen ; tout François n'est pas
admis à jouir des droits politiques. Ces droits
n'appartiennent qu'au citoyen, & il n'y a de
citoyen que le propriétaire.

Je n'ai garde de blâmer la Convention d'avoir
restreint le droit de citoyen ; je lui reprocherois
plutôt de ne l'avoir pas resserré dans des bornes
plus étroites. Mais en se rapprochant ainsi des
véritables principes, elle a démenti les maximes
fondamentales de la révolution. Que devient en
effet cette égalité qui, dans l'article I, est un
des droits de l'homme en société ? A quoi se
réduit cette liberté qui, selon l'article II, » con-
» siste à pouvoir faire tout ce qui ne nuit pas
» aux droits d'autrui ? « Une grande partie de
la nation, la classe indigente, qui se voit exclue
des assemblées politiques, n'est-elle pas privée
d'un droit qui ne nuit point aux droits d'autrui ?
Et le droit des propriétaires, par cela qu'il est
exclusif, ne tourne-t-il pas au désavantage de
la classe indigente ?

J'ai parlé, dans le chapitre V, des articles XVII
& XVIII, où il est dit, que » la souveraineté
» réside essentiellement dans l'universalité des
» citoyens, & que nul individu & nulle réu-
» nion particuliere de citoyens ne peut s'attri-
» buer la souveraineté. « Cette nouvelle doctrine
corrige un peu le principe de la souveraineté
du peuple ; mais en même-temps elle démontre l'illégalité de la révolution, qui ne doit
qu'à des séditions, & à des insurrections par-
tielles, sa naissance, ses progrès & son affer-
missement.

L'article VI déjà cité, qui porte que *la loi est*

la volonté générale, exprimée par la majorité ou des citoyens, ou de leurs repréſentans, ne paroît pas facile à concilier avec la compoſition des Conſeils, telle qu'elle eſt réglée par la conſtitution. En effet, le conſeil des Anciens, compoſé de 250 membres, ayant le droit de *veto*, s'il arrive que 126 membres de ce conſeil rejettent le vœu unanime du conſeil des Cinq-cents, il ſe trouvera que la volonté générale exprimée, ſelon l'article VI, par 624 repréſentans du peuple, eſt maîtriſée par les 126 oppoſans, & l'on ne pourra plus dire que » la loi eſt la volonté » générale, exprimée par la majorité des citoyens » ou de leurs repréſentans. « La nouvelle conſtitution doit partager, aux yeux des démocrates, le vice de la Conſtitution de 1791, qui donnoit au roi le droit de *veto*, ou le pouvoir de paralyſer la volonté générale par ſa volonté particuliere.

Les changemens faits dans la Déclaration des droits, annoncent aſſez que la conſtitution de 1795 ne ſera pas démocratique. On peut dire qu'elle n'eſt pas même républicaine. C'eſt un gouvernement mixte qui réunit tous les inconvéniens, qui eſt expoſé à tous les abus des gouvernemens ſimples.

Inconvéniens & abus de la démocratie, dans cette multiplicité & cette fréquence d'aſſemblées populaires, qui nourriront parmi toutes les claſſes de la ſociété, l'eſprit d'intrigue & de corruption; qui arracheront le peuple à des travaux néceſſaires, pour l'occuper d'affaires qu'il n'entend pas, & qui ne ſont jamais mieux conduites, que lorſqu'il s'en mêle le moins; qui livreront toutes les délibérations, tous les choix à la merci de ces hommes de plume & de chicane,

dant fur le petit peuple étoit déjà fi
fous l'ancien régime ; qui, enfin corrom-
le pouvoir judiciaire dans fa fource, en
fous la dépendance du peuple, les ad-
ftrateurs & les magiftrats deftinés à le contenir.

Inconvéniens & abus de l'ariftocratie, dans
cette claffification des propriétés, qui forme des
ordres diftingués par la différence des droits politiques, & qui n'accordant les préférences qu'à
la richeffe, ne laiffe d'émulation que pour la
cupidité : dans le pouvoir confié aux adminif-
trateurs, qui le feront fervir à fe ménager des
voix pour fe perpétuer dans les places, & former, avec le temps, un ordre de familles patri-
ciennes : dans les conflits de jurifdiction & de
prétentions qui ne manqueront pas de s'élever
entre cette multitude de corps adminiftratifs,
dont il fera toujours impoffible de fixer avec
précifion les droits refpectifs, & au-deffus defquels on ne voit nulle autorité affez puiffante
pour réprimer leurs entreprifes.

Inconvéniens & abus de la monarchie dans le
Directoire exécutif, qui fe trouve invefti d'un
pouvoir incompatible avec la liberté républicaine : qui difpofant, à fon gré & fans refponfa-
bilité, des finances, de l'armée, & d'une multitude innombrable d'offices & de commiffions,
fe fervira de tous fes moyens pour accroître fa
prérogative : qui, foumis par la conftitution au
Corps légiflatif, ne peut manquer, à la longue,
de prendre la fupériorité fur lui, foit parce qu'il
y aura toujours plus de concert & plus de fuite
dans les vues de cinq directeurs, que dans les
délibérations tumultueufes de deux affemblées
nombreufes & rivales ; foit parce que le Direc-

toire forme un corps plus permanent, puisque, sur cinq membres, il n'y en a qu'un de remplacé tous les ans, tandis qu'en trois ans la représentation nationale est renouvellée toute entiere; soit enfin parce qu'il sera toujours facile au Directoire d'acheter les voix prépondérantes, & de se faire un parti puissant dans les deux conseils.

Le Directoire, dans la nouvelle constitution, tient la place du roi dans la constitution de 1791; mais avec deux différences remarquables. Premiérement, on ne lui a pas laissé le droit d'admettre ou de rejetter les résolutions du corps législatif, ce qui est un vice essentiel dans la nouvelle constitution. Si l'on veut qu'il y ait unité dans le corps politique, il faut que le pouvoir exécutif ait part à la législation, ne fût-ce que par le droit d'empêcher. Ceux qui gouvernent ne travailleront pas avec zele & franchise, à faire observer des lois qu'ils désapprouvent, & qui auront été portées contre leur gré. Secondement, par la nouvelle constitution, le Directoire a plus de force & de moyens pour l'exécution des lois, que n'en avoit le roi constitutionnel. A cet égard, la nouvelle constitution vaut mieux que l'ancienne; mais cet avantage est contrebalancé par le défaut d'un principe unique de mouvement dans l'administration. Au lieu de placer dans une seule main les rênes du gouvernement, elle abandonne la machine politique aux secousses & aux tiraillemens de cinq forces égales, entre lesquelles une parfaite & constante harmonie seroit un phénomene bien extraordinaire. Sparte n'avoit que deux rois, Rome que deux consuls; cependant, à Sparte, dans tous les temps, le sénat & les éphores; à

Rome, dans les temps difficiles, un dictateur ramenoit le gouvernement à l'unité.

Quand il y a division, & dans le Directoire & dans les conseils; que, d'un côté, soit la majorité des conseils, de l'autre, la majorité du Directoire, où est l'autorité qui départagera? Le texte de la constitution; mais la constitution est déjà violée, quand la majorité du Directoire résiste à la majorité des conseils. Il ne reste donc que la force & l'union entre le pouvoir législatif & le pouvoir exécutif ne pourra se rétablir que par une révolution qui soumette & asservisse l'un à l'autre.

Les inventeurs de cette constitution prétendue républicaine ont imité, ou plutôt ont voulu perfectionner la constitution britannique. Mais ils l'ont gâtée dans toutes ses parties. Leur *Pentarchie* élective n'est point un principe d'unité, de stabilité, de perpétuité comme la monarchie héréditaire. Le conseil des Cinq-cents & le conseil des Anciens ne forment pas deux chambres réellement distinctes, comme sont en Angleterre la chambre des Pairs & la chambre des Communes. Les membres de ces deux conseils étant pris dans les mêmes conditions, sans autre différence que celle de l'âge, il n'y a pas entre eux cette diversité, cette opposition d'intérêts qui prolonge & éclaire les discussions, qui balance & mûrit les résolutions, & qui, dans un gouvernement représentatif, peut seule assurer la liberté civile & le droit de propriété.

Dans la constitution britannique, les intérêts de la Religion, de la Couronne & des propriétés foncières sont défendus par la chambre des Pairs: la liberté publique, le commerce, les richesses mobilières trouvent leur appui naturel dans la chambre des Communes, & ce conflit d'intérêts maintient l'équilibre entre toutes les parties de l'Etat. La constitution françoise ne connoît point ces contrepoids : le vœu du moment, le premier élan de l'enthousiasme n'y rencontre aucune résistance : les divers intérêts n'y sont pas représentés; celui de la faction dominante écrase tous les autres. En vain l'on a cru prévenir ce danger, & suspendre l'impétuosité des délibérations, par l'institution de deux conseils. Ces deux conseils ne sont, pour le bien dire, qu'une même assemblée, qui est convenue de se partager en deux salles, & de distribuer entre ses deux sections les différentes fonctions du pouvoir législatif.

Par cette distribution de pouvoirs, l'initiative est réservée au conseil des Cinq-cents, & il ne reste aux Anciens que le droit d'accepter sans amendement, ou de rejetter sans restriction, sans explication, les projets de lois qui leur seront envoyés par les Cinq-cents. De-là, il résulte en faveur des Cinq-cents une prépondérance énorme, tandis que les Anciens demeurent sans force, sans activité, sans considération. Le mérite des bonnes lois ou des décrets populaires appartiendra tout entier aux Cinq-cents, qui les auront proposés : on ne saura nul gré aux Anciens de les avoir approuvés : on les rendra responsables de tout le mal qui naîtra des lois qu'ils auront sanctionnées, & de tout le bien que l'opinion publique ou les factions attendoient de celles qu'ils auront rejettées. Des deux parties du corps législatif, la plus foible & la moins accréditée sera celle dont on devoit se promettre plus de sagesse, d'expérience & de maturité.

En Angleterre, la chambre des Communes a seule l'initiative en matiere de finances & d'imposition. Mais avec quelle sagesse cet avantage est contrebalancé par tous les moyens de considération dont la constitution investit les nobles lords, membres héréditaires & inamovibles de la représentation nationale !

En Angleterre, le roi peut rejetter les bills du Parlement ; il peut même convoquer, proroger, dissoudre le Parlement. C'est par-là qu'il est assez fort pour maintenir un équilibre invariable entre les deux autres parties du corps législatif, dont il est le chef & le régulateur. Dans la constitution françoise, le Directoire, qui représente le monarque, n'a point de force qui lui soit propre. Il ne lui est pas permis de se réunir au plus foible des deux conseils, pour contrepeser le plus puissant. Aux termes de la constitution, il n'est que le ministre & l'employé du corps législatif. Trop puissant pour une république, le Directoire ne l'est pas assez pour un gouvernement mixte, où l'on a fait entrer la monarchie.

Tel est le vice capital de la nouvelle constitution. L'autorité légitime du Directoire exécutif ou du gouvernement est resserrée dans des bornes trop étroites ; mais la force que la loi remet entre ses mains, les moyens d'influence & de corruption qu'elle lui abandonne sont plus que suffisans, pour briser les entraves qui gênent l'exercice de son pouvoir. Fidelle à la constitution, le Directoire est trop foible ; infidelle, il peut se rendre tout-puissant. Dans le premier cas, toute l'autorité demeurera au corps législatif, qui reprendra l'esprit de la convention nationale. Dans le second, le corps législatif ne sera que l'instrument du despotisme directorial. Ainsi, quoi qu'il arrive, avec cette constitution, dont les auteurs ont tout prévu, tout calculé, hormis le jeu des paffions, la France ne fauroit manquer de tyrans.

Je ne pousserai pas plus loin l'examen de la Conftitution de 1795. Malgré tous fes vices, elle fe foutenoit depuis près de deux ans. Il ne paroiffoit pas douteux qu'elle ne fut moins mauvaife, je ne dis pas que la monftrueufe anarchie de 1793, mais que la démocratie royale de 1791. C'étoit un premier pas dans la carriere rétrograde que les François avoient à parcourir, pour fe rapprocher des véritables principes de l'ordre focial. Il étoit impoffible alors que la France revînt tout-à-coup à fon ancien état, fans convulfions & fans déchiremens; & l'on aimoit à croire que cette conftitution, où l'on retrouvoit une ombre de monarchie, étoit propre à repofer les efprits, à calmer les factions, & à ramener peu-à-peu la nation entiere, par le feul progrès de l'opinion, aux pieds de fon légitime Souverain.

La révolution du 4 feptembre 1797 a fait évanouir les efpérances, peut-être prématurées, des gens de bien. Mais, s'il eft probable qu'elle ait éloigné le retour de la monarchie, il eft bien certain qu'elle a porté le coup mortel à la république. Dans cette fatale journée, la fouveraineté du peuple, la liberté des opinions, la majefté de la repréfentation nationale, l'autorité des lois, la force des jugemens, tous les principes, tous les fondemens de la conftitution ont été renverfés. Les repréfentans que la nation s'étoit choifis, les feuls qu'elle avouât pour fes délégués, les feuls dont les opinions exprimaffent le vœu univerfel, périffent fur un rivage barbare, tandis que les reftes impurs de la Convention dominent dans l'un & l'autre confeil,

& dictent des décrets abhorrés. Dans un grand nombre de villes, des administrateurs, des magistrats élus par le peuple, & destitués par le Directoire, sont remplacés par des inconnus, que leurs crimes & la haine publique avoient forcés de s'exiler de leur patrie. Les formes républicaines subsistent encore, mais ce n'est que pour donner aux actes du despotisme le plus arbitraire une vaine apparence de l'égalité. La nation françoise n'est plus représentée : elle n'est plus gouvernée par elle-même : elle n'est plus libre. La démocratie est détruite : une *oligarchie militaire*, le gouvernement d'Alger lui a succédé.

CHAPITRE XIV.

Conclusion.

IL falloit encore aux François cette derniere révolution, pour les convaincre que, dans les États populaires, ce n'est jamais ni le peuple ni la loi, mais toujours une faction & la force qui gouvernent. J'ignore quelles en seront les suites, car le nombre des combinaisons informes qui peuvent sortir du chaos révolutionnaire n'est pas épuisé ; mais il n'est pas besoin de savoir lire dans l'avenir, pour assurer, qu'au point où en sont les choses, la France n'a plus à opter qu'entre la tyrannie du Directoire, & l'autorité légitime de son roi.

C'en est fait de la république. Le peuple n'en veut plus. Il rejette persévéramment toutes les institutions républicaines. Il est sourd aux proclamations & aux complaintes sans cesse réité-

rées du Directoire & des corps administratifs.
Il cédera peut-être à la violence ; mais sa haine
pour la République s'accroîtra par le culte qu'il
sera forcé de lui rendre.

Le Directoire lui-même ne veut plus, ni de
la Constitution de 1795, ni de toute autre, où le
peuple exerceroit quelque influence. Il a trop
vu que l'opinion publique se prononçoit hautement contre lui. Il sent trop que cette opinion
publique qui, dans les élections de 1797, avoit
formé de ses ennemis la majorité des conseils,
ne manqueroit pas de dicter des choix pareils à
l'avenir. Il étoit perdu, si les assemblées primaires de 1798 eussent joui de quelque liberté. Outre qu'elles eussent été indubitablement animées
du même esprit que les précédentes, elles avoient
à venger l'attentat des triumvirs contre la représentation nationale.

Semblable dans son origine, à la république
d'Angleterre, la république françoise lui ressem-
blera encore dans sa fin. Après la mort de Cromwel, l'Angleterre, également lasse de l'anarchie
parlementaire, & de la tyrannie protectoriale,
n'espéra de repos qu'en plaçant sur le trône le
fils de ce roi qu'elle avoit vu périr sur un échafaud. Le Directoire qui a subjugué le corps législatif, qui a détruit la représentation nationale, qui a dépouillé le peuple de tous ses droits
constitutionnels, le Directoire est le Cromwel
de la république françoise. Il tombera, & avec
lui disparoîtra tout ce qui reste de la république, les dénominations & les formes. L'étendue de la France, sa population, sa position
continentale, ses rapports avec le reste de l'Europe lui permettent encore moins qu'à l'Angleterre de chercher ailleurs que dans la monarchie,

chie, la tranquillité au dedans, la paix & la confidération au dehors.

Le gouvernement monarchique est un principe restaurateur pour les nations épuisées par les discordes civiles. Rome, la France, l'Angleterre n'ont pas de plus belles époques que les regnes d'Auguste, de Charles VII, d'Henri VII, d'Henri IV, & les premieres années de Louis XIV & de Charles II. Quel autre gouvernement auroit assez de force & de vigueur, pour contenir des factions ? Quel autre qu'un monarque seroit assez puissant, pour oser pardonner à tant de coupables, pour prendre confiance dans leur repentir, & leur en faire prendre dans sa clémence ? Quelle autre main, que la main paternelle d'un roi, peut toucher à des plaies si profondes & si douloureuses ? Et pour me servir d'une belle expression de l'Ecriture-Sainte, comment l'ordre & la paix se rétabliront-ils dans un Etat bouleversé de fond-en-comble, sans l'intervention d'une *providence royale ? Videbat enim sine regali providentiâ impossibile esse pacem rebus dari.*

De quelque maniere que se modifient les principes de la révolution, on ne peut jamais en attendre la paix domestique. La république françoise sera toujours déchirée par deux partis irréconciliables, la faction régnante, qui s'efforcera d'anéantir cette souveraineté du peuple, ce droit d'insurrection qui peuvent la renverser du trône encore plus facilement qu'ils ne l'y avoient placée, & le parti de l'opposition qui ne cessera d'invoquer ces principes désorganisateurs, pour s'emparer de la puissance publique. S'il arrivoit que, dans une société composée d'élémens si discordans, il s'établît un état de calme & de repos, ce seroit le repos de l'a-

R

battement & du défefpoir. Ce feroit la paix que
donnent les tyrans : *Ubi folitudinem faciunt, pacem
appellant.* (*) Robefpierre, après avoir décimé la
Convention, les triumvirs, après avoir détruit
le corps légiflatif, fe vantoient d'avoir pacifié
la France.

Tant que fubfiftera le gouvernement actuel, la
France ne doit pas efpérer de paix avec les nations étrangeres. Une république puiffante, fut-
elle fagement conftituée & folidement affermie,
ne peut conferver la paix domeftique, que par
des guerres extérieures. Le Sénat romain ne connoiffoit d'autre moyen de prévenir, ou de calmer les féditions, que de propofer une guerre.
Quand elle n'eut plus d'ennemis à combattre,
Rome fe déchira de fes propres mains.

Mais, ce n'eft pas feulement comme république, que la France eft condamnée à des guerres éternelles. Les principes avoués, & l'intérêt
de ceux qui la gouvernent la mettent en état de
guerre permanent avec toutes les nations de l'u-
nivers. La république françoife fe croit appelée
à étendre, par la force de fes armes, l'empire
de la liberté & de la philofophie, comme Ma-
homet fe difoit envoyé du ciel pour propager la
religion des croyans ; & le fanatifme mufulman
n'étoit ni plus ardent, ni plus redoutable que
le fanatifme jacobin. Il n'eft plus befoin de conjectures & d'inductions, pour preffentir les vues
du gouvernement françois : il les a révélées lui-
même à toute l'Europe, il les a notifiées à toutes les cours. Le langage diplomatique du Directoire, les réponfes de fes miniftres, les haran-
gues de fes ambaffadeurs font des manifeftes con-

____

(*) Tacite.

tre tous les Souverains & contre tous les gouvernemens. Le Directoire se proclame hautement
l'ennemi de toute nation, qui ne recevroit pas
de sa main une constitution détestée dans le pays
qui l'a vu naître, & qui en a fait le premier
essai. Bien autrement dangereuse que ces princes que l'on accusoit de prétendre à la monarchie universelle, la république françoise n'aspire
à rien moins qu'à fonder l'anarchie universelle
sur les ruines de l'ordre social.

A l'influence des principes & du fanatisme,
se joint l'intérêt des chefs. Tout démontre que
le Directoire ne veut point la paix. Plus d'une
fois il a pu terminer glorieusement une guerre
encore plus funeste à la France victorieuse qu'à
ses ennemis. Jamais il n'a voulu se prêter à une
paix générale, & il n'a consenti à des traités
séparés, que pour tromper les puissances, & se
ménager des moyens & des occasions de les détruire, après les avoir affoiblies. Le Directoire
a besoin de la guerre. Elle lui fournit un prétexte de dilapidations, de vexations, de mesu-
res révolutionnaires : elle détourne l'attention
des François de ce qui se passe au milieu d'eux,
& par un sentiment peu raisonné d'honneur national, elle forme une sorte de ralliement autour de ceux qui en préparent les succès : elle
retient chez l'étranger ces armées qui, de loin,
protegent, par l'éclat de la victoire, le gouvernement qui les foudroie, qui de près, l'inquié-
teroient par les prétentions des soldats, par l'ambition des généraux. Que n'auroit pas à craindre le Directoire, si rendus au repos & à la
réflexion, si, mêlés à leurs concitoyens & témoins de leur misère, ces braves militaires venoient à reconnoître que, sous les drapeaux

R 2

dé la liberté, ils n'ont combattu que pour la tyrannie ?

Le gouvernement monarchique est donc le seul qui puisse délivrer la France des guerres domestiques & des guerres étrangeres. Mais, si l'on veut enfin mettre un terme aux révolutions, si l'on veut asseoir la tranquillité publique sur une base solide & éprouvée, il ne suffit pas de relever le trône, il faut y placer celui que la loi y appelle. Son droit incontestable & universellement reconnu le désigne à la France & à l'Europe, écarte tous les compétiteurs, éteint toutes les espérances, & jusqu'aux désirs de l'ambition. Lui seul n'a pas besoin d'élection pour régner : il est élu depuis plus de huit cents ans. Tout autre choix ne seroit que l'ouvrage d'une faction, l'époque d'une révolution nouvelle, le signal de la guerre civile. Il est prouvé par les principes, il est démontré par les faits, que les François ne peuvent se passer d'un roi. Mais s'ils étoient assez aveugles pour rejetter celui que le ciel leur a donné, ils ne cesseroient de se battre pour le choix des tyrans ; & cette malheureuse nation n'auroit fait que passer de l'anarchie républicaine, à l'anarchie d'un despotisme électif.

Je l'ai remarqué ailleurs d'après Montesquieu ; ce n'est pas en faveur des maisons régnantes, c'est en faveur des peuples qu'a été institué de droit d'hérédité. Le bien qu'il produit, en prévenant les troubles qu'entraîne chaque mutation de regne dans les gouvernemens électifs, l'emporte sur le mal que feroit une suite héréditaire de mauvais princes. Quels monstres que les premiers successeurs d'Auguste ! un Tibere ! un Caligula ! un Claude ! un Néron ! Mais comme la naiſſance, ou l'adoption leur donnoit un droit reconnu des peuples, ſous ces regnes odieux, l'Empire, du moins, ne fut pas déchiré par les guerres civiles; & quand on ſonge aux déſor-dres épouvantables dont furent ſuivies les élec-tions de Galba, d'Othon, de Vitellius & de Veſpaſien, on eſt tenté de regarder la mort de Néron comme une calamité publique. L'hiſtoire du Bas-Empire n'offre quelques intervalles de-paix domeſtique, que lorſqu'on voit la couronne paſſer des peres aux enfans. Je ne parle point de la Pologne ni de l'empire Germanique, avant que la couronne impériale fût devenue, en quel-que ſorte, le patrimoine de la maiſon d'Autri-che. Je ne citerai plus que la conduite de l'An-gleterre, au commencement de ce ſiecle. Les Anglois avoient interverti l'ordre de la ſucceſ-ſion, en excluant du trône la poſtérité catholi-que des Stuarts; mais ils ſentirent combien il étoit néceſſaire de conſerver le droit d'hérédité. Ils le tranſporterent dans la ligne proteſtante; & plutôt que d'expoſer l'état aux orages d'une élec-tion, ce peuple ſi fier, appela pour le gouver-ner, un prince Allemand, dans lequel il recon-noiſſoit le ſang de ſes rois.

Sous Charles VII, ſous Henri IV, la France a été ſauvée par le droit d'hérédité. Aujourd'hui encore, la Providence lui conſerve & lui montre un ſauveur dans la perſonne de Louis XVIII, qui, au droit de la naiſſance, réunit tous ceux que donneroient à une couronne élective les lu-mieres & les vertus.

N'en doutons pas : la force des choſes, l'aſ-cendant de la raiſon, la voix de l'intérêt rame-neront les François au gouvernement de leurs peres. Que dis-je ? le Directoire lui-même ap-

prend à toûte l'Europe, que déjà le vœu national fe porte vers le roi légitime. C'eft en accu-
fant les affemblées primaires & la majorité du
corps légiflatif d'avoir cédé à l'influence des
royaliftes, qu'il entreprend de juftifier l'attentat
du 4 feptembre. Accufation vraie, fans doute,
puifqu'elle eft fouverainement imprudente, &
qu'elle fuffit même dans les principes du Directoire, pour le convaincre du double crime de
rébellion & de tyrannie.

En effet, quelle eft dans une démocratie, la
fource de l'autorité fouveraine? la volonté du
peuple. Comment fe manifefte la volonté du
peuple? par la pluralité des fuffrages, foit dans
les affemblées périodiques des citoyens, foit dans
l'affemblée permanente des repréfentans de la
nation. Quelle que foit cette volonté ainfi ma-
nifeftée, elle eft effentiellement légale : quels
qu'en foient les motifs, il faut s'y foumettre.
Ceux-là feuls font des rebelles & des confpira-
teurs qui ofent accufer le Souverain de révolte
& de confpiration.

Toutes les démarches du Directoire trahiffent
fes inquiétudes & fa peur. Il a fignalé les premiers momens de fon triomphe par une intolérance barbare : il a renouvellé la perfécution
contre les prêtres : il a profcrit tous les écrivains
qu'il n'a pu ni acheter, ni intimider. Un gouvernement qui s'eftimeroit & qui oferoit prendre
quelque confiance en lui-même, attendroit tout
de la perfuafion, & n'entreprendroit pas de forcer les confciences & les affections. Mais celui
qui fe voit chargé de l'exécration publique, veut
être redouté. *Oderint dùm metuant*, c'eft la devife
des tyrans. Ne pouvant faire aimer la Républi-

que, le Directoire n'imagine rien de mieux, que d'arracher à tous les hommes en place un *serment de haine à la royauté.* Il ose même le commander aux miniſtres d'une Religion qui eſt toute amour, qui ne connoît point d'ennemis, qui fait profeſſion de reſpecter tous les gouvernemens, & dont l'hiſtoire nous montre des rois établis par l'autorité divine.

Eh! de quel droit ces hommes qui, de leur aveu, ne ſont que les mandataires du peuple, prétendroient-ils lier, par des ſermens irrévocables, la volonté du peuple? Le peuple ne ſeroit-il plus le maître de réformer ſon gouvernement, de l'abolir, & de s'en donner un autre? La nation toute entiere eût-elle proſcrit le régime monarchique, ce vœu du moment ne ſauroit l'engager pour l'avenir. Fût-il prouvé démonſtrativement que la royauté eſt le plus mauvais des gouvernemens, on ne pourroit preſcrire le ferment de la haïr, ſans attenter manifeſtement à la ſouveraineté du peuple. » En tout état de » choſe, dit Rouſſeau, & doivent dire tous les » publiciſtes démocrates, un peuple eſt toujours » le maître de changer ſes lois, même les meil- » leures. Car s'il lui plaît de ſe faire mal a lui- » même, qui eſt-ce qui a droit de l'en em- » pêcher? «

Les affections & les ſentimens ne ſont pas du reſſort de la puiſſance politique. Un gouvernement légitime peut demander aux citoyens un *ferment d'allégeance* ou de ſoumiſſion extérieure; mais il ne peut leur enjoindre d'approuver ſes lois & de les aimer. Des uſurpateurs, des tyrans, auroient-ils, ſur les conſciences, un droit que n'ont pas les gouvernemens légitimes?

Le ferment de haine à la royauté eft nul dans les principes de la conftitution, abfurde dans les principes de la politique, facrilege dans les principes de la Religion. Le Directoire fait bien qu'il ne détachera de la caufe de la monarchie, ni l'homme irréligieux, pour qui les fermens ne font que de vaines formules, ni l'homme religieux qui ne peut l'expier qu'en le violant. Il ne l'a commandé que pour écarter des emplois tous ceux dont il redoute les lumieres & la probité, & pour en faire un moyen de perfécution d'autant plus efficace, que l'honneur & la Religion ne peuvent s'y fouftraire.

On a vu la conftitution de 1791 s'écrouler au bruit des fermens qui lui promettoient une durée éternelle. La royauté renaîtra malgré les fermens qui la profcrivent. L'impulfion qui, en 1797, reportoit les François vers le gouvernement de leurs peres, eft fufpendue par la terreur, mais elle n'eft pas éteinte : c'eft un reffort qui réagira avec d'autant plus de force, qu'il aura été plus fortement comprimé.

L'état actuel de la France eft une de ces crifes qui préfagent & amenent les révolutions. Une nation catholique, un gouvernement athée & perfécuteur! une nation royalifte, une conftitution républicaine, un gouvernement defpotique! Ce combat entre la nation & le gouvernement, entre l'opinion & la force, peut encore fe prolonger quelque temps, mais l'iffue n'en eft pas douteufe. Chaque jour fortifie l'opinion, tandis que le gouvernement s'épuife par la continuité de fes efforts. Il y a un terme à la patience des peuples; & le moment arrive enfin où la haine, long-temps concentrée, éclate & punit les ty-

rans. Une révolution soudaine a fait tomber le
Corps législatif constitutionnel sous les coups du
Directoire : une révolution contraire peut renverser en un jour, & le Directoire & ces deux
Conseils, que la lâcheté ou la complicité tiennent
dans la dépendance. Des généraux enthousiastes
ou ambitieux, des armées séduites ont prêté
leur force au Directoire contre la nation : au
milieu de ces mêmes armées, une ambition plus
noble & plus éclairée peut susciter un Monck,
qui se vera le chef & le libérateur de la nation,
du moment qu'il aura déployé l'étendart de la
royauté. Enfin, depuis qu'elle s'est livrée à l'esprit de système & d'innovation, la France n'a
pu encore se donner un gouvernement qui ait
subsisté plus de deux ans : le gouvernement actuel, qui est en opposition ouverte, non-seulement avec le vœu des peuples, mais avec ses
propres principes, & qui ne se soutient que par
la violation continuelle de ses lois constitutives,
doit-il se promettre une plus longue durée ?

Si le passé peut nous fournir des conjectures
pour l'avenir, l'histoire est pleine de traits qui
semblent justifier les espérances des amis de la
Religion & de la royauté. Chez tous les peuples où il s'étoit conservé quelque étincelle de
courage, on a vu la liberté naître de l'excès de
la tyrannie. Mais je suis frappé sur-tout de la
conformité qui se trouve entre l'état présent de
la France & l'état de Rome, sous le dernier de
ses rois. Dans le tableau qu'il nous a laissé du
regne de Tarquin, Tite-Live a peint le Directoire & son administration. Le passage est re-
marquable, & je crois ne pouvoir mieux terminer cet ouvrage, qu'en l'offrant à la méditation

du lecteur. *Neque enim ad jus regni quidquam præter vim habebat ; ut qui, neque populi juſſu, neque autoribus patribus regnaret. Eò accedebat, ut in caritate civium nihil ſpei reponenti metu regnum tutandum eſſet. Quem ut pluribus incuteret, cognitiones capitalium rerum ſine conſiliis per ſe ſolus exercebat ; perque eam cauſam occidere, in exilium agere, bonis mulctare poterat, non ſuſpectos modò, aut inviſos, ſed unde nihil aliud quàm prædam ſperare poſſet.*

F I N.